평화학

평화학

제1판 제1쇄 발행일 2022년 9월 26일

글_ 정주진
기획_ 책도둑(박정훈, 박정식, 김민호)
디자인_ 정하연
펴낸이_ 김은지
펴낸곳_ 철수와영희
등록번호_ 제319-2005-42호
주소_ 서울시 마포구 월드컵로 65, 302호(망원동, 양경회관)
전화_ 02) 332-0815
팩스_ 02) 6003-1958
전자우편_ chulsu815@hanmail.net

ISBN 979-11-88215-77-5 93300

철수와영희 출판사는 '어린이' 철수와 영희, '어른' 철수와 영희에게
도움 되는 책을 펴내기 위해 노력합니다.

평화학

평화적 공존을 위한 이론과 실행

정주진 지음

철수와영희

평화학은 평화를 연구하지 않는다

필자가 평화학 공부를 시작하고 얼마 지나지 않았을 때 한 지인과 스쳐 가듯 다음과 같은 얘기를 나눈 적이 있다. "평화라는 말에서는 고요하고 정적인 것이 느껴집니다." 그 지인의 말에 반박하듯 필자는 이렇게 답했다. "전 평화라는 말을 들으면 역동적인 에너지가 느껴집니다. 평화는 치열하게 생각하고 행동해야 성취될 수 있으니까요." 당시엔 정리되지 않은 생각을 내뱉은 것이었지만 공부를 하면서 그 말이 평화학의 정체성과 어긋나지 않음을 알게 됐다.

평화를, 정확히는 평화의 실현 방법을 연구하는 학문 분야를 평화학Peace Studies 또는 평화갈등학Peace and Conflict Studies이라 부른다. 평화의 실현 방법을 연구하기 위해서는 평화로운 공존에 도전이 되는 갈등, 그러니까 국가 사이 무력 충돌부터 개인 사이 갈등까지를 다룰 수밖에 없으므로 평화갈등학이라 불러도 무방하다. 물론 평화학이라 불러도 그 안에는 갈등과 갈등의 평화적 해결에 대한 연구가 포함되어 있다. 이 책에서는 우리 사회에서 익숙한 평화학 이란 용어를 쓰고 있다.

평화학의 정체성에 대해 얘기하자면, 평화학은 일반의 이해와는 다르게 평화 자체에 대한 연구와 주장을 학문적 목표로 삼지 않는 다. 평화의 정의를 논하고 그 가치를 옹호하고 증명하는 이론과 담론을 만드는 건 평화학의 연구 목적이 아니다. 평화학은 평화를 인간 사회가 추구해야 할 보편적 가치이자 윤리로 전제하고, 국가, 집단, 개인 사이의 평화로운 관계 및 평화로운 사회를 만들고 정착시키기 위해 필요한 구체적인 접근과 해결 방식에 대한 이론을 만들고 실천하는 학문이다. 조직적인 평화연구는 2차 세계대전 이후에 시작됐고, 초기 평화학은 국가 사이 전쟁의 부재를 평화의 실현으로 보고 전쟁 예방에 초점을 맞췄다. 당시에도 평화학은 평화가 인류의 안전과 공존을 위해 절대적으로 필요하다는 전제에 기반해 평화를 실현할 방법을 모색했다. 평화학 안에서 평화의 필요와 정당성을 논의하는 건 무의미하다. 논의할 주제는 어떤 평화를 어떻게 만들고 정착시킬 것이냐다. 그것이 평화학 연구와 실행의 핵심 명제다.

평화학은 학제간interdisciplinary 학문으로 알려져 있다. 무력 갈등 armed conflict을 포함한 갈등과 폭력의 원인을 규명하고, 전쟁, 테러리즘, 구조적 사회 폭력, 인권침해 등의 문제를 다루며 이를 예방하는 그리고 평화롭고 정의로운 사회 체계와 인간관계를 만드는 연구와 실행을 위해 정치학, 사회학, 역사학, 인류학, 법학, 심리학, 철학

등 다양한 학문 분야를 참고한다. 학제간 학문이라는 용어 때문에 평화학을 학문적 독창성이나 차별성이 없고, 다양한 학문에 토대를 둔 부차적 또는 종속적 연구로 오해하기도 한다. 그러나 평화학은 전쟁부터 일상의 폭력과 갈등까지 다양한 평화 문제에 대한 접근과 구체적 해결 방식을 찾고 적용하는 독립적인 학문 분야로, 다른 학문과 구별되는 차별성을 가지고 있다. 학제간 학문이라는 이유로 평화를 언급하면 모두 평화연구로 볼 수 있다고 오해하기도 한다. 물론 누구나 '평화'에 관심을 가지고 학문적으로 연구할 수 있다. 그러나 평화학 이외의 학문 분야에 기반한 연구라면 연구 방식, 문제에 대한 접근, 연구 결과가 평화학과는 다를 수 있고, 평화 실현에 기여한다는 평화연구의 근본적 목적에 부합하지 않을 수도 있다. 학문의 속성상 연구는 보통 연구자가 본래 속한 학문 분야의 토대 위에서 그리고 해당 학문 분야의 테두리 안에서 이뤄지기 때문이다.

평화학은 융합연구를 통해 다른 분야에 참고가 되는 경우가 많다. 특히 개발학이나 국제관계학의 경우 무력 갈등 및 갈등 후 사회의 연구나 사회 재건과 관련해 평화연구를 참고한다. 평화학의 중요한 분야인 갈등해결 연구와 관련해서는 법학, 행정학, 도시계획학, 심리학, 환경학 등 다양한 분야가 평화적 갈등해결 연구와 적용을 참고한다.

다른 형태의 융합연구도 이뤄진다. 평화학이 학제로 존재하지 않는 한국사회에서 평화연구는 주로 다른 학문 분야에 기반을 두는 융합연구의 형태를 띠고 있다. 융합연구라 할지라도 그것이 평화연구라는 꼬리표를 얻을 수 있으려면 적어도 두 가지가 충족되어야 한다. 하나는 연구가 갈등과 폭력에 대한 문제 제기를 통해 평화적 공존의 사회 및 관계로의 변화에 기여하는 목적을 가지고 있어야 한다는 점이다. 갈등과 폭력의 문제를 분석하되 문제해결과 평화적 공존을 염두에 두지 않거나 문제해결에 대한 구체적 제안이 없다면 현상이나 문제의 분석으로만 그칠 뿐이다. 그것은 사회와 세계의 평화적 공존과 변화에 기여할 수 없으므로 평화연구로 보기 힘들다. 다른 하나는 방식의 선택에 대한 문제다. 평화는 평화적 방식을 통해 성취되어야 한다는 것이 평화학의 대전제이자 거부할 수 없는 원칙이다. 그리고 평화적 방식은 문제해결 과정에서 폭력을 줄이고, 어떤 환경과 조건에서든 평화를 추구하며, 관계의 개선과 회복을 통해 모두의 안전과 평화로운 삶을 보장해야 한다. 이런 평화적 방식에 대한 이해와 동의가 없다면 평화연구로 볼 수 없다.

이 책을 쓰게 된 이유는 평화학에 대한 이해가 부족하며 학제로서 평화학이 존재하지 않고 극소수에 의해 평화연구가 이뤄지고 있는 한국사회에 평화학에 대한 정보를 제공하는 책이 필요하다고 생각했기 때문이다. 책을 잘 쓸 수 있다는 자신감보다는 평화학 전공자로서 그리고 평화연구자이자 실천가로서 책임감과 사명감 때문에 이 책을 쓰게 됐다.

평화학에 대한 우리 사회의 그리고 독자들의 이해를 조금이나마 높이는 것이 이 책의 목적이다. 이런 목적에 따라 이 책은 평화학에서 다루는 기본 이론과 담론을 소개한 다음, 그런 이론과 담론에 기반해 세계와 한국사회가 직면한 문제를 재해석하고 변화를 모색해 보는 데 초점을 맞췄다. 또한 대단히 부족하지만, 평화학 이론과 담론의 현장 적용을 위한 구체적 접근과 실행 방식도 제안하고 있다. 책의 목차 또한 이런 목적에 부합하도록 구성했다.

이 책은 두 개의 부와 여덟 개의 장으로 구성돼 있다. 1부는 1장부터 5장까지로 평화학의 기본 이론과 접근을 다루고 있다. 2부는 6장에서 8장까지로 한국사회에 평화연구를 적용하기 위한 담론과 실행의 접근에 초점을 맞추고 있다. 이것은 이론과 실천을 동등하고 필수적인 연구 접근 방식으로 여기는 평화학의 이해와 방법론에 따른 것이다.

1장에서는 평화학의 시작과 초기를 다룬다. 2차 세계대전 이후 평화연구가 조직적으로 시작되고 평화학이 학제로 등장한 시기의 평화 담론과 연구에 대해 설명한다. 2장에서는 평화의 실현과 함께 우선적으로 언급되는 전쟁의 문제를 '정당한 전쟁' 이론의 맥락에서 다루고 전쟁의 부재가 평화의 실현을 보장할 수 없는 이유에 대해 논한다. 3장에서는 평화 실현에 정당성을 제공하는 폭력에 대한 이론적 접근을 다룬다. 또한 평화 실현의 과정에서 반드시 다뤄야 하는 폭력과 갈등의 관계에 대해서도 논한다. 4장에서는 평화학의 실천 영역이자 현장 접근인 평화구축peacebuilding을 다룬다. 평화구축에 대한 평화학의 이해와 원칙적 접근 그리고 무력 갈등 후 사회와 민주주의 사회에서의 평화구축 적용에 대해서도 논한다. 5장에서는 평화학의 핵심 연구 영역 중 하나인 갈등해결을 다룬다. 갈등해결 연구에 대한 평화학적 관점과 적용, 갈등해결 이론 그리고 가장 진보한 갈등해결 이론인 갈등전환 접근에 대해 논한다. 갈등해결이 응용연구 분야인 점을 고려해 이 장에서는 갈등전환의 시각에서 한국사회의 공공갈등해결 접근도 다룬다.

2부의 시작인 6장에서는 한국사회가 직면한 여러 문제를 평화적 시각으로 재해석하고 평화 담론을 만드는 시도를 한다. 한국사회의 문제를 단순한 사회 문제가 아닌 평화 실현을 방해하는 폭력의 문제로 인식하고 새롭게 규정해야 할 필요성을 논한다. 7장에서는 한국사회에서의 평화 실현을 위한 평화구축 적용을 논하고, 특별히 전략적 평화구축을 위한 구체적 접근을 제시한다. 8장은 한국사회에서의 평화 실현을 위해 사회갈등과 남북갈등의 전환 필요성을 논하고 구체적인 접근과 실행 방법을 제안한다.

평화학이 한국사회에서 여전히 생소한 학문이라는 점은 매우 유감스러운 점이다. 한국사회는 한국전쟁을 겪었고 군사독재하에서 심각한 국가 폭력을 경험했다. 많은 사람이 전쟁과 국가 폭력의 피해자가 됐음에도 불구하고 평화 실현에 대한 관심은 높지 않았다. 1980년대 중반에야 남북한 문제와 관련해 '평화'가 언급됐고 2000년 이후에야 전쟁을 포함한 모든 폭력에 반대하는 보편적 가치로서의 평화에 대한 사회적 관심이 대두됐다. 현재도 남북한 사이 정치적, 군사적 긴장이 계속되고 있고, 남북한의 평화적 공존과 한반도 평화에 대한 논의는 정책적 결단과 사회적 합의의 부재로 인해 방향을 잡지 못하고 있다. 사회에는 여러 가지 현안을 둘러싼 계층, 세대, 성별, 이념 집단 등의 대립과 갈등이 만연해 있다. 개인 및 집단 사이 혐오, 증오, 강요, 억압 등의 폭력도 확산되고 있다. 폭력과 갈등의 확산으로 개인과 집단은 반복적으로 관계의 파괴를 경험하고 있다. 한국사회와 그 구성원들은 계속 무언가를 열심히 하고 있지만 그 과정에서 불필요하고 파괴적인 폭력과 갈등에 직면하곤 한다. 평화학이, 그리고 평화 실현을 위한 소수의 노력이 한국사회가 직면한 도전적인 문제에 명확한 답을 제공할 수는 없다. 그러나 적어도 사회적, 개인적 성찰의 기회를 제공하고 평화의 실현을 위한 사회 변화를 제안하며 구체적 방식의 모색을 독려할 수 있다고 생각한다.

이 책은 평화학이라는 전문 분야를 다룬 학술서이지만 평화학과 평화적 사회 변화에 관심이 있는 일반인을 위한 책이기도 하다. 부족한 점이 많지만 개인적인 바람은 이 책이 평화학에 대한 관심을 높이는 데 일조하고, 동시에 각자의 위치에서 평화적 공존의 사회 실현을 위해 구체적이고 창의적인 실행 방식을 고민하는 독자들에게 조금이나마 도움이 되는 것이다.

마지막으로 많은 독자의 관심을 받지 못할 수도 있는 책을 내게 해준 철수와영희 출판사에 진심으로 감사의 말을 전한다.

2022년 9월, 일산에서 정주진

차례

2부 한국사회 평화구축을 위한 평화연구

1부

평화학의 시작과 기본 이론

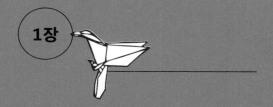

전쟁과 평화, 평화학의 시작

평화학의 시작과 기본 이론

전쟁의 경험

평화를 얘기할 때는 전쟁이 함께 언급되곤 한다. 전쟁이 평화의 필요를 확인시키기 때문이다. 전쟁은 인간이 경험할 수 있는 가장 폭력적인 일 중 하나로, 막대한 인명 손실을 동반한다. 예상을 뛰어넘는 수준의 피해가 발생하고 사회 전체가 파괴되어도 한번 시작된 전쟁은 쉽게 끝나지 않는다. 정치적 목적, 군사적 목표, 강한 승리 욕구, 증오와 복수의 악순환, 책임과 명분 등이 피해를 감수하면서 전쟁을 지속하는 정치적, 군사적, 사회적 환경을 만들고 유지한다. 사회 파괴는 승리를 위해 불가피하게 치러야 하는 비용으로 정당화되고, 인명 피해는 감정을 배제한 채 숫자로 언급되고 기록된다. 이렇게 잔인하고 비인간적인 전쟁의 모습은 특히 20세기 초 두 번의 세계대전에서 적나라하게 드러났다.

20세기 초 유럽의 주요 국가들은 군비 경쟁에 몰두했다. 대규모로 병사를 양성했고 육군과 해군의 규모를 확대했다. 화력을 따지면 이론상 몇 분간의 교전으로 서로를 완전히 파괴할 수 있는 수준이었다.[1] 그 결과 1차 세계대전(1914~1918)에서는 이전과는 비교되지 않는 규모의 전투가 벌어졌고 많은 사상자가 발생했다. 개인과 사회는 막대한 피해를 입었다. 2차 세계대전(1939~1945)의 규모는 더 확대됐고 한층 발전된 무기가 투입됐다. 전쟁은 인류사의 최대 비극 중 하나인 원자폭탄 투하가 있은 후 막을 내렸다. 그 결과 1차 세계대전의 사상자를 능가하는 인명 손실과 사회 파괴가 이뤄졌다.

1차 세계대전의 군인 사망자는 약 850만 명이고 민간인 사망자는 1300만 명이 넘는 것으로 추정된다. 민간인 사망에는 전투로 인한 사망과 학살은 물론 간접적 피해인 기근과 질병으로 인한 사망이 포함된다. 2차 세계대전의 사망자는 1차 세계대전의 3~4배 정도인 약 3500만 명에서 6000만 명으로 추산된다. 민간인 사망에는 전투, 폭격, 특정 민족 처형, 질병, 기근 등으로 인한 사망이 포함된다. 가장 인명 손실이 컸을 것으로 짐작되는 소련과 중국에는 신뢰할 만한 수치가 없다. 군인 사망자의 경우 미국과 영국 연방만이 비교적 정확한 집계를 했다. 이런 이유들로 인해 최소와 최대 사망자 추산 사이 차이가 크다. 2차 세계대전으로 인한 인명 손실에서도 민간인 사망자 수는 군인 사망자 수와 비교할 수 없을 정도로 많았다.[2]

유엔 자료에 의하면 1910년 전 세계 인구는 약 17억 5000만 명이었고, 1920년에는 약 18억 6000만 명이었다. 이런 당시의 인구 규모를 감안하면 1차 세계대전 사망자는 전 세계 인구의 약 0.7~0.8%에 달하는 숫자였을 것으로 짐작된다. 같은 자료에 의하면 1940년 세계 인구는 약 23억 명이었고, 1950년에는 약 25억 2000만 명이었다. 25억 명을 기준으로 계산하면 2차 세계대전 사망자는 전 세계 인구의 거의 1.5~2.5% 정도였을 것으로 짐작된다. 생명의 손실에 더해 두 번의 세계대전이 가져온 광범위한 파괴, 질병, 빈곤 등의 후유증을 고려하면 당시 사람들이 경험했던 전쟁은 모든 면에서 생존을 위협하는 심각한 문제였다.

특히 전 세계 30여 개 국가가 참여한 2차 세계대전은 인류 역사에서 가장 광범한 지역에서 진행되고 영향을 미친 전쟁이었다. 1차 세계대전은 1918년에 끝났고 2차 세계대전은 1939년에 시작됐다. 전쟁의 중심에 있었던 유럽은 거의 20년을 사이에 두고 전쟁의 피해를 복구할 시간도 없이 다시 전쟁을 겪었다. 2차 세계대전 초기에 대서양 반대편의 미국은 영국과 소련에 군사적 지원을 하면서도 전쟁에 직접 휘말리기를 원치 않았다. 그러나 1941년 12월 일본이 하와이의 진주만 태평양 함대를 공격하고 곧이어 독일이 미국에 선전포고를 하자 결국 참전하게 됐다.[3] 세계대전의 주요 무대는 유럽이었지만 북아프리카, 아시아, 태평양 등 세계 곳곳에서 전쟁이 진행됐다. 전쟁의 소용돌이로 인해 막대한 인명 손실과 파괴가 일어나는 상황에서 유럽과 미국 학자들은 전쟁과 평화에 대해 근본적인 질문을 던지기 시작했다.

1945년 4월 5일, 미국 심리학자 2038명은 「인간 본성과 평화 Human Nature and Peace」라는 성명서를 발표했다. 이 성명서는 전쟁을 예방하고 평화를 이룰 방법에 대한 성찰을 담고 있었다. 2000명이 넘는 학자가 참여했다는 건 당시 전쟁의 위협과 평화의 필요에 대한 공감이 얼마나 높았는지를 짐작하게 한다. 성명서는 전쟁을 막고 지속적 평화를 이룰 방법으로 열 가지를 제안했다. 제일 먼저 언급한 것은 "전쟁은 피할 수 있다"는 것이었다. 성명서는 "전쟁은 인간에게 타고난 것이 아니라 인간에게 만들어 넣어진 것이다"라면서 "어떤 인종, 국가, 사회 집단도 호전적이지 않다"고 선언했다. 성명서가 강조한 것은 대체로 네 가지였다. 첫째, 전쟁은 막을 수 있고 막아야 한다는 것이었다. 둘째, 전쟁을 막기 위해 인종, 국가, 집단 사이 증오를 줄여야 하며, 그러기 위해 교육과 경험을 통해 다른 집단에 대한 편견을 줄여야 한다는 것이었다. 셋째, 전쟁에서 패한 독일과 일본 등의 국민이 스스로 사회를 재건할 수 있도록 적절한 조치가 필요하며 그러지 않으면 평화를 해치는 분노와 증오가 만들어질 것이라는 주장이었다. 마지막으로 전 세계인의 집단 안보를 위한 연대와 협력, 그리고 미국의 역할을 강조했다. 또 전쟁 이후 평화를 지속하기 위한 사명감과 초기 노력이 중요하며 그러지 않으면 다시 각자의 이익에만 몰두하는 상황으로 복귀하면서 세계는 후퇴하게 될 것이라고 역설했다. 이 성명서는 문제와 해결책을 언급하는 데 있어서 포괄적이거나, 구체적이지 않고 두루뭉술한 면이 있다. 하지만 전쟁 반대와 평화의 필요를 학자들이 연서명해 성명서로 발표했다는 점에서 의미가 있다. 평화연구가 체계적으로 이뤄지지 않고 있던 때였지만 지식인들이 전쟁을 심각한 현실의 문제로 인식하고 전쟁 예방을 구체적으로 고민하고 있었음을 보여준다.[4]

심리학자들이 성명서를 발표하게 된 이유와 관련해서는 당시 미군이 막대한 수의 심리학자들을 전쟁에 동원했던 특별한 배경이 있었을 것으로 짐작된다. 2차 세계대전이 끝날 때인 1945년에 미군은 심리학자 1710명을 고용하고 있었는데, 당시 미국심리학회^{American} Psychological Association, APA의 정회원 수는 1012명이었다.⁵⁾ 심리학 회 정회원 수보다 많은 심리학자가 전쟁에 동원되었던 것이다. 심리학, 특히 사회심리학은 집단 갈등의 진행 과정과 관련해 초기 평화연구에 영향을 줬다.⁶⁾ 이런 점에서 이 성명서는 평화연구와도 관련 있는 것으로 이해할 수 있다.

평화에 대한 연구, 풀어서 말하면 어떻게 평화롭지 않은 상태를 끝내고 평화로운 세상을 만들 것인지에 대한 연구는 생명을 앗아가고 사회를 파괴하는 전쟁을 예방해야 한다는 지극히 현실적이고 절실한 필요 때문에 시작됐다. 전쟁과 전쟁 후 피폐해진 사회의 경험은 전쟁에 대한 도덕적, 가치적 판단을 가능하게 했다. 하지만 전쟁을 인간 사회에 존재해서는 안 될 것으로 규정하고 거부하는 것과는 달리 전쟁을 막고 나아가 평화로운 세상을 만들기 위한 학문적, 과학적 접근 방법을 찾는 건 쉽지 않은 일이었다. 그럼에도 평화의 필요를 절감한 일부 학자들은 가치와 도덕의 문제를 넘어 평화를 학문 연구의 주제로 만들고 현실에 적용 가능한 이론과 실행 방법을 찾기 위해 노력했다.

평화연구의 시작

평화연구의 본격적인 시작, 나아가 평화학의 등장에 전조가 된 건 국제관계학이었다. 첫 국제관계학 강의는 1919년 영국의 웨일스대학교University College of Wales에서 시작됐다. 평화연구가 전쟁 반대에서 영감을 받은 것처럼 국제관계학 강의도 같은 정서에서 출발했다. 양차 세계대전의 영향으로 1920~1945년 사이 국제관계학과와 그 강의가 영국 전역은 물론 유럽과 북미 대학에 개설됐다. 국제관계학은 연구를 통해 국제관계에서의 평화를 촉진한다는 열망과 이상을 가지고 수립됐지만 점차 국가의 역할과 국익에 초점을 맞추는 현실주의로 기울었다. 거기엔 2차 세계대전을 막지 못한 국제연맹League of Nations의 실패에 대한 반작용도 있었다. 평화에 대한 지속적인 열망을 통해 그런 공백을 메우려고 2차 세계대전 이후 조직적인 평화연구가 시작됐다. 다른 한편 1차 세계대전 이후 국제연맹 창립과 함께 낙관론이 형성됐고 그 영향으로 1919~1939년 사이 유럽과 미국에서 평화연구에 대한 다양한 제안과 기관 설립 시도가 있었다. 그런 시도들은 폭력적인 국제사회 상황과 너무 이상주의적이라는 당시 분위기로 인해 대부분 실현되지 못했다. 하지만 향후 평화학의 시작에 영감을 주었다.[7]

국제관계학이 평화연구의 시작에 영향을 미쳤고 평화학이 국가 사이 전쟁의 문제를 다룬다는 점 때문에 평화학을 국제관계학의 하위 연구 분야로 여기는 경향이 있기도 하다. 평화학을 국제관계학의 연구 주제 중 갈등해결, 평화구축, 갈등해결을 위한 조정 같은 특정 주제 및 상황만 다루는 연구 영역으로 생각하기도 한다. 하지만 평화학은 차별적이고 독립적인 학문으로, 크게 두 가지 점에서 국제관계학과 다르다. 하나는 국제관계학이 주로 국가와 엘리트 정치의 관점을 다루는 것과 달리 평화학은 풀뿌리 차원의 시각에서 폭력, 갈등, 전쟁, 평화의 문제를 이해하려 한다는 점이다. 그런 이해의 토대 위에서 인권, 개발, 젠더, 사회 재건, 인도적 지원, 비정부기구 등과 관련된 주제와 현장의 문제를 다룬다. 같은 이유에서, 폭력을 야기하는 군사적, 제도적 문제에 초점을 맞추고 기존 패러다임의 교체를 통해 새롭게 사회를 설계하는 문제와 방식에 집중한다는 것도 국제관계학과의 차이점이다. 구조적 폭력, 소극적 평화, 적극적 평화 같은 개념도 특별히 기존의 지배적 담론에 도전하기 위해 활용된다.[8]

다양한 학문적 배경을 가진 연구자들에 의해 이뤄진 초기 평화연구는 당연히 다양한 학문을 참고했다. 자연과학, 의학, 심리학, 정치학, 국제관계학 등에서 이뤄진, 전쟁의 원인과 집단 갈등에 대한 연구가 평화연구의 시작에 기여했다. 개별적으로 전쟁을 연구하고 평화에 관심을 가졌던 학자들은 전쟁의 이해, 원인, 비용, 피해, 예방 등의 연구와 지속될 수 있는 평화를 만드는 문제를 하나의 학문으로 접근하기엔 너무 복잡하다고 생각했다. 그런 이유로 인본주의와 이상적인 동기를 토대로 학문적 연구를 해야 하며, 다양한 학제가 결합하는 접근이 타당하다는 견해를 공유했다. 다양한 학문 분야 외에도 19세기 말부터 확산된 평화운동, 퀘이커와 메노파 등 평화교회의 전통, 간디의 비폭력 저항 정신 등도 무력 갈등을 평화적으로 해결할 필요와 가능성에 대한 영감을 주었다.[9] 그런 토대와 영감이 평화연구의 시작에도 기여했다.

평화연구는 2차 세계대전 이후에 본격적으로 그리고 조직적으로 이뤄졌고, 1950년대와 1960년대에 평화학의 토대가 만들어졌다. 그러나 학자들의 탐구는 1920년대와 1930년대에도 이뤄졌고 그들은 평화학의 선구자로 여겨졌다.[10] 피티림 소로킨Pitirim Sorokin, 루이스 리처드슨Lewis Richardson, 퀸시 라이트Quincy Wright 등이 1차 세계대전과 2차 세계대전 사이에 전쟁에 대해 연구했고 양적 연구를 통해 통계적 기반을 만들었다.[11]

초기 연구자들은 평화연구가 학문 영역으로 등장하고 발전하는 단계에서 취할 수 있는 연구 방식에 대한 성찰을 제공했다. 1940년대에는 평화연구를 다른 학문과 구분되는 독특한 연구 영역으로 정의하고 구분된 연구 프로그램을 모색하는 시도가 있었다. 테드 렌츠Ted Lentz는 평화과학science of peace의 개념을 주창했고, 베르트 릴링Bert Röling은 이 독특한 연구를 전쟁학polemology이라 부르기도 했다. 그는 후에 국제평화연구연합International Peace Research Association, IPRA의 창립자 중 한 명이 됐다.[12] 평화연구가 조직적으로 시작된 건 1950년대였기 때문에 그 이전에는 개별적으로 평화를 탐구했고 연구자 각자가 기반을 두고 있는 학문 영역을 토대로 연구가 이뤄졌다.

개별적인 연구 중 가장 방대하고 체계적인 것 중 하나는 1942년에 시카고대학교에서 출판한 『전쟁 연구$^{A\ Study\ of\ War}$』였다. 퀸시 라이트가 동료들과 15년 동안 연구한 결과를 두 권으로 정리한 이 책은 전쟁의 개념, 역사, 원인에서부터 전쟁의 예방과 평화의 수립 및 유지까지 방대한 주제에 관한 과학적 분석과 학문적 해석, 성찰을 담고 있었다. 루이스 리처드슨도 전쟁의 기원과 원인에 대한 수학적 연구를 담은 책을 집필했는데 사후에 아들인 스티븐 리처드슨$^{Stephen\ Richardson}$이 다른 연구자들의 도움을 받아 1960년에야 책으로 출판했다.[13] 이들의 기본적인 관심은 전쟁과 평화를 규정하는 것이었지만 궁극적인 목적은 인류를 위협하는 전쟁을 예방 또는 종식하고, 평화를 유지 또는 회복할 방법을 찾는 것이었다.

평화연구의 조직화

개별적으로 평화를 실현할 방법에 대해 연구하고 고민하던 학자들은 1950년대 중반부터 전문 기관과 프로그램을 중심으로 모여 함께 작업했다. 이를 통해 평화연구가 차별적이고 독립적인 연구 분야로 자리를 잡기 시작했다. 1951년 아서 글래드스턴$^{Arthur\ Gladstone}$과 허버트 켈먼$^{Herbert\ Kelman}$은 〈미국심리학자$^{The\ American\ Psychologist}$〉라는 학술지에 여러 가지 심리학적 가설에 기반하고 있는 평화주의 이론을 실험적으로 테스트할 필요를 주장하면서 심리학자들과 사회과학자들이 이를 연구 주제로 삼아 효율적으로 다룰 것을 제안했다. 많은 학자가 이에 호응했는데 그중 대부분은 심리학자들이었다. 이들은 1951년에 한 심리학 학술대회에서 만나 전쟁과 평화 연구 촉진에 주력할 조직을 만들기로 뜻을 모았다. 그 결과 1952년 '전쟁 예방에 대한 연구교류회Research Exchange on the Prevention of War'라는 모임을 만들고 〈전쟁 예방에 대한 연구교류회보Bulletin of the Research Exchange on the Prevention of War〉라는 학술지를 발행하기 시작했다. 이 모임에 참여한 학자들은 토론 모임과 심포지엄 등을 조직하고 그 결과를 출판했으며 점차 다양한 분야의 학자들이 모임과 연구에 참여했다. 1954~1955년 사이엔 경제학자 케네스 볼딩Kenneth Boulding, 생물학자 아나톨 라포포트Anatol Rapoport, 사회학자 스티븐 리처드슨 등이 이 새로운 연구 모임에 동참했다. 특히 루이스 리처드슨의 아들인 스티븐 리처드슨은 아버지가 집필한 두 권의 책, 『격렬한 싸움의 통계The Statistics of Deadly Quarrels』와 『무기와 불안Arms and Insecurity』의 원고를 가져왔고 케네스 볼딩과 아나톨 라포포트가 두 책의 출판을 도왔다. 이 책들은 수학적 모델과 양적 연구 방법이 전쟁과 평화 연구에 도움이 될 수 있음을 보여줬다. 1957년에는 기존의 학술지를 대체할 새로운 학제간 학술지인 〈갈등해결 저널 : 전쟁과 평화 관련 연구 계간지Journal of Conflict Resolution : A Quarterly for Research Related to War and Peace〉가 발행되기 시작했다. 이 새로운 학술지의 편집위원장은 케네스 볼딩이 맡았고 그가 재직하고 있던 미시간대학교University of Michigan에 자리를 잡았다.[14]

케네스 볼딩은 수학자이자 생물학자 아나톨 라포포트, 심리학자 허버트 켈먼, 사회학자 로버트 쿨리 에인절^{Robert Cooley Angell}을 포함해 평화에 관심 있는 학자들과 함께 연구기관인 '갈등해결 연구 센터^{Center for Research on Conflict Resolution}'를 만들었다. 케네스 볼딩은 개인적 연구를 통해 전쟁 예방에 초점을 맞췄고 특히 전쟁을 예방하지 못하는 책임의 일부가 국제관계학의 실패에 있다고 주장했다. 그는 1961년에 쓴 『평화 경제 전망*Perspectives on the Economics of Peace*』에서 국제관계학의 전통적인 처방은 인정하기조차 힘들다고 했다. 전쟁이 주권국가 체제가 가진 고유한 특징에서 비롯된 결과라면 국제기구의 개혁과 연구 및 정보 능력의 개발을 통해 전쟁 예방이 모색되어야 한다는 게 그의 생각이었다. 그는 데이터 수집과 처리 능력을 통해 갈등 형성에 대한 과학적 지식의 발전을 꾀하고 일반적 외교를 통해 이뤄지는 불충분한 통찰을 대체해야 한다고 주장했다. 갈등 이론이 형성되던 이 시기에 케네스 볼딩에게 있어 갈등해결은 사회, 정치, 경제와 관련된 일련의 정보를 수집하는 사회적 네트워크를 만들고 이를 통해 갈등 발생과 관련된 사회적 온도와 압력을 확인하는 지표를 생산하는 지식 토대를 개발하는 것을 의미했다. 그는 1962년에 쓴 『갈등과 방어*Conflict and Defense*』에서 국민 국가^{nation-state}의 쇠퇴와 퇴화를 주장하기도 했다.[15] 앞서 언급한 것처럼 전통적 국제관계와 외교를 벗어나 새로운 접근을 통해 전쟁을 예방하는 방법을 모색해야 한다고 주장한 것이다. 이런 주장은 평화연구가 시작부터 지금까지 하향식^{top-down} 접근과 정치적 결정권자에 의존하는 평화 성취를 지향하고, 상향식bottom-up 접근, 사회 구성원들의 교육과 역량 형성, 그들의 참여를 강조하는 이론과 실천을 강조하고 있는 것과 맥락을 같이한다.

평화연구 초기에 연구자들 사이에서 쓰인 '갈등' 용어는 현재의 용어 사용과 달랐다. 갈등은 국가 사이의 전쟁 또는 무력 갈등을 지칭하는 것이었다. 또 갈등해결은 국가 사이 무력 충돌과 전쟁을 예방하거나 평화적 방식을 통해 종식하는 것을 의미했다. 현재의 '갈등'과 '갈등해결'이 국가 사이의 무력 또는 비무력 갈등부터 개인 사이의 갈등까지를 일컫는 보편적 용어로 사용되고 있고, 평화학이 모든 갈등을 연구 및 실행 주제로 삼고 있는 것과는 달랐다.

이 시기 주목할 또 다른 점은 1959년 노르웨이의 오슬로에 '오슬로 평화연구소Peace Research Institute Oslo, PRIO'가 설립된 것이었다. 이것은 앞서 설명한 북미에서의 움직임과 함께 평화연구의 또 다른 축의 형성을 의미했다. 북미의 연구가 전쟁과 평화를 함께 언급하면서 주로 전쟁의 예방에 초점을 맞춘 것과 다르게 PRIO는 평화 자체에 초점을 맞췄다. 평화를 독립적 연구 주제이자 분야로 강조한 것이다. PRIO가 1964년 〈평화연구 저널Journal of Peace Research〉의 발행을 시작한 것도 같은 맥락에서 평화연구가 독립적인 연구 분야로 자리잡는 데 기여했다. PRIO를 시작으로 유럽 국가들에서 다른 평화연구 기관들도 시작됐다. 1962년 네덜란드에 전쟁학연구소 Polemological Institute가 세워졌고, 1966년 스웨덴에 스톡홀름 국제평화연구소Stockholm International Peace Research Institute, SIPRI가 세워졌다. 1969년에는 핀란드에 탐페레 평화연구소^{Tampere Peace Research} Institute가 세워졌다.[16]

평화학의 시작

유럽에서의 평화연구 시작과 확산에는 요한 갈퉁^{Johan Galtung}의 기여가 컸다. 그는 철학, 사회학, 수학을 연구했으며 미국의 컬럼비 아대학교^{Columbia University}에서 2년 동안 초청교수로 있다가 1960년 오슬로대학교^{University of Oslo}에 갈등과 평화를 연구하는 기관을 설립하는 일을 돕기 위해 오슬로로 돌아왔다. 갈퉁은 1960년대에 구조적 폭력, 소극적 평화, 적극적 평화 이론을 통해 평화학의 토대를 만드는 데 커다란 기여를 했다. 그는 평화연구가 전쟁 예방을 넘어서야 한다고 생각했고, 지배자와 피지배자, 통치자와 피통치자, 남성과 여성, 서구문화와 비서구문화, 인간과 자연 등의 사이에서 평화적 관계를 형성하기 위한 조건의 연구가 평화연구에 포함되어야 한다고 주장했다. 이를 위해 적극적 평화를 추구하고 인간 사이에 연대와 공감이 형성되어야 하며, 제국주의와 억압 등 구조적 폭력을 밝히고 전환하는 평화연구가 필요하다는 게 핵심 주장이었다.[17] 갈퉁은 PRIO의 초대 연구소장이었고 〈평화연구 저널〉을 창간하고 초대 편집장을 맡았다.[18]

1970년대 초부터 대학교에 평화학이 설립되기 시작했다. 1971년에 스웨덴의 웁살라대학교Uppsala University에 평화갈등학과가 설립 됐고, 1973년에는 영국의 브래드포드대학교University of Bradford에 평화학과가 설립됐다. 이후 세계 각지에 평화학 프로그램이 마련됐고 현재는 전 세계 400개가 넘는 대학에 다양한 형태의 평화학과와 평화학과 연계된 학위 프로그램이 개설돼 있다.

평화학의 선구자 그리고 1세대 평화학자라 불리는 연구자들이 평화에 관심을 가지게 된 근본적인 이유는 전쟁이었다. 그들은 전쟁이 낳은 폭력과 평화 부재의 상황을 직접, 그것도 불과 20여 년의 간격을 두고 연속으로 경험했고, 전쟁에 대해 깊이 성찰할 필요가 있음을 절감했다. 2차 세계대전 이후에는 전 세계에 퍼진 핵전쟁에 대한 공포가 전쟁에 대한 연구의 필요를 자극했다. 연구의 중심 주제는 전쟁을 막을 방법이었다. 당시엔 전쟁이 눈앞의 안전과 생존의 문제였으므로 그런 접근은 합리적이고 논리적이었다. 다양한 학문적 접근을 참고해 전쟁을 분석해 통계를 내고, 전쟁의 특징과 국제정치적 접근의 문제점을 규명하는 건 학문적 호기심을 넘어 현실적 문제에 대한 대응의 일환이었다.

전쟁에 대한 관심이 조직적 평화연구의 시작이었고 학제로서 평화학의 수립에 결정적인 영향을 미쳤다는 점은 자연스러워 보이지만 다른 한편 아이러니하기도 하다. 극단적인 대규모 형태의 폭력이 동반되는 전쟁을 경험하면서 평화의 필요성을 절감한다는 건 자연스럽다. 그러나 평화의 실현을 위해 결국 전쟁을 연구할 수밖에 없다는 점은 아이러니하다. 그런 이유로 평화연구의 선구자들은 전쟁 연구자들로 여겨지기도 했다. 하지만 그들이 단지 전쟁에 대한 개인적 저항감과 평화에 대한 낭만적 추구로 전쟁 예방의 필요성을 주장한 건 아니었다. 그들은 평화의 필요를 주장하기 위해 전쟁에 대한 분석적 접근을 취하고 전쟁의 폭력성과 전쟁 예방의 필요를 논리적으로 피력했다. 퀸시 라이트는 전쟁이 교전을 통해 서로를 파괴하는 목표를 가지고 있음을 역설하면서 전쟁을 하는 국가들이 완전히 위압적이고 물리적인 방식으로 적국의 군대, 통신, 보급망을 파괴한다는 점을 강조했다. 또한 전쟁의 목적은 적을 완전히 굴복시키는 것이며 이런 목적의 달성을 위해 적국의 경제적 수단을 파괴하고 압력을 가해 적국 정부와 국민이 어떤 요구에도 굴복하도록 만든다고 했다.[19] 루이스 리처드슨은 1820~1949년 사이에 일어난 국가 간 전쟁은 물론 국내에서 생긴 반란, 폭동, 봉기 등이 야기한 인명 피해 데이터를 수집했다.[20] 그는 전쟁과 무력 충돌이 야기하는 인명 손실을 통계적으로 증명하기 위해 노력했고 그의 저술은 1950년대 중반 평화연구에 합류한 학자들에게 많은 영향을 미쳤다.[21] 이런 모든 전쟁 연구의 핵심 주장은 전쟁의 본질은 무력을 통한 파괴이고, 전쟁에서는 대규모 파괴와 인명 손실이 정당화되기 때문에 전쟁을 막아야 한다는 것이었다.

평화연구와 평화학이 전쟁에 대한 탐구를 통해 시작됐고 평화연구가 조직적으로 이뤄지던 시기에 전쟁 연구가 주를 이뤘던 건 기본적으로 1차, 2차 세계대전의 영향이 있었기 때문이다. 덧붙여 2차 세계대전 직후부터 핵무기 개발과 핵전쟁에 대한 공포가 있었기 때문이기도 했다. 그러나 현재까지도 평화학에서 전쟁이 주요 연구 주제 중 하나로 존재하는 이유는 인류 역사에서 전쟁이 끊이지 않고 전쟁 준비가 만연한 세계에서 평화를 위해 전쟁에 관심을 가지고 연구하는 것이 불가피하기 때문이다.

평화연구의 적용

평화연구가 조직적으로 이뤄지면서 이론을 실천에 옮기는 시도도 생겼다. 대표적인 사례는 오래된 국제사회 갈등을 해결하고 무력 충돌을 예방하기 위해 존 버턴John Burton이 동료들과 한 시도였다. 이것은 문제해결 워크숍problem-solving workshop으로, 처음엔 통제된 의사소통controlled communication으로 불렸다. 1965년과 1966년 두 개의 워크숍이 조직됐는데 하나는 말레이시아, 싱가포르, 인도네시아 사이의 갈등을, 다른 하나는 그리스계 키프로스 주민과 터키(현재 튀르키예)계 키프로스 주민 사이의 갈등을 다루기 위한 것이었다. 워크숍의 기본 접근은 갈등 관계인 국가의 결정권자들 또는 그들에게 영향을 미치는 사람들이 워크숍에 함께 참여해 자신들의 갈등관계를 분석하고, 그것을 통해 상대에 대한 태도를 바꾸고 상호 이해와 신뢰를 발전시키는 것이다. 워크숍에는 전문가 패널이 참석해 진행을 하고 참여자들 사이의 소통과 공동 분석을 돕는다. 존 버턴은 소위 '다루기 힘든intractable' 국제 갈등의 해결을 위한 문제해결 워크숍에 인간 필요human needs 이론을 적용했다. 그의 생각은 안전, 인정, 개발 같은 인간 필요를 서로 알고 인정하면 갈등을 해결할 수 있는 가능성이 생긴다는 것이었다. 호주 출신인 존 버턴은 1963년부터 런던대학교에서 일하기 시작했고 우연히도 그때 런던에는 갈등연구회Conflict Research Society가 조직됐다. 그는 여기서 1966년에 펴낸 『사회갈등Conflict in society』이라는 책에 케네스 볼딩, 아나톨 라포포트 등과 함께 글을 썼다. 그는 후에 갈등연구회의 초대 명예회장직을 맡기도 했다. 그의 문제해결 워크숍은 기존의 국제관계학 전통에서 벗어난 방식으로 국가 사이 문제를 해결하고 전쟁을 예방하기 위해 이뤄진 시도였다.22)

또 다른 대표적인 적용 사례는 애덤 컬Adam Curle의 조정mediation 23) 이다. 인류학, 심리학, 개발교육의 학문적 배경을 가진 애덤 컬은 아시아의 파키스탄과 아프리카의 가나, 나이지리아 등에서의 현장 경험을 통해 평화에 관심을 가지게 됐다. 그는 무력 갈등이 개발을 방해하는 현장을 목격했고 그로 인해 집단 사이 갈등을 종식하는 평화조성peacemaking에 관심을 가지게 됐다. 특히 무력 갈등의 해결을 위해 직접 조정자로 일하기도 했다.24) 그가 조정자 역할을 한 대표적인 사례는 1967년 6월에서 1970년 1월 사이에 일어난 나이지리아 내전이었다. 그는 퀘이커 팀의 일원으로 내전 종식을 위해 양쪽 지도부를 오가며 조정을 했다. 그와 그의 동료는 이미 내전이 있기 전 인도적 지원과 화해를 통한 긴장 완화를 모색하기 위해 나이지리아 전역을 여행하며 정보를 수집했지만 내전을 막지는 못했다. 두 사람은 내전 동안에도 내내 양쪽 지도부를 오가면서 조정을 했다. 나이지리아 정부와 반군 쪽 수장을 여덟 번이나 만났다. 애덤 컬과 그의 동료의 역할은 양쪽 사이의 소통을 재개하고 상호 의심, 오해, 공포를 줄이도록 도우며 종전 협상을 독려하는 것이었다. 그들은 뉴욕, 워싱턴 D.C., 런던, 파리, 제네바 등에서도 양쪽 대표단을 만났고, 전쟁 종식을 위해 나선 아프리카 대륙을 포함한 국제사회의 공식 협상을 뒤에서 지원했다. 여러 노력 덕분에 전쟁은 1970년 1월에 종식됐고 나이지리아 정부는 반군 지역에 대한 보복 조치를 취하지 않고 재건, 통합, 화해에 나섰다.[25] 이것은 대표적인 트랙 투Track 2[26] 조정 사례로도 여겨진다. 애덤 컬은 1973년에 개설된, 브래드포드대학교 평화학과의 초대 학과장을 맡아서 평화학의 기초를 세우는 데도 기여했다.

애덤 컬의 사례는 특별히 평화연구와 현장 및 평화운동의 관계, 그리고 현장과 평화운동이 평화학의 시작에 끼친 영향을 말해준다. 애덤 컬은 학자이면서 실천가였다. 그는 다른 평화연구자들과 다르게 다양한 현장을 경험하면서 평화의 필요를 절감했고 그런 이유로 위험한 내전 상황에서 조정자의 역할을 하기도 했다. 그는 평화교회이자 다양한 평화 활동을 하는 퀘이커의 영향도 받았다. 퀘이커는 메노파, 브레드린Brethren 같은 다른 평화교회처럼 평화운동의 탄생에 기여했고 19세기부터 20세기 초까지 평화운동의 중심축 중 하나였다.[27] 초기 평화학은 이런 평화운동과의 관계를 설정하는 데 많은 시간을 보내기도 했다. 그런 사례 중 하나가 브래드포드대학교의 평화학과였다.

최초의 평화학과 중 하나인 브래드포드대학 평화학과는 퀘이커와의 협력 관계로 인해 자연스럽게 평화운동과의 관계에도 민감할 수밖에 없었다. 브래드포드대학 평화학과는 퀘이커들의 선도적이고 지속적인 관심과 협력, 모금으로 설립됐다. 그러면서도 그들은 평화학과가 경직된 학문 세계와 유연한 평화운동 사이에서 균형을 유지할 수 있을지 의문과 두려움을 제기했다. 이것은 평화학과 내에서도 논쟁거리였다. 평화학이 평화와 관련된 연구가 아니라 전쟁과 관련된 연구에 더 몰두하게 될 가능성, 평화학과가 학문에만 전념하고 그 결과 현장의 평화운동은 소외시킬 가능성, 반대로 평화운동이 지나치게 평화학의 학문적 역할에 해를 끼칠 가능성 등이 우려됐다. 이런 긴장과 우려는 평화학과 설립부터 과도기가 끝나가던 1980년대 초반까지 계속됐다. 실질적으로 평화운동과 관련된 과외 활동을 얼마나 학점으로 인정할지 등도 논쟁거리였다. 이에 대해 초대 학과장 애덤 컬은 "(평화학과가) 제공하는 과목들의 주요 부분은 실천을 포함하고 또한 실천을 중심으로 이뤄질 것"이라며 커리큘럼에서 실천이 차지하는 중요성을 강조했다. 애덤 컬이 4년 만에 학과장에서 물러난 후에도 논쟁은 계속됐다. 충분한 논쟁을 거친 후 실천의 중요성을 놓치지 않으면서 학문 분야로서 고유 역할을 강조하는 통합적 구상이 이뤄졌고 실천을 위한 훈련 과정이 정규 교과 과정에 포함됐다.[28]

이런 평화운동과의 긴장 관계와 내부 논쟁은 평화학이 이론과 함께 실천을 똑같이 중요시하는 학문 영역으로 자리 잡는 데 기여했다. 이론과 실천의 병행은 여전히 평화학의 가장 중요한 정체성 중 하나로 여겨지고 있다. 평화연구조차 초기에는 평화연구운동[peace research movement]으로 불리곤 했던 점을 생각하면[29] 평화학과 평화운동의 관계는 필연적이라 할 수 있다.

소극적 평화, 적극적 평화

조직적인 평화연구가 확장되고 평화학의 토대가 놓이기 시작하던 때 전쟁에 대한 초점에서 시선을 돌려놓은 건 요한 갈퉁이었다. 그는 평화를 두 가지, 즉 소극적[negative] 평화와 적극적[positive] 평화로 구분했다. 전쟁의 부재는 인간의 신체에 가해지는 직접적[direct] 폭력이 없는 소극적 평화를 의미할 뿐 정의와 평화를 위한 사회와 인간 삶을 위해서는 충분치 않으며 이보다 나아간 적극적 평화가 필요하다는 게 그의 주장이었다. 그는 적극적 평화는 직접적 폭력은 물론 인간의 모든 삶에 영향을 미치는 사회 구조와 체계를 매개로 가해지는 구조적 폭력까지 부재해야 한다고 주장했다. 빈곤, 기아, 사회적 소외 등을 야기하고 인간 삶의 질을 낮추는 구조적 폭력은 불공평한 생존 기회, 자원 배분, 결정권 같은 문제와 관련되어 있다. 그러므로 적극적 평화는 개인과 집단의 삶의 질을 낮추는 불평등과 차별이 없고 사회적, 경제적 정의가 실현된 상태를 의미한다.[30] 후에 그는 적극적 평화를 위한 조건에 이론, 철학, 언어, 사상, 예술, 종교적 가르침 등을 매개로 가해지는 문화적 폭력의 부재까지 포함했다. 문화적 폭력은 구조적 폭력의 토대이자 구조적 폭력에 영양분을 제공하고 직접적 폭력으로까지 이어지는 근본 원인이 되기 때문이다.[31] 그는 전쟁을 인간 사회에 존재하는 다양한 폭력의 한 가지로 보았으며, 평화를 전쟁은 물론 모든 폭력이 부재한 상태로 정의했다. 이 때문에 평화연구는 폭력을 구체적으로 정의하는 데서 시작해야 하며 폭력에 대해 한정적이 아닌 오히려 확장적 접근을 취해야 평화를 제대로 정의할 수 있다고 주장했다.[32]

북미와 유럽의 평화연구는 소극적 평화와 적극적 평화를 두고 입장 차이를 보였다. 북미의 평화연구자들은 실용주의 접근을 통해 전쟁, 특히 핵전쟁을 예방하는 데 주력하는 소위 미니멀리즘의 태도를 취하고, 유럽의 평화연구자들은 구조주의 접근을 통해 전쟁은 물론 모든 사회 폭력을 다루는 맥시멀리즘의 태도를 취하는 것으로 이해됐다.[33] 이와 관련해 보다 비판적인 견해도 있었다. 미국에서는 괄목할 만한 발전이 없었음에도 평화연구가 '표준 과학normal science'으로 자리 잡아갔지만 유럽에서는 이념적 노선에 따라 변화됐으며, 그 중심에는 요한 갈퉁으로 대표되는 연구자 그룹이 있었다는 것이다. 요한 갈퉁이 전쟁 예방 같은 국제 평화를 '소극적 평화'로 부르면서 폄하하고 자신이 좋아하지 않는 모든 것을 '구조적 폭력'에 포함했다고 비판하기도 했다. 또한 적극적 평화와 구조적 폭력 개념의 확대로 인한 "위험한 환각" 때문에 평화연구에서 핵전쟁 문제가 뒷전으로 밀리고 평화연구에서 군축과 안정적 평화 문제가 다뤄지지 않게 됐다고 주장했다. 그 결과 평화연구의 질이 훼손됐다는 것이다.[34] 반면, 전쟁의 부재에 초점을 맞춘 연구가 사회 정의 문제를 놓치고 있다고 비판하고, 사회의 심각한 부정의 문제를 덮어버리는 건 가짜 평화며 결국 미래의 무력 충돌 가능성을 다루지 않는 것이라는 주장도 있었다. 요한 갈퉁의 주장에 대해 평화와 갈등 연구의 주제를 확장하는 건 역동성의 신호이긴 하지만 그럴 경우 가장 중요하고 핵심적인 인간 행동의 문제점에 대한 초점을 놓칠 수 있다고 우려하는 목소리도 있었다.[35]

평화연구가 전쟁 예방을 핵심 주제로 삼고 그와 관련된 전쟁 억지와 군축에 초점을 맞출 것인지, 아니면 범위를 확장해 일상의 평화로운 삶과 관련된 사회 정의 문제까지 다룰 것인지에 대한 이견의 존재와 논쟁은 당시에는 심각한 일이었음이 분명하다. 2차 세계대전이 끝난 후 얼마 지나지 않았고 베트남 전쟁이 진행 중이었던 상황을 고려한다면 전쟁 예방을 강조하는 입장은 충분히 이해될 만한 것이었다. 다른 한편 미국의 시민권 운동이나 남아프리카공화국(남아공)의 인종차별 정책인 아파르트헤이트에 반대하는 전 세계 캠페인이 벌어지던 상황이었고 사회 구조적 문제의 심각성과 위험성에 대한 인식이 높아지던 시기였으므로 요한 갈퉁의 구조적 폭력과 적극적 평화 개념이 설득력이 있었다는 점도 짐작할 수 있다. 결론적으로 두 가지 기류는 이후의 평화연구와 평화학에 모두 반영됐다. 인간의 평화로운 삶과 평화로운 사회를 위해서는 전쟁도 없어야 하고, 온갖 사회적 구조를 통해 가해지는 폭력도 없어야 한다. 또한 전쟁을 막기 위해서는 전쟁을 가능하게 하고 전쟁 준비에 몰두하는 사회 구조를 다루지 않을 수 없다. 이런 이유로 두 가지 모두 평화연구에서는 절대 외면될 수 없는 기본적인 연구 주제가 됐고 소극적 평화와 적극적 평화의 개념도 분석과 대응을 위한 기본적 이론으로 발전됐다.

위의 이견과 논쟁은 조직적 평화연구의 초기이자 평화 이론이 형성되는 시기였던 당시의 상황에서는 당연한 일이었을 것이다. 그런 이견과 논쟁이 결국 평화학의 토대를 쌓고 평화연구를 발전시키는 데 기여했다. 평화와 폭력의 개념은 평화학의 기초 이론이 됐고 전쟁 반대, 무력 충돌의 평화적 종식, 무력 충돌 예방을 위한 평화구축 등이 평화학의 주요 연구와 실행 주제가 됐다. 모든 사회에서 규명되고 제거돼야 할 폭력적 구조와 문화, 그로 인한 부정의와 피해 또한 평화학 연구와 실행에서 꾸준히 다뤄지고 있다. 평화연구는 잇단 세계대전과 그에 따른 광범위한 피해를 성찰하며 시작됐지만, 평화연구 및 평화학의 초점은 전쟁을 포함한 모든 폭력의 탐구, 그리고 그 폭력의 감소와 제거를 통한 평화적 사회 조건의 형성과 평화의 실현에 맞춰져 있다.

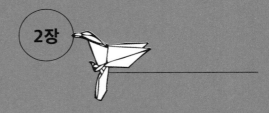

전쟁 없는 평화

평화학의 시작과 기본 이론

정당한 전쟁

평화연구가 전쟁에 대한 성찰과 전쟁 예방의 필요에서 시작된 사실이 보여주듯 전쟁은 평화와 밀접하게 관련되어 있다. 많은 사람이 평화를 '전쟁의 부재'로 이해하고 일부 사전도 그렇게 설명한다. 전쟁을 겪은 사람과 겪지 않은 사람 모두 전쟁과 관련해 군인, 전투, 죽음, 파괴, 폐허 등의 장면을 떠올린다. 다만 둘 사이에 차이가 있다면 전쟁에 대한 사적인 서사가 다르다는 점일 것이다. 전쟁에 대한 도덕적 판단도 원칙적으로는 비슷하다. 전쟁은 옳지 않으며 서로를 파괴하는 전쟁은 되도록 하지 않아야 한다는 것이다. 그럼에도 불구하고 모든 전쟁에 대해 원칙적으로 반대 입장을 고수하는 사람은 소수에 불과하다. 그래서 전쟁에 대한 사회 담론은 크게 두 가지로 정리된다. 하나는 어떤 상황에서도 전쟁은 일어나지 않아야 한다는 것이고, 다른 하나는 피할 수 없는 전쟁도 있다는 것이다. 후자의 담론은 전쟁이 도덕적으로 옳지 않을 수 있다 할지라도 절대 악은 아니며, 다른 일과 마찬가지로 인간 사회에서 충분히 생길 수 있고 정당화될 수 있다는 점을 강조한다. 특히 많은 사람이 국가의 생존을 위해 무력이 필요하고 국익을 위해 무력에 의존할 수 있다고 생각한다. 국제관계는 속성상 무력 사용의 가능성을 가지고 있고, 현존하는 국제사회 힘의 구조에서는 군사적 위협과 전쟁의 가능성은 지속될 수밖에 없다는 것이다.[36) 국익을 위한 국가의 전쟁을 정당화하는 담론은 오랜 세월 인간 사회를 지배했으며 지금도 지배적 담론으로 힘을 발휘하고 있다.

전쟁은 되도록 막아야 하지만 피할 수 없는 전쟁도 있다는 생각에 가장 큰 힘을 실어주는 건 '정당한 전쟁just war'[37) 이론이다. 성 아우구스티누스Sanctus Augustinus, 354~430는 이 이론의 창시자로 여겨진다. 그는 "원수를 사랑하라", "오른쪽 뺨을 때리면 왼쪽 뺨까지 대주어라" 같은 예수의 가르침 때문에 전쟁에 참여하는 것을 꺼리는 기독교인들의 전쟁 참여를 정당화하는 논리적 근거를 만들었다. 그 근거는 국가에 대한 개인의 책임이었고 그 책임에서 중요한 부분이 바로 전쟁 참여였다. 그는 성경에서는 신이 때로 인간의 전쟁을 지휘했으며 신의 지휘는 전쟁을 정당하게 만든다고 주장했다. 또한 어떤 권력이 선하든지 그렇지 않든지, 그 권력에 의한 전쟁이 정당하든지 아니든지에 상관없이 합법적 권력의 명령을 받고 전쟁에서 사람을 죽이는 건 법적으로 죄가 되지 않고 그 사람은 무고하다고 했다. 전쟁에서 죽이고 파괴하는 모든 행동은 개인적인 것이 아니라 신의 지배하에서 성스러운 계획에 봉사하는 것이어야 한다고 주장했다. 그는 전쟁 목적의 중요성 역시 언급했다. 병사들은 평화와 공동체의 안전을 위해 군사적 임무를 수행해야 한다고 했다. 하지만 이런 면죄부가 전쟁을 일으킨 죄 자체를 없애주지는 않는다고 했다. 그는 모든 국가는 자기가 원하는 평화를 위해 전쟁을 한다고 말하고 그렇다면 그것 자체는 선한 의도라고 했다. 하지만 스스로 말하는 그런 의도가 전쟁을 정당하게 만들지는 않는다고 했다. 그는 전쟁이 정말 정당해지려면 전쟁을 하는 선한 동기가 있어야 한다고 했다. 그리고 누군가가 기독교의 사랑에서 나온 선한 동기를 가지고 행동한다면 올바른 의도right intention를 가진 전쟁을 하게 될 것이고 기독교적 가르침을 따르는 국가라면 그렇게 할 수 있을 것이라고 했다. 이런 '올바른 의도'는 후에 유스 아드 벨룸jus ad bellum, 즉 한 나라가 전쟁을 할 수 있는 정당한 명분인 '전쟁의 정당성'으로 발전됐다.[38]

정당한 전쟁 이론은 중세 기독교 역사에서 수립됐고 17세기에 근대 국제법의 선구자 후고 그로티우스Hugo Grotius에 의해 한층 발전됐다.[39] 성 아우구스티누스는 정당한 전쟁의 근거를 기독교에서 찾았지만 이후의 연구들은 그 근거를 합법성을 인정받은 주체에서 찾았다. 합법성을 인정받은 주체는 보통 국가이며 국가가 국익과 국민을 보호하기 위한 정당한 근거와 의도를 가지고 전쟁을 하느냐에 초점을 맞춰 정당한 전쟁 이론이 발전됐다. 이렇게 다듬어진 정당한 전쟁 이론은 크게 유스 아드 벨룸jus ad belleum, justice of war, 즉 전쟁의 정당성과 유스 인 벨로jus in bello, justice in war, 즉 전쟁에서의 정당성, 이 두 가지로 이뤄진다.

두 가지 원칙은 전쟁의 정당성과 도덕성이 크게 두 번에 걸쳐 평가될 수 있음을 의미한다. 하나는 전쟁이 정당한 이유로 시작됐느냐(전쟁의 정당성)고, 다른 하나는 전쟁에서 정당한 이유로 싸움과 관련된 일들이 행해졌느냐(전쟁에서의 정당성)다. 전쟁의 정당성과 전쟁에서의 정당성은 비슷한 것 같지만 사실은 서로 다르다. 전쟁의 정당성은 공격과 방어에 관련된 판단을 필요로 하고, 전쟁에서의 정당성은 전쟁 수행과 관련된 관례적, 실제적 규칙을 지켰는지 어겼는지에 대한 판단을 필요로 한다. 그러므로 두 가지는 각각 독립적으로 판단되어야 한다. 이론적으로 전쟁의 정당성을 가지지 못해도 전쟁에서의 정당성은 확보할 수 있다. 정당한 이유 없이 공격하는 건 범죄지만 공격적으로 전쟁을 수행하는 건 전쟁의 규칙에 어긋나지 않는다.[40] 하지만 여기엔 모순이 존재할 수밖에 없다. 정당한 전쟁으로 인정받지 못하는 전쟁이 전쟁에서의 정당성을 확보했다 하더라도 애초에 잘못된 토대 위에서 이뤄진 일이기 때문이다.

정당한 전쟁이라 주장할 수 있는 가장 중요한 근거는 전쟁을 할 수밖에 없는 정당한 이유가 있느냐는 것이다. 동시에 합법적 권한과 옳은 의도를 가지고 전쟁을 선포했느냐다. 전쟁이 외교적 노력을 포함한 다양한 노력을 한 후 최후의 선택이었느냐도 중요한 판단 기준이 된다. 전쟁을 시작한 쪽은 전쟁의 이유가 정당하고 합법적 권한과 옳은 의도가 있다고 주장할 수 있다. 그러나 그에 대한 평가는 객관적으로 이뤄져야 한다.

정당한 전쟁으로 판단될 수 있는 우선적 근거가 되는 건 침략의 존재 여부다. 국제사회는 한 국가의 타국에 대한 침략을 인정하지 않는다. 침략은 다른 국가의 영토 보전 권리와 정치적 주권을 침해하는 것을 의미한다. 이런 침략에 대해 독립적인 국가와 집단은 저항을 하고 전쟁을 시작할 수 있다. 국가나 집단에 대한 침략은 특정 영토 내에 거주하는 구성원들 개인과 공동의 삶에 대한 침략으로도 여겨진다. 침략을 받은 국가 및 집단, 구성원들은 개인과 공동의 삶을 유지하기 위해 방어할 권리가 있다.[41] 이런 경우 전쟁은 정당화될 수 있다. 침략하는 전쟁은 정당하지 않지만 침략에 대응하고 자기를 방어하기 위한 전쟁은 정당화되는 것이다. 침략이 있다면 국제사회의 무력 개입 또한 정당화된다. 국제사회는 다른 국가의 정치적 주권과 영토 보전에 대한 한 국가의 위협을 범죄로 규정하므로 위협을 받는 당사국과 그를 돕고자 하는 국제사회 회원국의 무력 개입은 정당화된다.[42]

흔히 "전쟁은 지옥이다$^{War\ is\ hell}$"라고 말한다. 이 말에 이의를 제기할 사람은 거의 없다. 그러나 전쟁은 국제법에 따라 적법한 것으로 인정된다. 자기 방어를 위한 것이라면 말이다. 전쟁에서는 많은 사람의 죽음과 사회 파괴가 허용된다. 전쟁의 규칙, 다시 말해 전쟁에서의 정당성을 어기지 않는다면 말이다. 정당한 전쟁 이론은 어떻게 얼마나 많은 사람이 죽고 파괴가 일어나며 누가 죽임을 당하는지에 따라 전쟁에서의 정당성을 판단한다.

전쟁에서의 정당성을 판단할 때 가장 중요하게 여겨지는 기준은 무력을 써서 발생하는 피해가 무력을 쓰지 않을 때의 피해보다 적어야 한다는 것이다. 즉 전쟁을 통해 문제를 해결하는 것이 전쟁을 하지 않고 해결할 때보다 적은 피해를 낳아야 한다는 것이다. 이를 비례성propotionality이라고 한다. 이 비례성에 근거해 특정 전투나 전략은 수단과 결과의 균형을 고려해 선택되어야 한다. 즉 특정 전투나 전략을 실행해 얻는 혜택이 그로 인한 위해를 넘어서지 않아야한다.[43] 전투나 전략을 통해 과도한 혜택을 취해서는 안 된다는 얘기다. 전쟁의 목표는 승리이고 승리하기 위해 싸우는 건 인정되지만 승리를 위해 수단과 방법을 가리지 않는 건 전쟁에서의 정당성을 어기는 것이다.[44] 전쟁의 핵심은 전투다. 싸우는 병사들은 자기방어와 승리를 위해 상대를 공격하고 죽인다. 그러나 이것은 살인이 되지 않는다. 자기편을 죽인 적군도 살인자로 규정되지 않는다. 비전투원, 무고한 시민, 부상을 입었거나 무장하지 않은 병사를 죽였을 때만 살인이 된다. 병사가 전쟁의 규칙에 따라 승리를 위해, 그리고 전투를 되도록 빨리 끝내기 위해 싸우는 한 범법자도 되지 않고 어떤 비난도 받지 않는다.[45] 물론 그런 작전을 계획하고 지휘하는 사람들도 마찬가지다.

하지만 비례성을 판단하는 건 쉽지 않다. 파괴와 위해를 판단하기 위한 독립적이고 전문적인 기준을 세우는 게 힘들고 결국 군사적 고려를 따르는 경우가 많기 때문이다. 전쟁에서는 승리가 다른 어떤 것보다 우선하는 군사적 고려가 된다. 비례성의 위반은 승리를 위한 불가피한 군사적 고려로 주장된다. 병사들에게도 되도록 빨리 전쟁을 끝내고 승리하기 위해 최선을 다해 싸울 자격이 부여된다. 결국 전쟁의 규칙은 목적이 없거나 터무니없이 무자비한 폭력만 금지하는 것이다.[46] 병사들에게는 최선을 다해 적을 죽일 자격이 부여되기 때문에 그것이 다수의 민간인 학살이었다 할지라도 군사적 고려와 승리를 위한 어쩔 수 없는 선택이었다고 주장될 수도 있다.

전쟁의 정당성 확보

정당한 전쟁 이론의 주장은 불가피한 전쟁이 존재하고, 그러므로 정당하게 인정받을 수 있는 전쟁 또한 존재한다는 것이다. 정당한 전쟁으로 인정받으려면 전쟁 개시의 정당성과 전쟁에서의 정당성 원칙을 지켜야 한다. 또한 침략이 존재해야 하고 합법적인 권한을 가진 주체가 전쟁을 선포해야 한다. 그런 전쟁에서는 살해와 파괴가 정당화된다. 그러나 전쟁의 정당성과 전쟁에서의 정당성 실현이 실제로 가능한지, 합법적 권한을 가진 주체, 즉 대부분의 경우 그 주체는 국가인데, 그런 주체가 선포한 전쟁이 정말 정당한 전쟁인지 등은 논란의 여지가 있다. 또 정당성이 없는 경우 누가 어떻게 전쟁을 중단시킬 수 있는지, 그것이 가능한지도 문제다.

먼저 정당한 전쟁을 가능하게 하는 침략이 존재하고 합법적 권한을 가진 주체에 의한 전쟁이 선포되는 경우에 대해 생각해보자. 미국은 2001년 9·11 테러 이후 아프가니스탄을 침략했다. 테러를 저지른 알카에다의 수장 오사마 빈 라덴을 아프간 정부가 숨겨주고 있다는 이유에서였다. 미국은 9·11 테러로 자국이 침략을 받았다고 주장했다. 테러 직후인 9월 14일 미국 의회는 대통령에게 테러를 계획하고 실행하고 도운 자들을 소탕하기 위해 군대를 사용할 수 있는 권한을 허락했고, 이 내용은 9월 18일 대통령의 서명에 따라 법으로 만들어졌다. 미국은 10월 7일 아프가니스탄을 공격했다. 아프간 전쟁의 시작은 미국에게는 정당한 것이었고 법적으로도 문제가 되지 않았다. 하지만 미국의 아프간 전쟁은 국제사회의 비난을 받았다. 테러를 자국에 대한 침략으로 규정한 미국의 주장을 인정한다 하더라도 아프가니스탄 공격은 자국 방어를 위한 것도, 자국을 공격한 국가에 대한 전쟁 선포도 아니었기 때문에 정당한 전쟁의 근거가 되지 못했다. 비국가 집단이고 점조직 형태로 세계 곳곳에서 활동하는 알카에다를 소탕한다는 핑계로 아프가니스탄을 침략한 것은 피할 수 없는 전쟁의 사유로 인정될 수 없었다.

합법적 권한과 함께 고려되어야 할 점은 '올바른 의도'다. 정당한 이유로 시작된 전쟁은 악을 없애고 선을 촉진하는 의도를 가지고 있어야 하고, 그러기 위해 평화를 추구하고 불필요한 파괴를 피해야 한다. 하지만 전쟁에서의 '올바른 의도'는 분명하지 않을 때가 많다.[47] 미국이 시작한 아프간 전쟁의 목표는 테러를 저지른 알카에다와 테러에 협조한 아프가니스탄의 탈레반 정권을 몰락시키는 것이었다. 미국은 탈레반 정권의 몰락을 억압당하는 아프간 사람들을 위한 것으로 정당화했다. 그래서 전쟁에 '자유 지속 작전Operation Enduring Freedom'이라는 명칭을 붙였다. 테러 집단과 그에 협력한 정권을 몰락시키는 것이 세계 평화를 위한 것이라는 명분으로 다른 국가들의 참전도 끌어냈다. 그러나 테러 집단 소탕과 복수를 위해 자국을 침략하지 않은 국가의 정권을 몰락시키고, 아프가니스탄 사회를 파괴하고, 무고한 민간인들에게 돌이킬 수 없는 피해를 준 것은 올바른 의도와 관련 없는 것이었다. 또 다른 예로 2차 세계대전을 시작한 독일의 나치 정권과 히틀러도 전쟁을 선포할 합법적 권한을 가지고 있었다. 그러나 히틀러의 전쟁은 불가피한 전쟁이 아니었고 올바른 의도 또한 없었다.

　전쟁에서의 정당성 확보에 대한 판단과 평가 또한 논란이 될 수밖에 없다. 전쟁에서의 정당성에서 가장 중요한 건 비례성, 즉 전쟁을 통한 문제해결이 전쟁을 통하지 않은 문제해결보다 적은 피해를 낳아야 하고, 전투나 군사적 전략을 통해 얻는 이익이 그로 인한 피해보다 크지 않아야 한다는 것이다. 전쟁을 하는 주체에 의한 주관적 판단과 주장을 배제하고 객관적으로 비례성을 판단하는 건 쉽지 않다. 하지만 누구도 외면할 수 없는 한 가지 기준이 있다. 바로 전쟁이 민간인에게 끼치는 피해의 수준이다. 모든 전쟁은 인명 손실과 부상을 동반하는데 그 피해가 전투원combatant에게만 생기는 건 아니다. 항상 비전투원non-combatant, 특히 민간인 피해가 동반된다. 전쟁의 정당성을 확보하기 위해서는 민간인 피해를 최소화해야 하고, 최소화하기 위해 노력해야 하지만, 전쟁에서 이를 달성하는 건 거의 불가능하다. 전쟁은 군사적 목표물에 대한 일회성의 또는 단시간의 공격이 아니라 상당한 기간 동안 상호 공격이 이뤄지는 행위이기 때문이다.

민간인 피해의 정당화

전쟁에서 현장의 전투원을 포함한 군인의 피해는 당연한 것으로 취급된다. 전쟁은 군인의 피해를 전제로 하기 때문이다. 그런 이유로 민간인 피해는 항상 군인의 피해보다 적어야 하고 그럴 것으로 기대된다. 그러나 그렇지 않은 사례가 많다. 정확한 통계는 없지만 양차 세계대전의 민간인 사망자는 군인 사망자보다 몇 배나 많았다. 한국전쟁에서도 민간인 사상자가 군인 사상자보다 3배 정도 많았다. 아프간 전쟁과 이라크 전쟁에서도 마찬가지다. 미국 국방부 통계에 의하면 아프간 전쟁의 시작부터 2020년 5월까지 미군을 포함한 연합군 사망자는 3502명이었다. 하지만 전쟁 초기 부실한 통계에도 불구하고, 민간인 사상자는 10만 명이 넘었다. 유엔 집계에 의하면 2010년 이후 사망자는 폭발적으로 증가해서 매년 3000명에 가까운 민간인이 사망했고 2014년부터는 3500명 전후의 민간인이 매년 목숨을 잃었다. 1년간 민간인 사망자가 전체 전쟁 동안의 군인 사망자보다 많았다. 이라크 전쟁에서도 마찬가지다. 이라크 전쟁 사망자를 집계하는 한 민간 기관의 통계에 의하면 이라크 전쟁이 시작된 2003년부터 2021년 3월까지 민간인 사망자는 18만 5000명에서 20만 8000명 정도였다. 반면 군인 사망자는 8만 명에서 10만 명 정도였다. 전쟁으로 인한 파괴와 사회의 몰락을 따지지 않고 인명 손실만 놓고 봐도 이러한 지나친 피해 때문에 전쟁에서의 정당성이 확보되지 못했음을 알 수 있다.

전쟁을 하는 당사자는 이중 효과double effect의 논리로 비례성 위반과 민간인 피해의 정당화를 시도한다. 민간인은 절대 군사적 공격의 대상이 되어서는 안 된다. 그러나 전투 현장에 가까이 있어서 피해를 입는 경우가 있다. 이 경우 이중 효과의 논리를 통해 민간인 피해는 군사적 목표를 달성하는 과정에서 불가피하게 발생하는 부작용으로 치부된다. 모든 전투를 사막이나 바다에서 할 수는 없으므로 민간인 피해를 동반하지 않고 전투를 하는 건 불가능하며, 합법적인 군사 행동이라면 민간인 피해의 절대적 배제 원칙을 어길 수 있다는 논리다. 예를 들어 한국전쟁에서는 미군과 탱크의 안전한 이동을 위해 전투기로 주변에 로켓포 공격을 했고 그로 인해 무차별적 민간인 피해가 발생했다. 그러나 이는 군사 작전에서 불가피하게 생기는 이중 효과로 여겨졌다. 공격을 하기 전에 민간인을 보호하기 위한 최선의 조치를 취할 수도 있지만 이중 효과 논리는 그렇게 하지 않아도 되는 정당성을 쉽게 부여해준다.[48]

비례성이 지켜지지 않을 것이 명확한 상황에서도 승리를 위해 민간인 대량 피해를 묵인하는 경우도 있다. 미국은 승리를 앞당기기 위해 1945년 8월 6일과 9일 일본의 히로시마와 나가사키에 각각 원자폭탄을 투하했다. 군사 지역이 아닌 데다 원자폭탄의 위력을 알고 있었으므로 다수의 민간인에게 피해가 갈 것을 예상하고 한 일이었다. 최종 집계된 사망자 수는 13만 5000명이 넘었다. 부상자 수도 사망자 수와 비슷했다.

한국전쟁 때 미군은 인민군의 남하를 늦추고 남하한 세력을 약화하기 위해 북한 지역은 물론 남한 지역의 철도, 도로, 교량, 철도역 등의 교통망과 교통수단을 파괴하는 공중 폭격 작전을 실행했다. 그 결과 폭격 지점 근처에 있던 다수의 민간인이 목숨을 잃었다. 대부분의 교통 요충지는 인구 밀집 지역에 위치하고 있었고 교량이나 철도역은 피란민들이 많이 모여드는 곳이었기 때문이다. 서울 용산역, 전북 이리역, 충남 대전역 폭격 등으로 수십에서 수백 명의 민간인 피해가 발생했다. 지상군에 화력을 지원하는 폭격 작전에는 많은 도시나 마을이 포함됐고 그 또한 많은 민간인 피해를 낳았다. 1950년 9월 딘 애치슨 미국 국무장관은 "공산주의자들이 주요 군사 지역에 민간인을 동원하거나 민간인 거주 지역을 군사적으로 활용"하기 때문에 도시와 마을을 폭격할 수밖에 없었다면서 인민군의 정책이 "민간인의 희생을 증폭했다"고 언급했다. 군사적 목표물 공격에 동반된 부수적 피해가 아니라 피란민이나 민간인이 표적이 된 사례도 있었다. 폭격기 조종사 혹은 미군 상부에서 피란민이나 민간인의 존재를 인지하고 있었음에도 폭격이 강행된 사례가 다수 확인되었다.[49] 이런 피란민과 민간인에 대한 폭격은 물론 도시와 마을에 대한 폭격 모두 민간인 피해를 예상하고 한 것이었다.

21세기의 사례도 있다. 이스라엘은 2014년 가자 지구를 통치하는 하마스와의 전쟁에서 가자 지구에 6000회 이상의 공중 폭격과 5만 회 이상의 탱크 및 포 공격을 가했다. 유엔 특별보고서에 의하면 1462명의 민간인이 사망했는데 그중 299명은 여성이었고 551명은 어린이였다. 1만 1231명의 부상자도 발생했는데 그중 3540명이 여성이고 3436명이 어린이였다. 가자 지구의 주택 1만 8000채 이상이 전체 또는 부분 파괴돼 10만 명 이상이 노숙자가 됐다. 전기, 수도, 위생 시설의 작동이 마비됐고 73개의 의료시설과 다수의 앰뷸런스도 피해를 입었다. 하마스는 4881회의 로켓 공격과 1753회의 박격포 공격을 했다. 이스라엘에서는 민간인 6명이 사망하고 1600여 명이 부상을 입었다.[50] 이스라엘은 인구가 밀집한 가자 지구의 특성상 막대한 민간인 피해가 날 것을 예상할 수 있었음에도 무차별 공격을 가했다. 상호 공격이 이뤄졌지만 막대한 화력의 차이로 가자 지구가, 특히 민간인들이 주로 큰 피해를 입었다.

전쟁에서 민간인이 위험에 처한다면 군인은 위험을 감수하고라도 민간인을 지켜야 하지만 반드시 항상 그런 일이 생기지는 않는다. 우선적 문제는 민간인을 위험에 빠뜨리는 전쟁에 있다. 그럼에도 군에게는, 민간인에 가해지는 위험을 최소화할 것을 요구하는 정도의 주장밖에 할 수 없다.[51] 또한 의도적으로, 또는 의도하지 않았다 하더라도 다수의 민간인 피해를 야기한 책임을 전쟁을 일으킨 국가에 물을 수 없다.

합법적 권한을 가지고 전쟁을 시작한 국가가 전쟁의 정당성과 전쟁에서의 정당성을 확보하지 않았다 해도 국제사회는 책임을 묻지 않고 누구도 책임을 지지 않는다. 국제형사재판소International Criminal Court는 국가가 아닌 개인의 전쟁 범죄를 다룬다. 미국의 아프간 전쟁, 미국의 원자폭탄 투하, 한국전쟁에서 미군의 무차별 공중 폭격, 이스라엘의 가자 지구 무차별 폭격 등은 전쟁의 정당성과 전쟁에서의 정당성을 확보하지 못한 사례지만 누구도 그에 대한 책임을 지지 않았다. 유엔은 2014년 이스라엘과 하마스 사이 전쟁에서 양쪽 모두가 전쟁 범죄를 저질렀을 가능성이 있다고 했지만 후속 조치는 없었다. 무고한 민간인들의 인명 손실은 전쟁이 다른 무수한 민간인들의 죽음을 예방할 수 있는 유일한 선택이었다는 주장으로 정당화된다.[52] 전쟁, 그리고 막대한 인명 피해가 일부 정치인이나 군인의 정치적, 이념적, 군사적 선택이었다 할지라도 "전쟁은 어차피 지옥"이라는 냉소적인 말로 정당화된다.

전쟁 없는 평화의 어려움

정당한 전쟁 이론은 아이러니하게도 전쟁의 위험성과 수용의 어려움을 말해준다. 불가피한 전쟁을 정당화하기 위한 복잡한 이론과 규칙은 결국 전쟁을 하지 않아야 할 이유가 충분함을 말해준다. 전쟁이라는 비정상적이고 극단적인 상황에서는 이론과 규칙이 작동하지 않을 가능성이 높다. 이론에 따라 합법적 권한을 가진 주체가 정당한 이유로 전쟁을 시작했다 할지라도 그것은 일방적 주장일 수 있고, 그렇다면 결국 상대 국가의 인명 손실과 파괴는 부당한 피해가 된다. 전쟁의 개시가 정당했다 할지라도 언제든 지휘부의 결정, 전투병의 판단, 승리의 욕구 등으로 인해 전쟁에서의 정당성은 훼손될 수 있다. 그 결과 무고한 인명의 손실과 사회 전체의 피해가 늘어날 수 있다. 이것은 공격, 살상, 파괴라는 속성을 가진 전쟁의 본질적 문제이며 결국 인간 생명과 사회의 보호를 위해 전쟁을 하지 않는 것이 가장 바람직한 선택임을 말해준다. 초기 평화연구가 '전쟁 없는 평화'에 초점을 맞춘 이유가 여기에 있다.

전쟁 없는 평화의 필요와 탐구는 평화연구와 평화학의 시작에 디딤돌이 됐고 평화연구가 조직적으로 이뤄지기 시작한 1950년대에 '평화'는 전쟁 없는 평화를 의미했다. 평화와 함께 언급되고 탐구된 갈등은 전쟁의 잠재성을 가진 국가 사이의 대립과 무력 충돌을 의미했다. 당시 전쟁 없는 평화는 시급성과 설득력이 있는 주장이었고 평화연구가 탐구할 수밖에 없는 주제였다. 평화를 위해서는 1차, 2차 세계대전과 같은 전쟁이 되풀이되지 않아야 했기 때문이다. 나아가 미래의 핵전쟁을 막아야 할 이유도 있었다. 1945년 8월 히로시마와 나가사키에 대한 미국의 원자폭탄 투하 이후 세계는 핵무기 억지력에 기반한 강대국들의 국방 전략과 미래의 전쟁에 대해 깊이 우려하지 않을 수 없었다. 1950년대 말에는 이미 핵무기 실험에 반대하는 대중 시위가 유럽, 북미, 호주 등지에서 확산됐다.[53] 특히 1958년 영국에서는 여러 단체가 모여 핵군축캠페인Campaign for Nuclear Disarmament, CND을 조직했고 1959년 부활절에는 2만 명 이상이 앨더매스턴 원자력무기 연구센터Aldermaston Atomic Weapons Research Establishment에서 런던까지의 행진에 참여했다. 1960년 부활절 행진에는 10만 명이 참여했고 비슷한 행진이 캐나다, 스위스, 스칸디나비아, 프랑스 등에서도 있었다.[54] 평화연구가 전쟁 없는 평화에 초점을 맞춘 것은 이런 대중의 지지를 받은 평화운동의 확산과 여전히 전쟁의 두려움이 높았던 당시의 상황을 고려해도 매우 타당한 것이었다.

평화연구는 전쟁 없는 평화, 전쟁 예방을 위한 사회 체계 수립, 무기 경쟁 중단, 군축 등에 집중했다. 그러나 요한 갈퉁의 소극적 평화, 적극적 평화 이론은 전쟁 예방에 몰두하는 평화연구의 시각을 바꾸었다. 1장에서 언급한 것처럼 요한 갈퉁은 직접적 폭력의 부재에 초점을 맞추는 것을 소극적 평화로 보면서 이를 통해서는 완전한 평화가 가능하지 않다고 했다. 그러므로 사회의 구조와 체계를 매개로 가해지는 구조적 폭력까지 제거되는 적극적 평화가 필요하다고 주장했다. 가장 대표적인 직접적 폭력인 전쟁이 부재해도 평화로운 삶과 사회가 가능하지 않음을 강조한 것이었다. 적극적 평화의 주장은 전쟁 부재와 군축에 초점을 맞추고 국제사회의 평화를 추구하던 연구자들과의 의견 충돌을 야기하기도 했다. 그럼에도 불구하고 결국 평화연구는 전쟁 없는 소극적 평화를 넘어 적극적 평화까지 다루는 것으로 발전했다. 이것은 소극적 평화의 필요를 부정하거나 외면하는 것이 아니라 소극적 평화가 평화 실현을 위한 연구의 궁극적 목표가 아님을 말해준다.

평화연구와 평화학이 적극적 평화를 다루는 건 소극적 평화를 위해서도 불가피하다. 전쟁의 중단과 예방을 통한 소극적 평화의 추구는 무력 충돌에 취약한 사회에서는 반드시 그리고 긴급하게 필요하다. 그러나 직접적 폭력의 부재, 다시 말해 소극적 평화에만 초점을 맞추면 오히려 전쟁의 종식과 예방이 불가능하다. 소극적 평화의 관점으로는 전쟁을 가능하게 하는 폭력적 구조의 문제를 포괄적으로 다룰 수가 없고, 정당한 전쟁 이론과 불가피한 전쟁을 옹호하는 정치적, 사회적 담론에 대응하기도 힘들기 때문이다. 구조적 문제를 다루지 않고는 전쟁의 부당성과 정당한 전쟁 이론의 취약점을 지적할 수도 없다. 그 결과 의도하지 않더라도 오히려 전쟁이 반복되고 전쟁 준비가 계속되는 현 상태$^{status\ quo}$의 유지에 기여할 수 있다.

정당한 전쟁이 가진 가장 근본적인 문제는 합법적 권한을 가진 주체, 즉 국가에 의한 전쟁의 시작이다. 침략에 대한 대응이어야 국제사회에서 정당한 전쟁으로 인정받을 수 있지만 국내법에 따라 얼마든지 정당한 이유를 만들고 정당한 전쟁을 주장할 수 있다는 한계가 있다. 2001년 미국의 아프가니스탄 침공 그리고 2022년 러시아의 우크라이나 침공 등이 이런 한계를 잘 말해준다. 이와 관련된 또 다른 중요한 문제는 소수에 의한 결정이다. 미국의 공격은 합법적이었지만 그것은 의회의 동의를 얻은 대통령의 결정일 뿐이었다. 러시아의 결정 또한 대통령과 군부의 일방적 결정이었다. 한국의 경우도 헌법에 국회의 동의를 얻어 대통령이 선전포고를 할 수 있게 되어 있다. 전체 사회와 구성원에게 치명적 영향을 미치는 전쟁이 합법적 권한을 가졌다 해도 소수에 의해 결정된다는 점은, 과정을 고려했을 때 정당한 전쟁은 존재할 수 없음을 말해준다. 전쟁 종식의 결정 또한 비슷하게 이뤄진다. 한국의 경우 헌법은 대통령에게 강화講和, 다시 말해 전쟁을 끝내고 평화를 회복할 권한을 부여하고 있다. 전쟁의 영향에 전면적으로 노출된 사회 구성원들은, 심지어 전쟁에서 싸우는 군인들조차도 전쟁 종식 결정에 참여할 수 없다. 수만 명의 인명 손실과 천문학적 규모의 피해가 생겨도, 많은 국민이 전쟁 종식을 원해도 권한을 가진 소수집단의 결정에 따라 전쟁은 계속될 수 있다. 미국이 군 사상자 증가, 비용 증가, 반대 시위 등에도 불구하고 승리를 위해 베트남 전쟁과 아프간 전쟁을 계속한 것이 좋은 사례다. 그 결과 자국 국민과 군인은 물론이고 베트남과 아프가니스탄 국민이 막대한 피해를 입었다.

한국전쟁도 비슷한 사례다. 미국은 애초 북한의 침공을 받은 남한을 보호하고 북한군을 38선 이북으로 복귀시키기 위해 전쟁에 개입했고 다른 국가들의 참전을 이끌어냈다. 무력 개입의 목적은 전쟁 이전 상태의 회복이었다. 그러나 북한군이 38선 이북으로 퇴각하자 미국은 차후의 무력 충돌을 막고 공산주의를 한반도에서 축출하기 위해 38선 이북으로의 진격을 결정했다. 미국 내 군과 정치권에서 북진 찬성과 반대 의견이 충돌했지만 미국은 결국 북진을 결정했다. 전쟁 연장을 선택한 것이다. 여기에는 또 다른 문제도 있다. 대한민국 정부가 아닌 미국 정부가 전쟁의 지속을 결정했다는 점이다. 비록 이승만 정부의 북진 통일 입장이 반영되었지만 말이다.[55] 가장 중요한 건 전쟁의 위험에 상시 노출되고 피란 생활을 해야만 했던 한국 국민들의 의견은 반영되지 않았다는 점이다.

미국을 포함한 유엔 측의 휴전 협상 진행에 대해서는 이승만 대통령이 강하게 반대했다. 전쟁이 이미 많은 인명 손실과 파괴를 야기했지만 이승만은 한반도를 다시 분단하는 휴전에 반대한다는 입장을 분명히 했고 통일이 달성될 때까지 한국 군대 단독으로라도 전쟁을 계속하겠다고 선언했다. 휴전 협상이 진전될수록 이승만은 더 강하게 저항했고 유엔 측과 공산 측이 포로 교환 협정을 체결하자 일방적으로 반공 포로를 석방하기도 했다. 휴전에 반대한 이유 중에는 미국으로부터 안보 보장을 얻어내기 위한 의도 또한 있었다. 휴전에 반대하는 대규모 시위도 있었고 국회는 만장일치로 휴전협정 반대 결의안을 채택하기도 했다.[56] 그러나 거기에 전체 국민의 의견이 제대로 반영됐는지는 여전히 의문이다. 이승만은 이미 발생했고 향후에도 발생할 막대한 인명 손실과 사회적 파괴에도 불구하고 자신의 정치적 입장을 고수하며 북진 통일을 주장했고, 1951년 중반에 시작된 휴전 협상을 더 어렵고 길어지게 만들었다. 휴전 협상이 계속되는 동안 인명 손실과 파괴 또한 계속됐다.

전쟁 가능 구조의 지속

전쟁 개시와 종식의 결정 문제는 인간 사회에서 일어나지 않아야 하는 전쟁에 대한 결정권을 한 사람의 권력자 또는 소수에게 부여한 데서 비롯된 구조적 문제다. 그런 구조적 문제 때문에 신속하게 전쟁을 끝내 피해를 줄이는 노력보다 소수의 정치적 입장과 목적이 정당성을 가지게 된다. 전쟁이 반드시 인명 손실과 사회적 파괴를 낳는다는 점에서 이것은 구조적 폭력으로 볼 수밖에 없다. 이 구조적 폭력 문제를 제거할 합법적이고 체계적인 방식을 찾아야 전쟁의 위험에서 벗어날 수 있고, 평화로운 개인의 삶과 사회가 보장될 수 있다. 한국전쟁의 사례가 보여주듯이 전쟁 개시와 종식의 결정권 문제는 전쟁 가능성이 존재하는 분단 상태의 한반도에서 더욱 민감한 문제이다. 결정 권한을 분산하고, 무력 대응의 조건과 방식을 사회적 합의를 통해 세밀하게 규정하고, 국민의 참여를 합법적이고 체계적으로 보장할 방법을 찾아야 전쟁 가능성을 줄이고, 나아가 제거할 수 있다. 이것은 구조적 문제를 다루지 않고는 전쟁 없는 평화가 가능하지 않음을 보여준다.

전쟁을 예방하고 크고 작은 무력 충돌의 가능성을 줄이기 위해서는 무기 경쟁과 군축 문제를 다루지 않을 수 없다. 전쟁 없는 평화를 강조하는 평화연구자들은 군축과 무기 경쟁을 핵심 주제로 다룬다. 그런데 군축과 무기 경쟁 문제야말로 구조적 문제에 뿌리를 내리고 있다. 무기 경쟁이 심화되고 군축이 이뤄지지 않는 가장 큰 이유는 소수가 군사비 지출에 대한 결정권을 독점하고 있기 때문이다. 민주주의 국가에서 국가의 예산은 보통 정부가 편성하고 국회의 동의를 얻어 결정되고 집행된다. 다수를 차지하는 사회 구성원들은 결정에 참여하지 못한다. 국민에게 결정 권한이 분배되지 않기 때문에 전체 국가 예산에서 군사비가 차지하는 비율이 높고 군사비가 계속 증가해도 국민은 군사비 동결이나 감축을 결정할 수 없다. 사회 구성원들의 이해와 감시가 부족한 점 또한 중요한 이유 중 하나다. 정부가 안보를 이유로 높은 수준의 군사비를 유지하고 다른 예산에 우선해서 배정해도 사회 구성원들은 그에 대해 이의를 제기하지 않는다. 국가의 안보가 우선이라 생각하고 군사비를 자신의 안전하고 행복한 삶과 구체적으로 연결해 분석하지 않기 때문이다. 군사비 세부 항목에 대한 정보 접근성이 없어서 감시가 불가능하거나 제대로 이뤄지지 않기 때문이기도 하다. 무기 경쟁의 심화와 군축의 어려움은 이렇게 소수가 결정권을 독점하고 다수가 배제되는 폭력적 구조에서 기인한다. 투명성과 참여를 보장하는 사회 구조로 변화가 이뤄지지 않으면 무기 경쟁과 군축에 대한 사회 담론의 형성과 전쟁 없는 평화의 실현이 불가능하다.

군사비 문제는 무기 경쟁과 군축의 어려움에서 끝나지 않는다. 군사비는 국가의 전체 예산에서 지출되고 군사비 증가는 다른 예산의 확대에 압력으로 작용한다. 2020년은 전 세계가 코로나19라는 전례 없는 재난에 직면했던 해이다. 세계적 팬데믹 상황에서 다수 국가가 국민의 사회 활동을 중단시켰고, 그로 인해 실업자 급증과 빈곤 악화 상황이 야기됐다. 보건과 의료 서비스 지출은 급증했고 막대한 추가 예산을 필요로 했다. 그런데 전대미문의 세계적 재난 상황에서도 세계 군사비 지출은 줄어들지 않았다.

2020년 전 세계 국가가 지출한 군사비 총액은 1조 9810억 달러로 2019년에 비해 2.6% 상승했다. 그러나 2020년 전 세계 국가의 국내총생산GDP 평균은 코로나19의 영향으로 그해 10월까지 4.4%

나 줄었다. 그 결과 세계 평균 군사비 부담 비율은 2019년 2.2%에서 2020년 2.4%로 증가했다. 이 수치는 2009년 이후 군사비 부담의 최고 수준이었다. 사실 전 세계 군사비 지출은 냉전 종식 직후 소폭 하락했지만 1990년대 말부터 꾸준히 증가했다. 2020년 군사비에서 주목할 건 칠레와 한국 등 몇몇 국가가 약간의 군사비를 코로나19 대응 비용으로 돌렸고, 브라질과 러시아 등 몇몇 국가들이 예산보다 적은 군사비를 지출했다는 점이다.[57] 몇몇 국가가 코로나19 대응을 위해 군사비 지출을 줄였다는 사실은 군사비가 다른 영역의 예산에 영향을 미친다는 점을 말해준다. 다시 말해 군사비 지출이 줄어드는 경우 사회의 다른 영역에 투자할 예산이 늘어날 수 있음을 의미한다.

2020년 통계에 따르면 미국, 중국, 인도, 러시아, 영국 등 다섯 개 국가가 세계 총 군사비의 62%를 차지했다. 군사비 지출은 2019년에 비해 미국은 4.4%, 중국은 1.9%, 인도는 2.1%, 러시아는 2.5%, 영국은 2.9% 증가했다. 이 국가들 모두 코로나19로 큰 영향을 받았고 국내총생산 또한 급감했다. 실업자와 빈곤율도 증가했다. 그러나 러시아만 빼고 모든 국가가 군사비 예산을 그대로 집행했다. 한국의 경우 2020년의 군사비는 2019년보다 7.4% 증가했고, 2020년에 코로나19로 인해 소폭의 감축이 있었다. 2020년 한국의 군사비 지출 규모는 세계 10위로 전 세계 군사비의 2.3%를 차지했다. 국가의 면적이나 인구 규모로 볼 때 몇몇 국가를 제외하고 다수의 다른 국가보다 군사비 지출 규모가 월등하게 컸다. 한국의 국가 예산에서 군사비는 10% 정도를 차지하고 있고 국내총생산의 2.6% 정도를 차지한다. 한국의 2021년 군사비는 코로나19 상황에서도 2020년에 비해 5.5%나 상승했다.

군사비 지출 증가의 명분은 전쟁 없는 평화를 위한 안보 상황의 안정적 관리, 공격에 대비한 방어와 전쟁 억지력의 유지다. 이에 대한 사회적 정보 공유와 토론이 필요하다. 군사비 지출이 전체 예산 규모에 비해 적절한 수준인지, 반드시 필요한 부문에 비용이 지출되고 있는지, 신형 무기 구입 필요와 규모는 적절한지, 다른 분야 예산과의 형평성은 맞는지 등을 따져볼 필요가 있다. 그러나 국민의 참여와 사회적 토론을 보장하는 구조의 부재로 인해 군사비 지출에 대한 사회적 담론과 합의 형성이 불가능하다.

어느 국가에서든 군사비 규모에 대한 정당성은 법적으로 확보된다. 그러나 사회 구성원의 동의를 받는 건 별개의 문제다. 큰 규모의 군사비 지출로 인해 사회의 다른 분야에 대한 투자가 줄고 그로 인해 복지, 의료, 고용, 교육 등 다양한 분야에서 소외되는 개인과 집단이 줄지 않으며 그들의 일상적 어려움과 고통이 계속되고 있음에도 불구하고 그것을 방치하고 변화를 꾀하지 않는 구조는 폭력적이다. 예를 들어 한 국가가 코로나19 대응에 대한 예산을 필요한 만큼 충분히 늘리지 않고 재난 상황임에도 군사비를 줄이지 않는다면 그것은 구조적 폭력이다. 그로 인해 누군가가 생존의 위험에 처하거나 생명을 잃을 수 있기 때문이다. 이것은 요한 갈퉁이 이론적으로 설명한 구조적 폭력에 딱 들어맞는 경우다. 그는 어떤 사람이 의료 서비스에 대한 접근성이나 사회적 지원을 확보하지 못해 타고난 수명대로 살지 못한다면 그것은 구조적 폭력 때문이라고 설명했다.[58]

전쟁 준비 사회의 문화적 폭력

전쟁이 가능한 구조의 문제는 군대의 문제와 직접적으로 관련된다. 국가는 전쟁에 대비하고 무력 충돌과 전쟁이 발생했을 때 적에 대응하기 위해 일정 규모의 군대를 유지한다. 대부분 공격이 아닌 방어를 명분으로 내세우지만 어떤 군대든 전쟁을 준비하고 적의 공격과 적군 제거를 상정한 훈련을 한다. 군대는 공격 전쟁이든 방어 전쟁이든 전쟁의 도구로 여겨지고 이를 위해 군인에게 전투 기술과 적군 제거 방법을 훈련시키는 일은 법에 따라 정당화된다. 인간을 전쟁의 도구로 삼는 것은 비인간적인 일이지만 국가는 그에 대한 논의를 허용하지 않는다. 국가가 군인을 전쟁터에 보내는 행위는 폭력이다. 군인 각자에게 선택권이 주어지지 않고, 죽을 수 있는 상황을 수용하도록 강제하며, 통제와 억압으로 전투지를 이탈하지 못하도록 하기 때문이다.

징집제는 전쟁과 관련된 구조적 폭력의 보다 심각한 사례다. 일정한 나이의 청년들은 강제로 군대에 가야 하고 통제와 억압하에서 전쟁에 대비하고 전투에서 적군을 살상하는 훈련을 받아야 한다. 청년들은 자신이 속한 사회에서 강제적으로 분리된다. 이것은 요한 갈퉁이 언급한 직접적 폭력인 탈사회화^{desocialization}의 사례다. 그들은 통제와 억압이 일상적으로 이뤄지는 군대와 내무반 환경에 적응하도록 강요된다. 이것은 직접적 폭력인 재사회화^{resocialization}의 사례다.[59] 그러나 이 모든 일 또한 국가의 구조와 법체계를 통해 이뤄지기 때문에 합법성과 정당성을 인정받는다. 군대의 강제적 전쟁 훈련, 군인의 선택권과 자유의 박탈, 군인에 대한 통제와 억압 등은 두말할 필요 없는 폭력이다. 이렇게 개인의 신체에 가해지고 신체의 자유를 제한하는 직접적 폭력 또한 그것을 가능하게 하는 구조의 문제를 다뤄야 해결할 수 있다.

전쟁 개시 및 종식 결정권, 전쟁 준비, 군비 확장과 무기 경쟁, 전쟁 준비를 위한 군대의 유지와 강화, 강제 징집과 군사 훈련 등을 가능하게 만드는 건 구조적 폭력을 넘어 문화적 폭력과도 관련되어 있다. 국가는 전쟁 개시 및 종식 결정권을 소수가 독점하는 것을 긴급한 상황에서 국가안보를 지키기 위한 어쩔 수 없는 선택이라고 주장한다. 나아가 이 모두를 국가안보 이론과 담론을 통해 정당화한다. 이런 국가안보 이론과 담론은 국민의 자유로운 생각을 통제하고 문제 제기를 억압하는 문화적 폭력의 수단이 된다. 문화적 폭력이 미치는 가장 심각한 영향은 통제와 억압을 받는 대상이 자신이 스스로 그것을 선택했다고 믿게 된다는 점이다. 실제로는 주체적 분석과 성찰 없이 특정 담론과 이론을 강요 내지 부과받은 것인데 국가안보를 위해 스스로 자유와 문제 제기를 포기했다고 생각하게 된다. 나아가 자발적으로, 때로는 열성적으로 자신에게 강요된 이론과 담론을 따라 행동하고 다른 사람에게도 같은 선택과 행동을 강요한다.

요한 갈퉁은 문화적 폭력이 구조적 폭력은 물론 직접적 폭력에까지 정당성을 부여하며, 그 한 가지 예로 개인의 살인은 옳지 않지만 국가를 대신한 살인은 옳은 것으로 여기게 만든다고 주장한다.[60] 이런 문화적 폭력은 민주주의 국가에서도 힘을 발휘한다. 민주주의 국가는 합법성과 정당성의 근거를 국민의 동의에서 찾는다. 국가의 모든 정책 및 법의 수립과 실행은 실질적이든 형식적이든 국민 설득을 통해 이뤄진다. 문화적 폭력의 수단이 되는 다양한 이론, 담론, 철학, 사상, 언어, 상징, 미디어 콘텐츠 등은 국민을 설득하여 국민의 동의를 얻고 궁극적으로 합법성을 확보하기 위해 동원된다. 정당한 전쟁, 전쟁의 불가피성, 소수 결정의 불가피성, 국가안보의 우선, 징집제 유지의 불가피성, 통제적 군대 체계의 유지 및 강화에 대한 합법성도 같은 방식을 통해 확보된다. 예를 들어 국가는 군사비 대신 '국방예산'이라는 용어를 사용한다. 완전히 틀린 용어는 아니지만, 국방예산은 공격이 아닌 적 공격에 대한 '방어'와 적으로부터의 '집단 안전' 확보의 의미를 내포함으로써 '군사비'보다 긍정적 이미지로 사회 구성원들에게 호소한다. '국가안보'도 마찬가지다. 국가안보는 사회 구성원들에게 거부할 수 없는 '옳고 정당한' 가치와 사상을 호소하고, 그를 위한 구조 및 체계 수립과 유지의 정당성을 확보할 수 있게 한다. 다양한 이론과 담론을 동원하는 이런 시도는 사회 구성원들의 자유로운 생각을 통제하고 문제 제기를 위한 성찰을 억압하는 문화적 폭력이 된다. 그리고 이런 문화적 폭력은 구조적 폭력을 가능하게 하고 강화하는 역할을 한다. 그러므로 문화적 폭력을 다루는 접근은 전쟁 없는 평화를 위해서도 반드시 필요하다.

국가 보호와 안전을 개인 보호와 안전보다 우선시하고 그에 따라 개인에 대한 통제와 억압을 정당화하는 국가안보 담론을 극복하게 하는 건 인간안보human security 담론이다. 국가안보는 국가의 영토, 경제, 정치와 관련된 보호와 안전을 목표로 삼지만 인간안보는 개인과 공동체의 안전과 안녕을 목표로 삼는다. 국가안보는 일차적으로 군사력에 의존하지만 인간안보는 다양한 사회 영역에서 발굴되고 형성된 자원과 노력에 의존한다. 또한 국가안보는 세계안보와 단절된 개별 국가의 안전에 집중하지만 인간안보는 국가를 넘어 인간 사회의 상호의존에 집중한다.[61] 국가안보에 초점을 맞추는 경우 인간안보는 충족되지 않지만 인간안보에 집중하면 국가안보는 자연스럽게 충족된다. 개인과 공동체의 안전하고 평화로운 삶을 위해서는 국가의 안전도 필요하기 때문이다. 다만 그렇게 안전하고 평화로운 삶의 추구가 폭력적인 방법이나 인류 사회의 공존을 거스르는 방식은 아니어야 한다.

지금까지 언급한 것처럼 전쟁 없는 평화는 전쟁이라는 직접적 폭력만 다루는 것으로 성취될 수 없다. 전쟁 없는 평화는 결국 전쟁을 가능하게 만드는 구조적, 문화적 문제, 다시 말해 구조적, 문화적 폭력까지 포괄적으로 다루는 접근을 통해 가능해진다. 이것은 소극적 평화의 성취가 독자적으로 가능하지 않으며 소극적 평화는 적극적 평화를 추구하는 맥락 속에서 가능하고 그 의미를 찾을 수 있음을 말해준다. 그러므로 전쟁, 그리고 전쟁 없는 평화를 다루고 추구할 때는 정치, 사회, 경제, 문화 등 모든 영역을 성찰하고, 구조적, 문화적으로 전쟁을 가능하게 하고 전쟁에 대한 수용성을 높이는 체제, 기구, 제도, 법, 사회 담론, 철학, 사상, 언어, 상징 등을 아우르는 접근을 해야 한다. 그런 접근을 위해서는 모든 사회 구성원들의 참여와 공동 성찰을 독려하고 보장하는 새로운 구조, 문화, 사회적 환경이 필요하다.

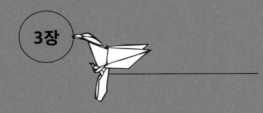

3장

폭력의 탐구

평화학의 시작과 기본 이론

구조적 폭력 사회

평화연구는 요한 갈퉁이 제안한 구조적 폭력 개념을 통해 전쟁 없는 사회에 존재하는 일상의 폭력에 눈을 돌렸다. 앞 장에서 언급한 것처럼 이를 둘러싸고 평화연구자들 사이에 논쟁이 있긴 했지만 구조적 폭력 개념은 평화연구가 궁극적으로 지향할 방향을 제시했다. 전쟁은 가장 극단적이고 광범위한 폭력을 야기하는 사건이지만 전쟁 없는 사회라고 해서 폭력이 부재하고 인간의 생명과 안전이 보장되지는 않는다. 평화연구가 전쟁 예방에 몰두했던 당시 상황에서 구조적 폭력 개념은 두 가지 점에서 의미가 있었다. 하나는 전쟁이라는 크고 광범위한 폭력이 아니어도 인간의 생명과 삶을 위협하는 폭력이 평범한 사회에 존재한다는 사실의 확인이었다. 다른 하나는 인간 사회에 보편적으로 존재하는 구조가 전쟁뿐만 아니라 다양한 폭력의 원인이 돼 사회 구성원에게 피해를 주는 모순적 상황이 존재한다는 사실의 확인이었다.

갈퉁은 1969년의 논문 「폭력, 평화, 평화연구Violence, Peace, and Peace Research」에서 폭력을 신체에 피해를 입히는 것으로만 규정하는 협소한 개념을 거부했다. 폭력이 신체적 피해에만 국한된다면 평화는 신체적 피해의 거부로만 보일 것이라고 했다. 그렇다면 평화를 위해서는 세상에서 일어나는 일 중 극히 일부만 거부하면 되고, 절대 인정될 수 없는 사회적 질서도 평화와 모순되지 않을 것이라고 했다. 평화는 신체적 피해를 입히는 일에만 국한해 적용될 수 없고, 그런 이유로 확대된 폭력 개념을 피할 수 없다고 했다.

그는 폭력을 "잠재적인 것과 실제적인 것 사이의 차이를 만드는 원인"으로 규정했다. 즉 폭력을 사람이 가진 잠재성과 일상에서 실현되는 실제성 사이의 간격을 넓히는 원인으로 봤다. 그에 따르면 만일 18세기에 한 사람이 폐결핵으로 사망한다면 의학적으로 피할 수 없는 일이기에 폭력으로 볼 수 없다. 그러나 '오늘날' 의학적 자원이 있음에도 불구하고 폐결핵으로 사망한다면 거기엔 폭력이 존재하는 것으로 볼 수 있다. 비슷한 경우로, 만일 지진으로 사람들이 사망한다면 폭력으로 볼 수 없지만 지진을 피할 수 있는 시대에 지진으로 목숨을 잃는다면 그것은 폭력의 결과로 볼 수 있다. 즉 한 사람이 80세까지 살 수명의 잠재성을 가지고 태어났는데 피할 수 있는 폐결핵이나 지진의 피해로 50세에 사망했다면 잠재성인 80세와 실제성인 50세 사이의 30년은 폭력 때문에 상실된 것으로 볼 수 있단 얘기다. 그에 따르면 잠재성이 실제성보다 높고 실제성이 피할 수 있는 것이라면 폭력이 존재한다. 실제성이 피할 수 없는 것이라면 아주 낮은 수준의 폭력이라도 존재하지 않는다. 즉 사회가 불가항력으로 피할 수 없는 일이라면 폭력이 아니다.[62] 갈퉁은 이것을 사회의 구조가 인간의 잠재성을 보장하지 못해 발생하는 구조적 폭력으로 정의했다.

갈퉁은 사회 구조를 통해 가해지는 구조적 폭력과 개인이 가하는 개인적personal 폭력을 구분해 그 특징과 위험성을 강조했다. 그의 설명에 따르면 개인적 폭력의 피해자는 보통 폭력을 인식하고 문제를 제기하지만, 구조적 폭력의 피해자는 폭력을 인식하지 못하거나 인식한다 해도 문제를 제기하지 못하도록 설득당한다. 또 개인적 폭력은 잔잔한 수면에 물결을 일으키지만 구조적 폭력은 잔잔한 수면처럼 조용하고 보이지 않는다. 특히 정적인, 다시 말해 안정적인 사회에서 구조적 폭력이 더 위험할 수 있다. 정적인 사회에서 개인적 폭력은 비교적 잘 언급되고 다뤄진다. 반면 구조적 폭력은 사람들을 둘러싼 공기처럼 자연스러운 것으로 보이고 인정된다. 아주 역동적인, 다른 말로 안정적이지 않은 사회에서는 오히려 구조적 폭력이 분명히 보이고 소용돌이와 소란을 만든다.[63] 구조적 폭력이 잘 드러나지 않고 드러나더라도 자연스럽게 여겨지는 안정적인 사회는 구조적 폭력의 위험성을 잘 말해준다. 사회 구성원들은 설사 구조적 폭력의 존재를 인식하더라도 그것을 사회의 안정성에 기여하는 불가피한 요소로 인식한다. 피해를 보는 사람에게는 사회의 지속을 위해 구조적 폭력을 감수할 것을 요구한다. 구조적 폭력은 착취를 통해 드러난다. 그 결과 사회적 승자topdog는 이익을 얻고 패자underdog는 피해를 입고 죽음에까지 이른다. 죽음은 아니더라도 영구적인 고통과 질병 등에 시달린다.[64] 그럼에도 대다수 개인은 자신은 패자가 되지 않을 것으로 생각하며 구조적 폭력을 외면하거나 묵인한다.

개인적 폭력과 구조적 폭력의 비교 설명은 두 가지 폭력을 다루는 사회의 모순과 그 위험성을 설명해준다. 사회는 폭력의 문제를 부인하지 않고 사회의 안녕과 개인의 안전 및 행복을 위해 폭력을 제거해야 하는 정당성을 인정한다. 하지만 생각과 행동이 일치하지 않는다. 사회는 개인적 폭력에는 민감해서 적극적으로 대응하는 반면, 구조적 폭력에는 둔감해서 소극적으로 대응한다. 끼치는 영향력과 심각성을 따져보면 개인적 폭력보다 구조적 폭력이 더 위험하지만, 사회는 개인적 폭력에 대한 강한 제재에 집중한다. 사회 구성원들 또한 개인적 폭력에 더 민감하게 반응하고 적극적으로 대응한다. 그 결과 강력한 형사법 제도와 개인적, 사회적 수단을 통한 제재와 처벌이 이뤄진다. 대다수 사회에서 이뤄지는 이런 접근은 자연스러워 보이지만 사실은 구조적 폭력을 숨기고 사회에 존재하는 폭력과 그 피해를 개인화한다. 이것은 폭력의 인식과 체계적 치밀함의 부족에서 기인하는 것 같지만 사실은 기존 구조의 존재와 유지로 이익을 보는 개인 및 집단의 요청과 묵인하에 이뤄진다. 이익을 취하는 개인과 집단은 자신들에게 유리한 구조를 바꿀 의지가 없고 폭력적 구조를 방치 내지 묵인한다. 그 결과 폭력 피해에 노출된 사회 구성원들에게는 적절하고 지속적인 보호가 아니라 일시적 안도감만 제공된다. 이런 접근은 구조적 폭력의 존재와 피해를 왜곡하지만, 피해자들조차 소극적이고 기만적인 접근을 불가피하고 현실적인 해결책이라 인정하곤 한다. 구조적 폭력과 피해의 왜곡, 그리고 방치와 소극적인 대응은 구조적 폭력의 고착화를 외면하는 사회의 위험성을 말해준다.

구조적 폭력은 차별, 억압, 불평등, 배제 등의 형태로 나타난다. 이를 통해 개인과 집단이 일상에서 입는 피해의 사례는 다양하다. 빈곤과 굶주림은 개인의 책임인 것처럼 보이지만 실제로는 소득 불평등을 악화시키고 낮은 법정 최저임금을 유지하는 구조적 폭력의 결과다. 노동자들의 안전사고와 사망은 노동자와 관리자의 실수로 보이지만 실제로는 국가 경제와 기업의 이익을 위해 적절한 법과 강력한 규제를 마련하지도 적용하지도 않고 노동자들의 죽음을 방치하는 구조적 폭력 때문이다. 한 부모 또는 조손 가정 아동의 열악한 성장 환경과 잠재성의 부족한 발현은 보호자의 책임으로 보이지만 실제로는 아동의 권리를 외면하고 사회적 차별을 방치하는 구조적 폭력에서 비롯된다. 임대아파트 주민들에게 가해지는 주변 일반 분양아파트 주민들의 차별적 언어와 심리적 억압은 일반 분양아파트 주민들의 폭력으로만 여겨지지만 실제로는 제도적 예방 및 대응 장치를 만들지 않고 반복되는 사회적 갈등을 방치하는 구조적 폭력의 결과다. 군대에 만연한 폭언 및 폭행과 괴롭힘은 흔히 타인을 존중하지 않는 폭력적인 개인의 문제로 언급되지만 실제로는 징병제를 유지하며 청년들에게 집단생활을 강제하는 구조적 폭력에서 기인한다. 이 외에도 실업, 다양한 형태의 착취, 정치적·경제적·문화적 불평등, 인권침해, 정치참여 배제 등 사회에 존재하는 구조적 폭력 사례는 무수히 많다. 이 모든 구조적 폭력은 개인 및 집단의 생존과 안전을 위협하고 결국 고통스러운 삶의 지속과 생명의 단축으로 이어진다.

　구조적 폭력의 위험성과 관련해 간과하지 않아야 할 중요한 문제는 구조적 폭력에서 기인하는 2차 폭력secondary violence이다. 구조적 폭력의 존재는 사회 구성원들의 생존을 위협하고 삶의 질을 저하시킨다. 개인의 인식 여부에 상관없이 구조적 폭력은 개인과 집단의 일상에 영향을 미치고 선택을 통제한다. 구조적 폭력에 지속적으로 노출되는 개인과 집단은 구조에 문제를 제기하는 대신 자기 이익을 위해 주변의 통제를 시도하고, 제한된 자원의 획득과 안전을 보장받기 위해 접촉이 빈번한 주변인과 대립한다. 그 결과 나타나는 것이 바로 2차 폭력이다. 2차 폭력은 다양한 형태로 나타나는데 먼저 자기 억압, 알코올중독, 약물중독, 자살 같은 자기 파괴로 나타난다. 개인 간에는 범죄, 폭언과 폭행, 가정 폭력 등으로 나타나고, 집단 간에는 폭동, 테러, 내전, 국가 간 전쟁 등으로 나타난다. 그러나 이런 폭력은 구조적 폭력을 제거하는 데 기여하지도 않고, 구조적 폭력에서 이익을 얻는 소수에게 경각심을 주지도 않는다. 이런 상황에서도 오히려 소수 엘리트 그룹은 사회적, 정치적, 경제적 배제와 차별의 유지를 통해 지속적으로 혜택을 본다.[65] 대부분의 사회가 적어도 구조적 폭력에 대한 인식과 문제의식은 가지고 있다. 그러나 그것을 바꾸려는 시도를 하지 않음으로써 구조적 폭력을 심화시키고 2차 폭력을 확산시킨다. 개인적 폭력을 가하고 사회적 제재를 당하는 개인조차 구조적 폭력의 피해자인 경우가 흔하지만 그에 대한 사회의 관심은 미미하다. 오히려 폭력의 개인화를 통해 개인에게만 책임을 지우는 일이 만연돼 있다.

구조적 폭력이 큰 사회 안에만 존재하는 건 아니다. 대가족, 회사, 학교, 종교집단, 이익집단 등 인간이 생활하는 모든 집단은 구조를 가지고 있으며, 구조를 통해 개인에게 폭력이 가해지는 경우는 매우 흔하다. 남성 가장을 중심으로 하는 대가족의 구조, 투자자와 결정권자를 중심으로 하는 회사의 수직적 구조, 학생이 아닌 교사 및 관리자가 중심 역할을 하는 학교의 구조, 성직자 및 소수가 결정권을 독점하는 종교집단의 구조, 일부 핵심 인물들이 혜택을 누리는 이익집단의 구조 등은 다수를 배제하고 소외시킴으로써 구조적 폭력을 야기한다. 폭력적 구조 안에서 구성원들은 집단의 이익을 가장한 소수의 이익을 위해 봉사하게 된다. 지속적으로 착취에 노출돼 자기 이익을 박탈당하고 신체적, 정신적 안전을 침해당한다. 이런 심각한 구조적 폭력 상황에서도 대다수 집단은 집단의 이익을 핑계로 개인의 피해를 외면한다.

문화적 폭력의 영향

20년 후 갈퉁은 구조적 폭력 개념에 대한 이해를 발전시키기 위해 문화적 폭력 개념을 제안했다. 문화적 폭력은 인간 사회의 상징적 영역인 종교, 이데올로기, 언어, 예술 등을 매개로 가해지는 폭력을 말한다. 별, 십자가, 초승달 같은 종교적 상징과 깃발, 군대 행진, 지도자의 초상, 선동적 연설과 포스터 등이 문화적 폭력을 언급할 때 쉽게 떠올릴 수 있는 상징들이다.[66] 이런 상징들은 특정 집단이 다른 집단을 해하거나 심지어 학살하도록 선동하는 데 이용된다. 또한 다른 집단에 벽을 쌓고 그 집단을 차별하는 데도 쓰인다.[67]

문화적 폭력은 직접적, 구조적 폭력을 정당화하고 합법화한다. 또한 사회가 직접적 폭력과 구조적 폭력을 정당화하고 인정하게 만드는 데 이용된다. 문화적 폭력을 통해 국가의 살인은 옳은 일이 되고 개인의 살인은 틀린 일이 된다.[68] 예를 들어 정치적 이데올로기를 동원하면 국가의 존재가 개인의 존재에 우선하고, 국가의 안전과 유지를 위해 외국인은 물론 자국민의 생명까지 빼앗는 무력 사용을 정당화할 수 있다. 같은 맥락에서 전쟁에 나간 병사의 생사여탈권을 가지는 사회 구조로서의 군대를 정당화하고 합법화한다. 개인을 징집해 군대로 보내는 구조적 폭력은 사회에서 인정받고 제재 대상이 되지 않는다. 국가를 개인보다 우선하는 이데올로기, 즉 문화적 폭력이 군인의 목숨을 빼앗는 직접적 폭력과 개인을 군대로 보내는 구조적 폭력을 가능하게 만든다. 국가와 특정 민족의 지배를 정당화하는 정치적 이데올로기는 다른 집단과 민족을 배제하고 억압하는 민족주의와, 국가와 민족의 이익을 위한 공격과 전쟁을 정당화한다. 정치적 이데올로기는 또한 사회가 대우해야 하는 사람과 대우하지 않아도 되는 사람을 구분하기도 한다. 남성이 여성보다, 백인이 유색인종보다 당연히 더한 사회적 대우를 받아야 한다는 주장과 정서가 많은 사회에 침투해 있는 건 결코 우연이 아니다.

종교적 가르침은 문화적 폭력의 또 다른 두드러진 예 중 하나다. 대다수 종교는 사람을 구분하는 가르침을 유지해왔다. 신에게 더 가까운 사람과 그렇지 않은 사람을 구분하고 그에 따라 지위가 높은 사람과 낮은 사람을 결정한다. 또한 신의 선택을 받은 사람과 선택을 받지 못한 사람을 구분한다. 흔히 남성, 백인, 상류층, 신자 등은 신의 선택을 받은 사람들로, 반면 여성, 유색인종, 하류층, 비신자 등은 신의 선택을 받지 못한 사람들로 나누고 그에 따른 차별적 대우를 정당화한다.[69] 종교적 가르침이 보편적 가르침과 윤리로 받아들여지는 사회보다 그렇지 않은 사회가 많다. 그러나 종교적 가르침과 정치적 이데올로기가 결합된 사회에서는 심각한 형태의 문화적 폭력이 발생한다. 종교적 가르침은 국가의 권위와 권한을 무한대로 설정하는 정치 이데올로기를 강화하는 역할을 한다. 팔레스타인에 대한 이스라엘의 조직적이고 정치적인 억압, 차별, 재산권 침해, 그리고 유대인 정착촌 건설 등은 유대인은 신의 선택을 받은 민족이라는 종교적 가르침과 주장에 의해 정당화된다. 이슬람법 시행 국가의 여성에 대한 억압, 사회 활동 금지, 교육받을 권리 박탈 등은 여성은 남성에 복종해야 하고 남성을 위해 존재한다는 왜곡된 종교적 가르침에 의해 정당화된다.

이 외에도 문화적 폭력은 다양한 방식으로 존재한다. 여성의 존재를 인정하지 않거나 차별하는 언어, 특정 문화에 대한 우월성을 강조하기 위한 또는 정치적 선동을 하기 위한 예술, 개인이나 집단 사이 경제적, 사회적 불평등을 정당화하는 경험과학 이론과 담론 등이 그렇다. 대다수 사회 구성원이 이런 문화적 폭력의 피해자가 된다. 특히 상대적으로 힘을 가지지 못한 집단, 즉 소수민족이나 소수 종교집단, 여성, 빈곤 계층, 노동자, 난민 등은 일상적 위험과 삶의 점진적 파괴를 경험한다. 문화적 폭력이 그들을 억압하고 차별하는 사회 구조와 그것의 유지를 정당화하고, 그런 문화적, 구조적 폭력이 그들에게 신체적 위해를 입히는 직접적 폭력을 정당화하기 때문이다. 여성, 소수집단, 난민 등에 대한 폭언이나 폭행은 그들을 마땅히 무시당하고 인권이 박탈당해도 되는 인간으로 인정하는 종교적 가르침, 정치적 이데올로기, 예술, 언어, 사회적 담론 등을 통해 정당화된다.

문화적 폭력은 인간의 생각과 판단을 통제하고 조종하는 데 효과적이다. 힘의 우위에 있는 개인과 집단은 자신의 이익을 위해 문화적 폭력을 적극적으로 이용한다. 특히 폭력적 사회 구조를 통해 자신의 가치를 실현하고 이익을 얻는 기득권자들은 기존의 구조를 공고히 하기 위해 다양한 문화적 폭력의 매개를 동원한다. 종교, 사상, 예술, 과학, 사회 담론 등을 통해 사람들의 생각을 통제하고 조종하는 시도는 인간 역사에서 오랜 세월 동안 이어져왔다. 기득권자들은 폭력적 사회 구조를 지탱하는 토대가 되는 문화적 폭력 수단의 개발과 적용에 많은 에너지와 재원을 투자한다. 그들은 그것을 문화적 폭력이 아니라 대중 교육, 계도, 홍보 등이라고 주장한다. 문화적 폭력은 인지하기가 쉽지 않고 따라서 가시성이 낮지만, 구조적 폭력을 정당화하고 직접적 폭력을 가능하게 만들기 때문에 가장 영향력이 큰 폭력이라고 볼 수 있다. 그러므로 구조적 폭력에 대한 사회적 인식이 높고 직접적 폭력에 대한 사회적 제재가 강한 사회에서조차 가장 경계해야 할 폭력이다.

민주주의가 성숙한 사회에서 특히 경계해야 할 심각한 문화적 폭력은 사회관계망이나 1인 미디어 등 다양한 미디어 콘텐츠를 이용한 것이다. 표현의 자유가 보장되고 적극적으로 표출되는 사회에서 아이러니하게도 미디어 콘텐츠를 이용해 타인의 생각을 통제하고 판단을 조종하려는 시도를 일상적으로 접할 수 있다. 개인은 물론이고 정부, 기업, 이익단체 등도 적극적으로 미디어 콘텐츠를 제작해 무차별적으로 퍼뜨린다. 대부분 자기 생각의 표출, 대중 홍보, 정치 활동, 마케팅 등 긍정적인 이름표가 붙는다. 그러나 그 이면을 보면 비판적 토론과 평가를 허용하지 않고 일방적으로 특정 가치와 주장을 주입하며 타인의 생각과 판단을 조종하려는 의도가 숨어 있다. 또한 정치적, 경제적, 사회적, 문화적 이익을 취하려는 목적이 있다. 이익을 취하는 주체는 사회의 기득권 집단이나 미디어 콘텐츠를 생산할 능력을 갖춘 일부 개인이다. 그들과 미디어 콘텐츠에 노출되는 사람들 사이에는 불균등한 힘의 관계가 형성돼 있고 그것이 문화적 폭력의 가해와 피해를 만든다.

문화적 폭력의 가장 심각한 결과 중 하나는 피해자가 가해자가 되는 일이 흔히 생긴다는 점이다. 이것은 사람의 생각과 판단에 영향을 미치고 피해자의 피해 인식을 어렵게 하는 문화적 폭력의 특징에서 비롯된다. 독재국가의 국민, 군사문화 사회의 구성원, 극단적 종교집단의 신도, 가부장제 사회의 여성, 미디어 콘텐츠의 적극적 소비자 등은 자신이 문화적 폭력에 노출돼 있다는 사실을 인식하지 못하는 경우가 많다. 자신은 주체적 수용과 판단을 하고 있다고 생각하지만 사실은 문화적 폭력 안에 갇혀 있기 때문이다. 이런 개인과 집단은 문화적 폭력의 수단인 특정 이데올로기, 종교적 가르침, 이론, 담론 등을 자신의 가치관과 세계관으로 수용하고 그것을 타인과 타 집단에게 퍼뜨리거나 부과하는 데 적극적으로 동참한다. 그 결과 타인과 타 집단에게 문화적 폭력을 가하게 된다. 독재자의 열성 지지자, 군사문화 추종자, 가부장제 사회의 여성, 미디어 콘텐츠의 적극적 소비자 등이 피해자에서 가해자로 탈바꿈하는 일이 흔하게 생긴다.

앞서 언급한 것처럼 문화적 폭력의 가장 큰 특징이자 위험성은 직접적, 구조적 폭력에 정당성과 합법성을 부여하는 역할을 한다는 점이다. 문화적 폭력에 노출된 개인과 집단은 문화적 폭력의 맥락과 닿아 있는 직접적, 구조적 폭력을 옳은 것으로 또는 적어도 틀리지 않은 것으로 본다.[70] 국가안보를 개인 안전에 우선하는 정치적 이데올로기를 수용하는, 사실은 그런 이데올로기를 이용한 문화적 폭력에 노출된 개인은 국가의 징집 제도, 그리고 그 결과 군대에서 생기는 폭언과 폭행을 피할 수 없는 일 또는 적어도 틀리지 않은 일로 수용한다. 경제 발전을 위한 노동 유연성 강화를 주장하는 정치적, 사회적 담론을 수용하는 개인은 노동권을 침해하는 법과 제도,

그리고 노동자 억압과 착취를 불가피한 일로 정당화한다. 비록 쉽게 다루기도 제거하기도 힘들지만 구조적 폭력에 대한 사회와 구성원들의 이해는 높은 편이다. 그러나 문화적 폭력에 대한 이해는 그보다 낮다. 이런 사회적 환경이 문화적 폭력의 확산에 기여한다.

폭력의 합법성

직접적, 구조적, 문화적 폭력으로 구분되는 폭력 중 핵심 축은 구조적 폭력이다. 구조적 폭력은 직접적 폭력을 정당화하는 강력한 지지대다. 구조의 문제와 상관없이 생기는 직접적 폭력이 없는 것은 아니지만, 대부분의 직접적 폭력은 폭력적 구조의 문제에서 비롯된다. 앞서 언급한 2차 폭력의 발생이 가장 두드러진 예다. 그 외에도 개인 사이에 발생하는 크고 작은 폭력이 있다. 외국인 노동자나 난민에 대한 폭언과 폭행 등은 개인의 직접적 폭력이지만 외국인 노동자나 난민을 보호하고 인권을 보장하는 법과 사회 체계의 부재에서 비롯된다. 빈곤 가정 아이에 대한 놀림과 따돌림은 빈곤을 사회문제로 보지 않고 개인 문제로 취급하며 개인에게 책임을 묻는 구조에서 비롯된다. 개인을 보호할 법, 제도, 사회 체계를 마련하지 않고 상황을 방치하는 건 구조적 폭력이다. 대부분의 직접적 폭력은 사회의 감시를 받고 사회 기제를 통해 통제되지만 사회의 폭력적 구조가 변하지 않는 한 대폭 감소하지는 않는다.

문화적 폭력은 구조적 폭력을 정당화하고 합법화하지만 그 이전에 구조적 폭력의 필요로 인해 문화적 폭력이 생기거나 강화되는 경우가 흔하다. 구조적 폭력은 가시성이 낮고 스스로 작동하는 사회 구조에서 필연적으로 기인하는 것처럼 보이지만 그 이면에는 항상 이익을 얻는 사람들이 존재한다. 그들은 흔히 국가나 집단의 수장, 정책결정자, 관료집단, 기업 소유주 및 투자자, 기득권층 등이다. 대가족, 종교집단, 회사 등에서도 집단을 움직이고 관리하는 사람들이 구조적 폭력을 통해 이익을 얻는다. 그들은 구조적 폭력의 조장, 승인, 묵인, 방치를 통해 물질적 혜택을 누리고 안락한 생활을 유지하는데, 이런 상황은 결국 다수 구성원에게 폭력이 된다. 그들은 구조적 폭력을 호도하고 유지하기 위해 구성원을 설득해야 할 필요를 느끼고, 그러기 위해 이데올로기, 철학, 사회 담론, 종교적 가르침, 예술, 언어 등 문화적 요소들을 동원한다. 시간당 최저임금을 낮은 수준으로 유지하기 위해, 다른 말로 특별히 빈곤층에 폭력적인 구조를 유지하기 위해 최저임금 인상이 기업과 사업주의 고용을 저해하고 결국 실업률을 높인다는 편향된 경제 이론과 사회적 담론을 동원한다. 비대한 군대와 징집제 유지를 위해, 다른 말로 개인의 자유를 빼앗고 신체를 억압하는 폭력적 제도의 유지를 위해 무력 강화를 통해 평화가 실현될 수 있다는 왜곡된 이론과 담론을 만들어 사회 구성원들에게 주입한다. 구성원들은 토론, 주관적 판단, 거부의 기회 없이 이런 이론과 사회 담론에, 다시 말해 문화적 폭력에 노출된다. 이는 사회 구조를 작동하고 유지하기 위한 불가피한 시도로 포장되지만 사실은 폭력적 구조를 통해 이익을 얻는 주체들의 의도인 경우가 흔하다. 따라서 구조적 폭력을 정당화하고 합법화하는 문화적 폭력에 많은 사회적 에너지와 재원이 투자되곤 하며 그것은 자원의 불공정 분배를 야기함으로써 또 다른 구조적 폭력을 만들게 된다.

구조적 폭력은 물론 구조적 폭력을 통해 정당화되는 직접적 폭력, 그리고 구조적 폭력을 정당화하는 문화적 폭력의 가장 중요한 특징은 합법성이다. 구조는 법과 제도를 통해 수립되고 유지된다. 구조의 운영과 개선 또한 법과 제도를 통해 이뤄진다. 이런 이유로 구조는 사회적으로 정당성을 인정받는다. 구조적 폭력이 되는 구조 또한 같은 방식을 통해 수립되고 유지되며 정당성을 인정받는다. 사회 구성원들은 구조의 불공정성, 불평등, 부당한 적용 등의 문제를 인지하더라도 구조의 합법성에 기대어, 구조를 반드시 개선하거나 제거할 이유는 없다고 생각한다. 이런 합법성은 구조적 폭력의 규명과 그에 대한 대응을 어렵게 만든다. 폭력을 조장하고 방치하는 법과 제도에 대해 문제를 제기해도 사회적 인정을 획득하기가 쉽지 않다. 이런 이유로 폭력은 지속되며 피해 또한 지속된다. 그리고 피해는 대부분 사회적 약자에게 가해진다.

구조적 폭력이 갖는 합법성은 구조적 폭력에서 비롯된 직접적 폭력과 구조적 폭력을 정당화하고 합법화하는 문화적 폭력에도 영향을 미친다. 합법성의 이름으로 사회 구성원들에게 직접적 폭력과 문화적 폭력을 가하는 게 가능해지기 때문이다. 앞서 언급한 외국인 노동자와 난민의 인권침해, 징집 대상이 된 청년에 대한 신체적 구속, 임신 중단의 금지 등이 그렇다. 또한 무력 강화를 평화를 위한 전제 조건으로 호도하는 정치 이론, 친기업 경제 이론, 수혜자의 권리가 아닌 정부의 시혜에 초점을 맞춘 복지 담론의 의도적 확산 등이 그렇다. 이런 것들은 흔히 정부 정책의 설명이나 사회 문제에 대한 적절하고 정당한 대응으로 여겨지지만 사실은 폭력적 구조를 유지하고 그에 대한 사회적 정당성을 재확인하는 시도다.

합법성을 가장 잘 설명해주는 건 정부의 성향에 따라 바뀌는 법과 제도다. 보수적 정부는 성실히 일해 부를 축적한 사람들이 낸 세금을 빈곤층 지원에 지나치게 사용할 수 없다고 주장한다. 빈곤이 개인적 무능력의 결과라 판단하기 때문이다. 그런 담론에 근거해 감세 정책과 선별적 복지 정책을 만든다. 이렇게 만들어진 정책은 빈곤층의 사회적 자원 접근을 제한하고 결과적으로 빈곤을 악화시키며 나아가 빈곤층의 생명을 단축한다. 진보적 정부는 빈곤이 개인의 책임이라 할지라도 정부는 그들이 최소한의 삶을 유지할 수 있도록 돕고 격려해야 할 책임이 있다고 주장한다. 진보적 담론에 기대어 그들 또한 법과 제도를 바꾸고 빈곤층을 지원한다. 그러나 빈곤의 근본 원인이 되는 과도한 임금 격차, 부의 집중, 친기업적 법과 제도의 문제 등은 다루지 않는다. 그 결과 소득 불균형이 지속되고 빈곤층의 삶은 근본적으로 개선되지 않는다. 보수적 정부에서든 진보적 정부에서든 합법성의 이름으로 폭력적 구조는 유지되고 그로 인한 피해는 정당화된다.

구조적 폭력의 합법성이 가지는 가장 위험한 점은 폭력적 구조를 통해 지속적으로 이익을 얻는 일부 개인과 집단에 봉사하는 사회 구조가 합법적으로 만들어진다는 것이다. 구조적 폭력을 통해 이익을 얻는 소수의 정책결정자, 관료, 기득권층, 기업과 이익집단 등은 자신의 이익을 위해 합법적으로 구조를 관리하고 필요하면 바꾸는 시도를 한다. 때로는 사회 구성원들의 변화 요구나 저항에 대응하기 위해 선제적으로 자신들이 원하는 방향으로 구조를 바꾸기도 한다.[71] 그런 시도는 교묘하게 구성원들을 위한 변화로 호도되고 사회의 지지를 받는다. 그러므로 폭력의 합법성에 대한 정교하고 지속적인 감시가 필요하지만 이는 '악법도 법'이라는 또 다른 폭력적 사회 담론을 통해 저지된다.

평화의 3요소 : 관계성, 공동체성, 지속성

폭력에는 가해와 피해가 존재한다. 이것은 폭력이 관계 속에서 발생함을 의미한다. 2차 폭력의 자기 파괴 사례를 제외하고 폭력 행위의 대상은 타인이다. 그러므로 관계는 폭력 발생의 기본 조건이 된다. 이것은 폭력의 부재를 의미하는 평화의 기본 조건 또한 관계임을 말해주며 이를 평화의 관계성이라 부를 수 있다. 관계성은 폭력의 탐구를 통해 평화의 필요를 확인하고 평화의 실현을 구상할 때 고려해야 할 평화의 첫 번째 요소다.

폭력이 발생하는 관계는 힘의 차이에 의해 좌우되는 관계다. 폭력의 가해자는 상대적 강자고 피해자는 상대적 약자다. 가해자와 피해자 모두 둘 사이 힘의 차이에 대해 분명히 인식하고 있다. 물론 상대적 약자가 상대적 강자에게 폭력을 가할 수도 있다. 그러나 그것은 힘의 차이를 극복했거나 외면한 결과가 아니라 일시적 저항이나 분노의 표출일 뿐이다. 힘의 관계를 규명하고 분석하는 건 폭력의 규명과 이해를 위해 불가피하다. 그러므로 평화의 탐구는 관계의 탐구일 수밖에 없다.

관계의 형태는 개인 사이 관계에서부터 집단과 국가 사이 관계까지 다양하다. 관계가 힘에 의존하는, 다시 말해 상대적 힘의 크기에 따라 규정되는 경우 관계는 폭력적이 된다. 모든 관계에서 폭력이 발생할 수 있고, 그 결과 평화적 공존을 위협하거나 파괴할 수 있다. 상대적 강자는 자신에게 유리한 힘의 관계를 자신의 이익을 위해 악용하고, 상대적 약자는 자신에게 불리한 힘의 관계로 인해 피해를 입는다. 힘의 원천은 다양하다. 개인의 경우 나이와 지위, 부와 교육의 수준, 보유한 인맥과 정보, 인종과 민족 배경, 국적 등 다양한 것에서 힘의 원천을 찾는다. 집단의 경우 인종과 민족 배경, 사회적 위치, 정치적 배경, 정보 접근성, 사회관계망의 확보 등이 힘의 원천이 된다. 국가의 경우 민주화 수준, 국제사회에서의 정치적 영향력, 경제 수준, 외교 관계, 강대국과의 친밀함, 문화적 영향력 등을 힘의 원천으로 삼는다. 상대적 강자는 이익을 얻기 위해 자신이 가진 상대적 우위의 요소를 힘으로 부각하고 상대를 압박하거나 무언가를 강요한다. 그런 행위는 폭력으로 규정된다. 개인과 집단, 개인과 국가, 집단과 국가 등의 사이에도 힘의 관계가 형성되고 폭력이 발생한다. 공공기관 및 정부와 시민, 대기업과 시민, 정부와 소수자 집단, 여론 주도 집단과 일반 시민 등의 사이에 힘에 의존하는 폭력적 관계가 형성된다.

폭력의 제거와 평화 실현을 위한 접근은 결국 폭력적 관계를 평화적 관계로 전환하는 것이며 이를 위해서는 관계성에 대한 성찰과 분석이 필요하다. 파괴된 관계의 성찰과 그 원인의 규명, 현재 관계의 분석, 그리고 회복된 또는 새로운 관계를 위한 실행 접근의 구상이 관계를 다루는 기본 접근이 된다.[72] 관계의 성찰과 분석에서 가장 중요한 건 상호의존성의 확인이다. 상호의존성은 관계 위에서 형성되며 관계는 평화 실현의 핵심이다.[73] 그러므로 개인, 집단, 국가 사이의 폭력적 관계와 상호 공격의 중단, 그리고 평화적 공존으로의 이행은 관계와 상호의존성을 강조하는 것에서 출발하고, 다양하게 구상되고 실행되는 접근을 통해 관계의 문제를 다루는 것에 초점이 맞춰진다.

두 번째 고려해야 할 평화의 요소는 공동체성이다. 평화의 공동체성은 평화를 지향하고 평화의 실현을 가능하게 하는 공동체가 가지는 속성을 말한다. 폭력 탐구와 평화 논의가 지향하는 궁극적인 목표는 특정 개인이나 집단의 평화적 관계를 넘어 다양한 관계가 공존하는 공동체의 평화적 삶이다. 공동체의 크기와 성격은 다양하다. 특정 집단이나 마을 같은 공동체, 크고 작은 사회의 공동체, 그리고 국가와 세계의 공동체도 있다. 지리적 공동체, 동일 이익 또는 가치를 추구하는 공동체, 민족 또는 종교 정체성을 공유하는 공동체, 정치적 목표의 실현을 위한 공동체도 있다. 이런 다양한 공동체의 평화는 공동체 내 폭력의 부재를 의미하며 그것은 곧 공동체 안에 독립적으로 존재하는 주체들이 평화롭게 공존하는 것을 뜻한다. 평화의 공동체성은 평화의 관계성 토대 위에서 형성되고 강화된다. 평화의 관계성이 전제되지 않은, 다시 말해 독립적 주체들은 존재하지만 그들 사이의 평화적 관계가 부재한 공동체에서는 평화의 공동체성이 형성될 수 없다. 또 공동체 내 개인이나 집단의 폭력적 관계가 평화적 관계로 전환되지 않고 단지 구조와 문화에 의해 형식적인 공동체성이 강제로 부과되고 지속된다면 평화의 공동체성은 실현되지 않는다.[74]

공동체성은 관계성의 토대 위에서 형성되지만 동시에 공동체성은 개인과 집단 사이 평화적 관계의 형성과 유지를 좌우한다. 공동체 내 존재하는 폭력 요인을 방치하거나 외면하는 공동체, 다시 말해 공동체성을 외면하는 공동체는 결국 개인과 집단 사이 관계를 폭력적으로 만들거나 과거의 폭력적 관계로 회귀하게 한다. 세대, 남녀, 경제 계층 사이 대립의 원인이 되는 폭력적 구조를 방치하고 외면하는 사회에서는 개인과 집단 사이 평화적 관계가 형성되지 않는다. 전쟁 후 사회와 공동체에는 여전히 개인 및 집단 사이 적대감과 배타적 감정이 존재하고, 그런 상황을 방치하거나 외면하면 개인 및 집단 사이의 관계 회복이 불가능하거나 적대적이고 폭력적인 관계로 회귀할 수 있다. 그런 이유로 전쟁 후 사회와 공동체는 우선적이고 기본적으로 개인이나 집단 사이의 관계 문제를 다루는 데 힘을 쏟는다. 마을과 사회 내에서 대립했던 개인과 집단이 서로를 적으로 여겼던 과거를 성찰하고 서로의 고통을 이해할 수 있도록 절차를 만들고 지원한다. 사실관계의 확인과 상황의 이해를 통해 상대에 대한 악마 이미지를 새로운 '타자' 이미지로 바꾸고 소수의 가해자를 제외한 대다수가 폭력으로 고통받았음을 인정함으로써 관계의 회복이 이뤄진다.[75] 전쟁이나 폭력적 사회갈등 후 다양한 형태의 진실과화해위원회truth and reconciliation commission가 설치되는 것 또한 이런 노력의 일환이다. 개인 및 집단 사이의 관계 회복을 위한 지원은 결과적으로 공동체의 회복에 기여하고 공동체성의 형성과 유지를 가능하게 한다.

세 번째로 언급할 평화의 요소는 지속성이다. 지속성은 평화적 관계와 공동체가 지속되는 것을 말하며 개인 및 집단의 선택과 노력에 좌우된다. 평화적 관계와 공동체의 실현은 한 번의 사건이나 일시적 노력에 의해 이루어지지 않는다. 또한 관계와 공동체의 변화를 통해 실현된 일정 수준의 평화는 지속성을 가질 때 개인과 집단의 삶의 질 향상에 기여한다. 실현된 평화의 수준이 개인과 집단의 평화적 삶을 위한 최소한의 수준일 경우 지속성의 확보는 높은 수준의 평화로 가는 절대적인 필요가 된다. 그러므로 평화의 지속성은 두 가지 목표를 갖는다. 하나는 현재 실현된 일정 수준의 평화를 유지하는 것이고, 다른 하나는 현재 수준의 평화를 유지하는 토대 위에서 계속 적극적 평화를 향해 나아가는 것이다.

평화의 실현은 구체적으로 개인과 집단의 삶에 절대적 영향을 미치는 사회와 집단의 구조와 문화, 그리고 다양한 관계가 평화적으로 변하는 것을 의미한다. 그리고 그런 변화가 일정 기간 유지되는 것, 다시 말해 평화의 지속성을 확보하는 것을 의미한다. 평화의 지속성을 확보하는 건 쉽지 않다. 여러 가지 면에서 실제적 변화가 이뤄져야 하고 무엇보다 변화를 유지할 수 있는 개인과 집단의 기본적 역량이 충족되어야 하기 때문이다. 모든 구성원이 평화 실현과 유지 과정에 참여하고 스스로 변화를 만들어낼 수 있어야 한다. 가장 도전적인 건 참여의 기회가 폭력의 가해자에게도 동등하게 주어져야 한다는 점이다. 가해자의 참여 없이는 폭력의 종식, 정의의 실현, 용서와 화해의 과정이 불가능하기 때문이다. 엄격하게는 가해자에게도 평화 실현을 위한 과정에 참여하고 사회의 자격 있는 일원으로 복귀할 권리가 보장되어야 한다. 평화의 지속성을 위해 필요한 가해자의 참여는 결국 모든 구성원의 평화 자원화를 의미한다. 피해자 필요의 외면과 과거로의 회귀라는 위험한 결과를 가져올 수도 있는 이런 접근은 정의로운 결과를 담보하는 정교한 계획과 과정의 실행에 의해서만 가능하다.[76] 또한 도전적이고 기나긴 정의 실현과 관계 및 공동체 회복의 과정을 지탱할 수 있는 개인 및 집단의 평화적 역량과 미래 비전이 있어야 가능하다.

폭력과 갈등

폭력을 발생시키는 관계는 쉽게 변하지 않는다. 폭력의 원인이 되는 불균형한 힘의 관계가 해체되거나 변하는 일이 잘 생기지 않기 때문이다. 그런 이유로 폭력의 가해와 피해가 장기간 지속되는 경우가 흔하다. 가해자는 신체적 위해는 물론 억압과 강요 등의 폭력을 통해 지속적으로 이익을 취하고 피해자는 폭력을 인지한 상황에서도 피해를 벗어나지 못한다. 그러나 피해자의 폭력을 인식하는 수준과 변화에 대한 욕구가 높아지면 가해자-피해자 관계와 폭력적 상황에 변화의 계기가 생길 수 있다. 먼저 피해자는 자신에게 가능한 수준의 저항을 통해 가해자와의 기존 관계에 균열을 만드는 시도를 한다. 가해자는 피해자의 저항에 대해 여러 가지 형태로 대응을 한다. 처음의 대응은 대부분 무관심이지만 피해자가 계속 저항하고 저항의 수위를 조금씩 높이면 가해자의 대응 또한 표면화되고 강화된다. 이런 상호작용으로 인해 갈등이 생긴다. 이렇게 만들어진 갈등은 가해자인 상대적 강자에게는 약자의 저항에 직면하는 나쁜 상황이지만 피해자인 상대적 약자에게는 기존 관계에 균열을 일으키고 변화의 잠재성을 드러내는 긍정적인 사건이자 고무적인 상황이다. 상대적 약자가 힘의 관계의 균열을 기대하면서 의도적으로 갈등을 만드는 경우라면 갈등은 약자의 중요한 전략적 선택으로 이해될 수 있다.[77] 이런 갈등에서는 힘의 불균형 수준이 저항과 대응, 갈등의 지속 여부를 결정하는 데 결정적 역할을 한다.

갈등은 힘의 불균형이 큰 관계에서는 잘 생기지 않는다. 갈등은 당사자 사이의 상호작용을 전제로 하는데, 힘의 불균형이 크면 약한 저항과 강한 억압이 결합해 활발한 상호작용이 일어나지 않기 때문이다. 상대적 약자의 저항은 상대적 강자의 무관심과 방치에 직면하고 갈등으로 발전해도 단기간에 사라질 수 있다. 그러나 인간 필요가 갈등의 원인이 되는 상황에서는 다르다. 모든 인간에게 공통으로 존재하는 안전 확보와 정체성 인정과 확인 같은 인간 필요는 자기 존재 확인의 욕구이기도 하며 완전하게 억압되거나 통제되지 않는다. 안전과 정체성 확인, 개발 요구 등을 결정하는 과정에의 참여 욕구 또한 중요한 인간 필요다. 이런 인간 필요의 거부는 갈등의 원인이 된다.[78] 강자의 억압과 통제로 인간 필요가 충족되지 못하면 개인과 집단은 절망하다가 결국 저항하게 된다. 인간 필요를 충족할 다른 방법이 없다고 생각하기 때문이다. 인간 필요의 충족을 방해하고 막는 건 폭력이며 인간 필요를 충족하기 위한 저항은 폭력에서 벗어나려는 시도다. 그런 절실한 필요로 인해 극심한 힘의 차이로 통상 갈등이 생기기 어려운 관계에서도 갈등이 발생한다. 그렇게 생긴 갈등은 흔히 장기간 지속되고 사회에 치명적인 영향을 미친다. 민족적, 종교적 정체성을 지키고 안전을 보장받으려는 상대적 약자 집단의 저항으로 생긴 갈등은 현재 상태를 유지하려는 상대적 강자 집단의 억압과 폭력적 대응으로 인해 수십 년 동안 지속되곤 한다.

폭력과 갈등의 관계는 구조적 폭력을 통해 더 잘 설명된다. 구조적 폭력은 힘의 불평등한 분배에서 비롯되고, 그것은 곧 다양한 자원의 불평등한 분배로 이어져 부당한 사회 환경을 만든다. 이런 부당한 사회에서는 수입이 적고 교육 수준이 낮으며 신체적으로 약하고 적은 힘을 가진 사람들의 상황이 악화된다.[79] 구조적 폭력에 노출된 개인이나 집단은 인식, 정보, 시간, 재원 등의 부족으로 인해 문제를 제기하거나 저항하기보다 침묵하고 인내하는 선택을 하곤 한다. 그러나 한계에 다다르면 보다 나은 삶과 미래를 위해 저항하고 그로 인해 갈등이 발생한다. 극단적인 경우 자신이 착취당하는 구조를 바꾸기 위해 물리적 공격을 감행하고 무력 갈등을 일으키기도 한다.[80] 구조적 폭력이 물리적 충돌과 갈등의 원인이 되는 것이다.

공공 정책과 사업을 둘러싸고 공공기관과 시민 집단 사이에 생기는 많은 공공갈등이 구조적 폭력에서 비롯된 갈등의 사례를 잘 보여준다. 공공 정책과 사업은 자주 사회적 약자 집단의 생활공간과 안전을 위협하고 불공정과 불평등을 심화하는 방향으로 설계되곤 한다. 그런 정책과 사업이 가져올 피해를 예상하는 개인과 집단이 저항하면서 갈등이 형성된다. 결국 이런 공공갈등의 근본적인 원인은 구조적 폭력이다. 그러므로 공공갈등의 해결을 위해서는 사회의 부정의 같은 뿌리 깊은 문제를 다루지 않으면 안 된다. 사회의 부정의는 힘과 자원의 불균형을 야기하고 이것은 인종, 민족, 젠더 등의 문제를 통해 드러난다.[81] 또한 소외된 계층과 지역 등의 문제를 통해 드러나기도 한다. 그러므로 사회적 약자에게 폭력이 되는 구조적 문제가 밝혀지려면 갈등이 완전하게 전개되어야 한다.[82] 이런 점에서 갈등은 고착된 힘의 관계를 깨려는 약자 집단의 저항을 넘어 구조적 폭력을 규명하고 사회적 관심을 불러일으키는 역할을 한다.

폭력과 갈등의 관계를 보여주는 사례는 무수히 많다. 팔레스타인과 이스라엘의 갈등은 1948년 이스라엘 건국 때부터 본격화돼 지금까지 계속되고 있다. 팔레스타인을 점령하고 있는 이스라엘과 점령하에 있는 팔레스타인 사이에는 힘의 불균형이 극심하지만 팔레스타인의 저항은 계속되고 있다. 앞서 언급한 인간 필요의 불충족에서 시작된 갈등이기 때문이다. 팔레스타인의 정체성과 안전, 그리고 그를 위한 국가 수립이라는 필요가 충족되지 않으면 갈등은 종식되지 않을 것이다. 많은 사회에서 계속되고 있는 기업과 노동자 사이 갈등은 단순히 노동환경 개선을 둘러싼 갈등이 아니라 상대적 약자 집단인 노동자가 자신의 안전을 지키고 노동자의 정체성을 인정받으려는 인간 필요에서 비롯된 것이다. 그러므로 기업과 노동자 사이 힘의 불균형이 완전히 해소되고 기업과 노동자가 동등한 위치와 상호 존중의 토대 위에서 각자의 역할을 하는 상황이 되지 않는 한 갈등은 사라지지 않을 것이다.

구조적 폭력에서 비롯된 공공갈등 사례도 마찬가지다. 우리 사회를 뒤흔들었던 밀양 송전탑 건설을 둘러싼 갈등은 가장 상징적인 사례 중 하나다. 밀양 송전탑 건설은 전기 수요가 많은 수도권에 지방의 원자력발전소에서 생산되는 전기를 공급하기 위해 송전탑을 건설하는 국책 사업이었다. 이 사업은 송전탑이 건설될 지역 주민들과의 사전 논의와 주민들의 동의 없이 일방적으로 결정됐다. 장기적으로 해당 지역 주민들의 일상과 건강에 영향을 주는 결정이었음에도 주민들은 결정 과정에서 완전히 배제됐다. 주민들은 송전탑 건설을 수용하라는 압력에 직면했고 그 압력은 막강한 힘을 가진 정부와 한국전력이라는 공기업, 그리고 밀양시라는 지방자치단체로부터 왔다. 그럼에도 주민들은 저항했다. 지역에서 발생하는 많은 공공갈등에서 지역 주민들이 찬성과 반대로 나뉘는 것과는 다르게 밀양 송전탑 건설 갈등에서는 송전탑 건설 지역의 모든 주민이 반대를 표하며 강하게 저항했다.[83] 수도권이라는 기득권 지역의 이익을 위해 소외된 농촌 지역에 사는 자신들에게 피해를 입히는 구조적 폭력에 대한 저항이었고, 농민이자 지역 주민인 자신들의 정체성과 안전을 지키기 위한 저항이었다.

고고도미사일방어체계 사드^{THAAD} 배치를 둘러싼 갈등은 또 다른 사례다. 실효성에 대한 논쟁과는 별개로 사드 배치는 미군의 주둔과 전자파 발생 때문에 지역 주민들의 일상과 신체적 안전을 위협할 수 있는 일이었다. 그러나 정부는 주민들의 동의 없이 일방적으로 성주군 소성리에 있는 골프장을 매입해 배치를 결정했다. 소성리 주민들 역시 밀양의 주민들처럼 한목소리로 강하게 저항했다. "북한의 위협으로부터 국민을 지키기 위한 불가피한 조치였다"는 국방부장관의 설명에 대해 주민들은 자신들이 왜 지켜야 할 국민에서 제외되는지 의문을 제기했다.[84] 주민들은 정당하게 보호받아야 할 대한민국 국민이자 지역 주민인 자신들의 정체성과 안전을 지키기 위해 저항했다. 동시에 이것은 다수를 위해 소수의 피해는 불가피하다는 논리로 하루아침에 자신들의 삶을 망쳐놓은 구조적 폭력에 대한 저항이었다.

갈등은 폭력의 규명 과정에서 불가피하게 직면하는 문제일 뿐만 아니라 평화 실현을 위해 거칠 수밖에 없는 단계로 여겨진다. 그런 이유로 국가 사이 무력 충돌에서부터 사회 내 집단 또는 개인 사이 대립까지 힘의 불균형과 불공정한 관계에서 비롯된 갈등은 평화 부재와 실현에 대한 논의에 자주 등장한다. 다만 갈등이 평화 실현을 위해 거쳐야 할 단계로서 정당성을 가지기 위해서는 평화적 해결 원칙이 전제되어야 한다. 보다 상세한 내용은 5장에서 다루기로 한다.

4장

회복과 공존을 위한 평화구축

평화학의 시작과 기본 이론

평화구축의 이해

평화구축peacebuilding 85)을 몇 마디로 설명하기는 쉽지 않다. 거기에는 크게 두 가지 이유가 있다. 하나는 다양한 연구자, 활동가, 기관, 단체 등이 여러 가지 현장 실행을 '평화구축'으로 설명하고 있어서 명료한 이해가 힘들기 때문이다. 연구와 실행의 초점을 어디에 맞추느냐에 따라 강조하는 점도 조금씩 다르다. 다른 하나는 평화구축이 여전히 진화하고 있는 용어이기 때문이다. 이는 평화구축이 현장성을 가진다는 점에서 기인한다. 30년 전의 평화구축과 현재의 평화구축은 추구하는 기본 목표에 있어서는 다르지 않지만 개입하는 현장에서 직면하는 주요 문제들, 개입하는 외부 기관 및 단체의 접근 방식, 지역 주민들의 필요, 그리고 그들과의 상호작용 등에서 조금씩 다를 수밖에 없다. 현장과 떨어질 수 없는 활동가들과 실행 기관 및 단체들은 물론 평화연구도 이런 현장성을 평화구축의 가장 중요한 점으로 인식한다. 평화연구는 진화하는 평화구축에 대한 다양한 이해와 정의를 적극적으로 수용한다. 세계사적 시간과 상황의 흐름에 따라 진화하고 유연성을 가지는 것은 평화구축의 단점이 아닌 장점이다. 현장 없이 평화구축은 불가능하며 평화의 실현을 목표로 하는 평화구축은 현장의 필요에 부응할 때 의미가 있다.

평화구축을 이해하기 위해서는 크게 세 가지 영역의 이해를 살펴볼 필요가 있다. 첫 번째는 유엔의 이해로 이것은 정부들이 중심이 된 국제사회의 해석이자 접근을 말한다. 두 번째는 평화구축을 실행하는 다양한 국제 및 풀뿌리 단체들의 이해다. 세 번째는 평화연구의 이해와 개념화다.

유엔은 사무총장 명의로 1992년 총회에 제출한 보고서인 「평화 의제An Agenda for Peace」에서 (무력) 갈등 후 평화구축post-conflict peace-building을 언급했다. 여기에서는 평화구축을 무력 충돌 또는 전쟁을 겪은 사회에서 평화를 강화할 수 있는 구조를 모색하고 지원하기 위한 활동으로 정의했다. 평화구축은 혜택을 받을 국가들의 구체적인 협력 프로젝트가 되어야 하고 경제적, 사회적 개발에 기여하는 것뿐만 아니라 평화에 토대가 되는 사회적 신뢰를 높이는 것이 되어야 한다고 강조했다. 보고서는 평화구축을 위해 관심을 기울여야 할 구체적인 분야까지 언급했다. 농업과 교통 등을 공동으로 개발하고 수자원 에너지 등 필요한 자원의 공유, 적대적 인식 저하를 위한 교환 교육 프로그램과 커리큘럼 개혁 등도 언급했다. 평화구축은 무력 충돌과 전쟁을 중단하는 평화조성peacemaking과 무력 충돌 부재의 지속을 위한 평화유지peacekeeping 후 국가 및 사회 재건 단계에서 항구적 평화를 위해 경제적, 사회적, 문화적, 인도적 문제들을 협력적으로 다루는 노력으로 언급됐다.[86] 이후 1995년 유엔은 보충 내용을 담은 보고서인 「평화 의제 보론Supplement to an Agenda for

^{Peace}」을 통해 평화구축을 갈등 후 사회에 국한하지 않고 갈등의 모든 단계, 다시 말해 갈등 전 예방, 전쟁 시 활동, 무력 갈등 후 조치 등을 포함하는 것으로 확대했다.[87]

유엔 평화구축의 우선적 목표는 대상 사회가 다시 전쟁에 빠지지 않게 하는 것이다.[88] 갈등 후 사회에 초점을 맞췄던 유엔의 평화구축은 갈등에 취약한 사회에 초점을 맞추는 것으로 변화했다. 유엔 평화구축위원회^{Peacebuilding Commission}는 2018년 보고서에서 평화구축이 갈등의 모든 단계에서 평화를 유지하기 위해 필요하며 평화 지속이 결국 갈등의 발생, 악화, 지속, 재발을 막기 위해 불가피하다고 강조했다. 또한 평화구축을 위해 지속가능한 개발의 중요성을 강조하고 경제적 발전과 빈곤 퇴치가 폭력적 갈등 발생의 위험을 막는다고 언급했다.[89]

평화구축은 1990년대에 냉전이 종식되고 국가 내 민족 간 갈등과 내전이 많아지면서 체계적으로 실행되기 시작했다.[90] 그 이후 평화구축은 유엔이나 정부가 참여하는 국제기구뿐만 아니라 국제단체에서부터 평화구축이 적용되는 사회의 풀뿌리 단체에 이르기까지 다양한 주체들에 의해 실행됐고 그 결과 영역이 확장됐다. 여러 배경을 가지고 다양한 활동을 하는 민간 기관 및 단체들과 현장의 활동가들은 자신들의 일을 '평화구축'의 실행으로 규정하고 자신들을 평화구축 활동가^{peacebuilder}로 명명했다. 그 결과 평화구축은 평화적 공존이 실현되는 사회를 만들기 위한 중요한 실행 노력 중 하나로 자리를 잡았다. 정부 기관, 대학교, 기업, 재단, 국제기구, 구호

개발단체, 시민단체 등 공공 및 민간의 기구들이 다양한 평화구축 사업과 프로젝트를 지원하고 있다.

민간 기관 및 단체에 의한 평화구축은 사회 발전이 이뤄지지 않고 개인의 권리가 보장되지 않아 갈등에 취약한 사회, 무력 갈등이 자주 발생하는 사회, 무력 갈등은 종식됐지만 회복이 필요한 사회 등에서 이뤄진다. 이런 사회들에서는 정치적, 사회적 불안이 계속되고 사회 내 집단 사이에서 대립과 충돌이 자주 발생한다. 그로 인해 개인과 집단의 안전하고 안정적인 삶이 보장되지 않는다. 이런 사회에서의 평화구축은 개인과 집단의 역량 향상과 삶의 변화, 그리고 사회의 변화라는 두 축에 맞춰진다. 평화구축 사업은 재원과 인력을 가진 선진국의 기관이나 단체에 의해 계획 및 주도되고 현지의 단체, 풀뿌리 조직, 주민 등이 결합해 진행된다. 평화구축이라는 큰 틀에 초점을 맞추는 사업도 있지만 갈등 분석과 관리, 갈등해결과 대화 훈련, 시민사회 촉진, 거버넌스와 민주주의 지원, 젠더 인식 향상, 개발, 환경, 인권 등 현장의 상황에 따라 평화구축에 기여할 세부 현안과 주제를 다루는 사업이 실행된다. 현장의 활동가들은 평화구축을 하나의 보편적 개념으로 이해하기보다 현지인들이 직면한 환경과 자신들의 활동을 반영해 광범위하고 유연하게 정의한다.[91]

평화구축이 체계적으로 실행된 지 수십 년이 지났고, 다양한 사업과 프로젝트는 무력 갈등 후 사회를 포함해 갈등에 취약하고 개발이 이뤄지지 않은 사회의 변화, 그리고 개인과 집단의 삶에 적지 않은 영향을 미치고 있다. 그러나 평화구축의 실효성에 대한 문제 제기도 계속되고 있다. 특히 선진국 기관 및 단체의 개입과 주도로 이뤄지는 평화구축이 더는 정치적으로 그리고 실질적으로 효율적인 접근이 아니라는 지적이 제기되고 있다. 이것은 외부 개입의 원칙과 효율성 논쟁으로 이어지고 있다. 변화도 있다. 이제 평화구축은 정치적 과도기, 기후변화로 인한 사회 변화, 급격한 도시화 등 다양한 문제에 적용되고 있다. 무력 충돌이 진행 중이거나 갈등에 취약한 사회뿐만 아니라 정치적으로 안정되고 민주주의가 성숙한 사회에도 평화구축이 적용된다. 평화구축은 변화에 계속 적응하면서 창의적 실행 방법을 만들어내고 있다.[92] 다양한 원인에 의해 세계와 각 사회에 폭력이 증가하고 평화의 실현과 평화적 공존이 절실한 곳이 오히려 늘어나고 있기 때문이다.

평화구축에 대한 평화연구의 접근은 평화구축의 정의, 실행 원칙, 실행 영역 등에 초점을 맞추고 있다. 많은 평화연구가 무력 갈등 후 사회에서의 평화구축에 초점을 맞추는 것이 사실이다. 그럼에도 평화구축은 무력 갈등에 취약하거나 무력 갈등을 겪은 사회만이 아니라 모든 사회에 적용될 수 있으며, 평화와 안전에 초점을 맞춘 다양한 시도를 아우르는 것으로 이해된다. 또한 파괴적 갈등의 예방과 갈등 진행 중 폭력의 감소는 물론 무력 갈등의 종식과 갈등 후 사회 회복 등 모든 단계에서 실행될 수 있는 포괄적 접근으로 이해된다. 무력 갈등의 진행이나 종식 이후의 단계에서 평화구축은 물리적 폭력 종식과 재발 방지 등에 초점을 맞춘 비교적 협소한 접근을 취한다. 반면 파괴적 갈등의 예방과 변화를 필요로 하는 사회에서 평화구축은 사회적 폭력과 갈등, 그리고 근본 원인의 규명과 제거 등 보다 광범위한 주제에 초점을 맞추고 다양한 접근을 시도한다. 이런 경우 사회적 단절, 집단 사이 갈등과 충돌의 근본 원인이 되는 구조적 문제에서 평화와 안전을 위한 비군사적 접근까지 다양한 사회 현안이 평화구축의 주제로 취급된다.[93]

평화연구는 갈등과 폭력을 평화구축을 관통하는 두 개의 핵심 주제로 이해한다. 갈등에는 국가 간 전쟁 또는 내전 같은 무력 갈등뿐만 아니라 사회 내 종교, 민족, 문화, 계층 집단 사이에 발생하는 갈등도 포함된다. 평화구축은 이런 파괴적 갈등이 형성되거나 진행되는 것을 막고 불가피한 갈등의 경우 사회와 관계 변화를 위한 기회가 될 수 있도록 사회와 구성원들의 역량 형성에 초점을 맞춘다. 개인과 집단 사이에 불필요하고 파괴적인 갈등이 생기지 않도록 근본 원인을 규명하고 관계 형성을 지원하는 건 평화구축의 주요 목표 중 하나다. 폭력의 감소는 평화구축의 또 다른 중요한 목표다. 파괴적 갈등에 취약한 사회, 무력 충돌이 진행 중인 사회, 무력 충돌이 종식된 사회 등은 모두 물리적 폭력에 노출된 사회다. 사회의 회복과 변화의 모든 과정에서 폭력적 충돌의 감소는 평화구축의 주요한 목표일 뿐만 아니라 사회와 구성원의 안전을 위한 기본 조건으로 이해된다. 이를 위해 평화구축은 시민 모니터링과 행동을 포함하는 비폭력적 갈등 만들기, 조기 경보, 인도적 지원, 사법제도, 평화 유지 등을 통한 직접적 폭력의 감소, 거버넌스와 정책 수립, 사법 정의, 갈등전환, 트라우마 힐링 등을 통한 관계의 전환, 그리고 훈련과 교육, 개발, 조사와 평가 등을 통한 역량 강화 등 점진적이고 지속적인 변화를 모색한다.[94] 다양한 구조적 폭력에 노출된 사회에서도 폭력의 감소 및 제거는 평화구축의 주요 목표 중 하나다.

평화연구는 지속가능한 평화를 평화구축의 궁극적 목표로 이해한다. 모든 평화구축 접근과 활동은 평화의 정착과 유지를 목표로 하고, 이때 평화구축은 지속가능한 평화를 실현하기 위해 요구되는 모든 노력을 의미한다. 그러므로 평화적 미래의 상상, 사회 변화를 위한 필요의 파악, 일관된 평화 계획, 효율적인 실행 계획 수립 등이 평화구축에 포함된다.[95] 개인과 집단은 평화의 정착과 유지, 지속가능한 평화의 실현을 위해 다양한 평화구축 계획을 세우고 현장에서 실행한다. 이런 다양한 노력은 분리된 것처럼 보이지만 사회적 자원이자 변화의 동력으로 통합되고 최소한의 평화에서 최대한의 평화로의 이행과 지속가능한 평화의 실현을 가능하게 만든다.

평화구축의 원칙

엘리스 볼딩Elise Boulding은 "어떤 평화구축도 갈등 상황에 있는 지역 공동체가 가진 최고의 성찰과 자원에 기반하지 않고는 효율적일 수 없다. 종교 영역, 여성 영역, 교사, 보건 및 복지 전문가들, 지역 지도자들 등 지역에서 평화조성을 하고 있는 사람들을 찾는 것은 반드시 해야 하는 일이다. 이렇게 하지 않는 현장 활동가는 단지 비효율적일 뿐만 아니라 사실상 해를 끼칠 수 있다"고 말했다.[96] 평화구축의 가장 중요한 원칙을 강조한 말이다.

평화구축이 누구를 위한 것인지를 생각하면 현장의 성찰을 참고해 상황을 파악하고 현장에서 자원을 찾는 건 당연한 일이다. 그럼에도 이 점은 현장에 개입하는 많은 기관 및 단체, 그리고 활동가들에게 도전적인 일이 될 뿐만 아니라 실행 과정에서 자주 간과되곤 한다. 평화구축 사업을 결정하고 크고 작은 프로젝트를 구상하며 재원과 인력을 제공하는 기관이나 단체는 현장과 멀리 떨어진 선진국에 있고, 현장에서 결정권을 가진 활동가는 선진국의 기관이나 단체에 소속된 외부자인 경우가 대부분이기 때문이다. 이런 이유로 재원과 인력을 제공하는 기관 및 단체와 현장의 풀뿌리 단체 및 주민들 사이에는 이해의 간극이 존재하고 그로 인한 긴장 관계가 형성되곤 한다. 평화구축의 이런 본질적인 문제는 시간이 지나면서 개선되기도 했지만 여전히 가장 민감한 문제 중 하나로 남아 있다. 자기만의 정체성을 가진 다양한 기관 및 단체가 현장에서 각각 독립적으로 평화구축 사업을 실행하기 때문에 불가피한 면이 있기도 하다.

이와 관련해 평화구축에서 가장 중요하게 언급되는 원칙은 당사자 참여다. 이는 평화구축이 현장의 필요에 답하고 사회 변화에 기여하며 그를 통해 평화롭고 안전한 환경을 만들어 정착시키는 목표를 가지고 있는 특수성에서 기인한다. 현장 없이는 평화구축의 의미가 없다. 그러므로 현장의 다양한 단체와 개인은 평화구축의 중심이다. 그들의 참여는 단순히 사업이나 특정 프로그램에의 참여가 아니라 사업 구상과 계획 단계에서부터 발언권을 가지고 의미 있게 참여하는 것을 말한다. 이런 참여는 두 가지 조건이 갖춰질 때 가능하다. 하나는 재원과 전문 인력을 제공하고 사업을 실행하는 외부 단체가 현지인들에게 사업의 구상부터 실행까지 모든 단계에 참여할 기회를 제공해야 한다는 점이다. 이것은 외부 단체와 현지 단체 및 주민 사이에 기부자-수혜자 관계가 아니라 협력 관계partnership가 만들어져야 가능하다. 평화구축은 정도의 차이는 있겠지만 현지의 단체와 주민이 소유권ownership을 가지고 주도적으로 이끌고 적극적으로 참여해야 성공할 수 있고 동시에 실패의 위험을 낮출 수 있다. 현장과 멀리 떨어진 나라의 수도에서 사업을 구상하는 사람들은 자신의 문화적 편견과, 시험을 거치지 않은 가정에 의존한다. 이런 편견과 가정은 현장 주민들의 경험 및 인식과는 동떨어져 있는 경우가 많다. 그로 인해 비현실적인 사업 기간과 일정이 부과되기도 한다.[97] 당사자 참여는 이런 취약점을 극복하기 위한 최선이자 현실적인 방법이다.

　당사자 참여는 구체적으로 상황 분석과 사업 내용 결정을 통해 이뤄진다. 모든 평화구축 사업은 현장의 갈등 상황과 변화의 필요에 대한 분석에 기초한다. 평화구축 사업이 주로 외부 재원과 전문 인력에 의해 이뤄지는 것처럼 분석 또한 주로 외부자에 의해 이뤄진다. 그런데 당사자의 참여 없이는 제대로 된 분석이 이뤄질 수 없다. 그러므로 데이터를 수집하는 외부자는 현지 단체나 개인과 네트워크 및 관계를 형성하고, 그들의 목소리에 귀를 기울여야 한다. 나아가 그들이 분석과 해석에서도 핵심 역할을 할 수 있도록 해야 한다. 그러나 특정 단체나 개인에게만 의존하는 건 경계해야 한다. 외부자는 자신이 접촉하는 내부자가 자기 집단 밖의 상황에 대해서도 충분한 지식과 객관적 인식을 가지고 있는지, 다른 집단과의 접촉과 관계 형성을 차단하는 것은 아닌지 등 민감한 문제를 판단할 수 있어야 한다.[98]

당사자가 참여하는 상황 분석이 중요한 또 다른 이유는 당사자 피드백을 통해 사업 시작 전은 물론 진행 중에도 사업을 수정할 수 있기 때문이다. 이것은 사업이 지역 상황에 미칠 영향을 외부자가 예상하기 힘들고, 사업 진행 중에라도 부정적 영향이 있는지 파악할 필요에 따른 것이다. 특히 외부의 지원이나 사업이 평화를 저해하는 사회적 분리요소와 전쟁 역량은 높이고, 평화를 증진하는 사회적 연결요소와 주민 역량Connectors and Local Capacities for Peace은 낮추는 일이 생기지 않게 하기 위해서다. 이런 접근은 외부에 의해 계획되고 실행되는 사업이 현지에 도움이 되진 못해도 해는 끼치지 말아야 한다Do No Harm는 원칙을 강조한다.[99] 예를 들어 지원된 물자가 무장 집단에 들어가 무력 충돌이 연장되거나 주민을 위협하게 되는 일 등은 막되, 주민들이 사업을 통해 자연스럽게 서로 접촉하면서 관계 회복의 기회를 얻고 변화를 위한 역량을 높일 수 있게 하는 것이다. 상황의 이해를 넘어 구체적인 프로그램 구상과 실행에서도 지역 자원을 적극적으로 활용하고 프로그램에 참여시키는 것이 가장 바람직하며 성공 확률도 높인다. 예를 들어 지역 주민의 갈등해결 역량 형성을 위한 훈련 프로그램은 지역 단체 및 개인의 의견을 듣고, 그들의 지원을 받고, 나아가 그들과 함께 구체적 프로그램과 내용을 디자인하고 참여자를 결정할 때 성공할 수 있다.[100] 1990년대 말 메리 앤더슨Mary Anderson이 제안한 후 확산된 '해 끼치지 않기'는 히포크라테스 선서를 평화구축에 적용한 것이다. 이는 평화구축을 통해 사회 변화, 갈등 예방, 지속가능한 평화의 실현 등을 목표로 하는 국제사회, 정부, 단체들의 접근이 결과적으로는 해당 사회의 평화 실현을 방해하고 오히려 반대의 결과를 낳는 것에 대한 성찰에서 비롯된 것이었다. 이 원칙은 20세기보다 더 복잡하고 도전적인 문제에 직면한 21세기의 평화구축에서도 여전히 유효하다.[101]

당사자 참여 원칙은 곧 상향식 접근을 의미한다. 평화의 실현은 소수의 노력이나 주창으로 불가능하고 사회 구성원들의 참여와 합의가 있어야 가능하다. 이를 위해서는 소수가 독점했던 기존의 의사결정과 하향식 절차 등 폭력적 구조가 변해야 하고, 상향식 접근의 보강을 위해 사회적 자원이 확보되고 구성원의 역량이 키워져야 한다. 평화구축은 평화 실현의 전제 조건이 되는 그런 변화를 위한 구체적이고 조직적인 노력의 필요성과 중요성을 강조하고 동시에 모든 논의와 실행 단계에서 상향식 접근이 간과되지 않도록 감시하는 역할을 한다.

평화구축과 관련해 가장 민감하게 언급되는 문제는 외부의 지원과 개입이 미치는 영향이다. 많은 평화구축 사업이 국제기구와 국제시민단체의 재원 및 전문 인력 제공으로 이뤄진다. 특히 물적, 인적 자원이 부족한 무력 갈등 후 사회, 무력 갈등에 취약한 사회의 평화구축은 국가 밖의 재원과 인력 지원이 중요한 역할을 한다. 사회 재건과 변화를 위한 정부와 사회 체계의 수립은 물론 개인 및 집단 사이의 관계 회복과 사회 구성원들의 역량 형성 등의 평화구축 사업이 외부 지원에 의존한다. 그러나 외부 지원은 결국 개입의 문제를 낳고 그에 대한 논란을 야기한다.

유엔을 포함한 국제기구가 주도하는 평화구축은 주로 무력 갈등 후 사회에서의 국가 재건에 초점이 맞춰지며 하향식, 엘리트 중심, 국가 주도의 과정을 통해 이뤄진다. 이런 평화구축은 정치적으로는 민주화, 정기적인 선거, 헌법에 의한 정부 권한의 제한, 기본적 시민 권리의 보장 등에 맞춰지고, 경제적으로는 시장경제, 정부 개입의 축소, 이익 추구를 위한 민간 투자, 생산, 소비 자유의 확대 등에 맞춰진다.[102] 다시 말해 민주주의와 시장경제를 중심으로 하는 정치 경제 체계 수립이라는 목표와 그에 따른 일정하에 실행된다. 이것은 평화구축이 사업을 구상하고 실행하는 국제기구들과 국가들의 가치 및 필요에 맞춰진다는 것을 의미한다. 근본적으로 그들이 평화구축을 위해 필요한 재원과 전문 인력을 제공하기 때문에 생기는 일이다. 그들은 무력 충돌의 발생과 재발을 막기 위해서는 자유주의 평화liberal peace가 필요하다고 강조한다. 자유주의 평화는 민주주의, 법의 통치, 인권, 자유롭고 세계화된 시장, 신자유주의 시장화와 개발 등으로 이뤄진다.[103] 이런 접근은 국제사회 및 기존의 국제 질서에 맞는 국가 수립과 사회 변화에 초점이 맞춰진 평화구축이라는 비판을 야기한다. 국제기구가 주도하는 평화구축에는 다양한 민간 기관 및 단체도 참여하는데 이들의 사업과 프로젝트 또한 흔히 이런 가치와 주장에 기반해 이뤄진다. 이렇게 현지 사회와 인력이 아니라 외부의 기구와 인력이 운영하는 평화구축은 현지 사회와 구성원들이 직면한 문화와 복지 등 중요한 문제를 외면하고 외부의 입맛에 맞는 신자유주의 시장화와 개발 현안에 초점을 맞추는 문제를 낳는다.[104] 이런 평화구축은 전쟁으로 피폐해진 사회가 직면한 사회·경제적 문제를 무시하고 경제적 부정의를 바로잡지 못해 무력 갈등의 발생에 일조했던 부의 불균형을 유지시킨다. 빈곤 계층은 더 취약한 상황에 놓이게 되고 지하경제에서 벗어날 길을 찾지 못한다.[105] 사회의 소수집단에게만 실질적으로 도움이 되는 이런 자유주의 평화는 평화구축의 정치적, 도덕적 정당성을 해치는 동시에 효율성을 저해한다. 국가 체계 수립을 위한 하향식 접근이 강조되고 정당화되는 이런 평화구축은 상향식 접근의 결합을 통해 현장의 필요에 부응하는 평화구축의 원칙과 어긋난다. 이런 접근이 이뤄지는 이유는 평화구축이 외부 재원과 인력에 의해 이뤄지는 것에 더해 현장의 역량, 참여, 합의가 부족하고 무시되기 때문이다.

냉전 종식 직후 국가 차원의 평화구축은 유엔과 국제기구들에 의해 실행됐고 민주화와 시장화에 맞춰졌다. 대상이 되는 사회도 원하지 않는 건 아니었지만 문제는 외부의 계획과 일정에 따라 단시일에 사회 변화가 이뤄짐으로써 무력 충돌의 취약성에서 벗어나 지속가능한 평화가 가능한 사회로의 변화를 장담할 수 없었다는 점이다. 1990년대 이후 유엔을 포함한 국제기구가 개입한 모든 평화구축은 오히려 깨지기 쉬운 평화를 더욱 불안하게 만들 잠재성을 가지고 있었다.[106] 그런데 20~30년이 지난 후의 아프가니스탄 사례는 여전히 외부의 재원과 인력, 그리고 일방적 계획과 실행으로 이뤄지는 평화구축의 실패를 잘 보여주었다. 미국의 아프가니스탄 재건은 전형적인 국가 주도 평화구축이자 사회 재건 사업이었다. 미국은 아프간 전쟁의 시작과 함께 탈레반 정부를 무너뜨리고 국가 및 사회를 재건하는 데 막대한 재원과 인력을 투입했다. 탈레반 통치 때와는 다른 보편적 인권, 민주주의, 법치에 기반한 사회를 재건하는 목표를 가지고 있었다. 이것은 결국 미국의 정치·경제 가치와 통치 체계에 부합하는 사회를 만드는 것을 의미했다. 여성 인권 향상과 민주적 정치 체계 수립 등의 성과는 있었으나 결론적으로는 실패한 시도였음이 드러났다. 실패의 가장 큰 이유는 미국의 재원과 인력에 의존한 것으로, 아프간 사회에겐 전혀 결정권이 없었으며 역량 또한 부족했기 때문이었다. 미국에 의해 실행된 과정, 수립된 사회 제도나 기반 시설은 지속가능하지 않았다. 결국 미국의 20년 노력은 별 성과를 내지 못했고 미군 철수와 함께 아프간 사회는 과거로 복귀했다. 미국은 아프가니스탄의 사회적, 경제적, 정치적 상황을 제대로 이해하지 못해 실패했다.[107] 미국의 시도는 전쟁과 함께 이뤄졌다는 태생적인 문제 또한 가지고 있었고 그로 인해 아프가니스탄 국민들의 지지를 받는 데 한계가 있었다. 최소한의 평화 실현이 외면당한 채 평화로운 사회를 위한 노력이 이뤄지는 모순이 생겼던 것이다. 아프가니스탄의 평화구축은 미국에게는 값비싼 교훈이 됐고 아프간 사회에는 지울 수 없는 뼈아픈 기억이 됐다.

　유엔을 포함한 국제기구와 정부들이 개입하는 평화구축과는 다르게 민간의 단체들이 실행하는 크고 작은 평화구축 사업은 보다 현장성을 가지고 주민 밀착형으로 이뤄진다. 이 경우에도 외부 개입과 재원 및 인력의 제공이 야기하는 모든 문제를 극복하지는 못한다. 그럼에도 현장에 더 노출돼 있고 현지 주민들과 밀착돼 있다는 점에서 현장의 요구에 반하고 그 결과 실패할 가능성이 줄어든다. 외부의 개입으로 이뤄지는 평화구축이 실패하고 그러한 평화구축이 실행되는 사회에 부정적 영향과 결과를 야기하는 문제를 극복할 수 있는 방법은 해당 사회와 구성원들의 필요에 답하는 평화구축의 구상과 실행이다. 그것은 참여와 상향식 접근의 결합에 기반한 공동 구상과 실행이다. 평화구축 사업을 계획하고 실행하는 적지 않은 단체나 활동가들이 사업 구상 때부터 해당 지역 및 공동체와 소통하고 현장의 사회적, 문화적, 인적 자원을 적극적으로 발굴하고 참여시키는 방식을 적용하는 이유다. 평화구축이 불가피하게 외부의 재원과 전문 인력에 의존할 수밖에 없다 하더라도 그 방식은 현장과의 적극적인 협력과 공동 실행이어야 한다.

무력 갈등 후 사회의 평화구축

평화구축이 전쟁이나 심각한 무력 충돌 후 사회에서 많이 실행되는 이유는 파괴된 사회가 회복되고 국가가 제대로 작동해야 무력 충돌 재발을 막고 지속가능한 평화를 모색할 수 있기 때문이다. 그런 이유로 유엔을 포함한 국제기구는 평화구축을 정치·경제 체계를 만들고 사회 기반시설을 복구하거나 새로 수립하는 것에 초점을 맞췄다. 평화구축이 체계적으로 실행되기 시작한 1990년대에 유엔이 개입해 실행한 모든 평화구축은 민주적 통치 시스템과 시장경제 체제를 만드는 데 맞춰졌다. 냉전의 종식으로 소련을 중심으로 한 '인민' 민주주의가 아니라 미국과 동맹국들의 '자유' 민주주의가 승리했다는 국제사회의 인식하에서 자유시장에 기반한 민주주의 체제를 무력 충돌을 예방하는 표준으로 보는 시각이 세계적으로 확산됐기 때문이다.[108]

자유시장 민주주의가 해당 사회에 적합한지와는 별개로 사회의 회복은 정치·경제 체제, 그리고 그에 맞는 헌법과 법체계 수립만으로는 가능하지 않다. 전쟁이나 무력 충돌을 야기했던 사회의 문제를 바로잡아야 하고, 그러기 위해서는 구성원들의 역량 형성이 필수적이자 시급한 일이 된다. 역량 형성은 구성원들의 생활 필요의 충족과 함께 이뤄져야 한다. 지역과 공동체를 기반으로 하는 비교적 작은 평화구축 사업은 주로 여기에 초점을 맞춘다. 생활의 어려움을 완화하는 구호개발 프로그램도 해당 지역 주민들의 역량을 높이고 평화로운 사회로의 변화에 기여하는 방향으로 구상된다.[109] 역량 형성을 위한 평화구축 프로그램은 구호개발, 갈등 모니터링과 조기 경보, 인권, 안전, 무장 해제, 여성 권리, 언론 역할, 종교 역할, 트라우마, 조정mediation과 협상negotiation, 문제해결 대화, 시민사회, 화해 등 일상과 전혀 동떨어지지 않은 주제를 주민의 입장과 시각에서 다룬다. 역량 형성과 함께 반드시 다뤄지는 문제는 과거다. 과거의 가해와 피해를 규명하고 바로잡는 일은 가장 중요하고 시급한 사회적 사안이다. 과거의 문제는 개인 및 집단 사이 관계의 회복과 새로운 관계의 형성, 그리고 사회의 회복과 연결된다. 역량 형성, 과거의 규명, 관계의 회복은 무력 갈등 후 사회의 평화구축에서 간과될 수 없는 가장 핵심적인 과제다. 과거 폭력적 충돌로의 복귀를 막고 평화적 공존의 미래를 위한 토대를 세우는 일이 된다.

역량 형성과 관련해 가장 많이 실행되는 평화구축 사업은 갈등을 대면하고 다루고 해결하는 역량을 키우는 프로그램이다. 무력 충돌의 예방, 사회와 공동체의 회복, 지속가능한 평화 등 무력 충돌 후 사회가 다뤄야 할 문제들을 관통하는 핵심은 갈등이다. 그러므로 갈등을 이해하고 분석하며 관계와 사회의 변화를 위한 방향으로 해결하는 개인, 집단, 사회의 역량을 키우는 것이 불가피하다. 국가 재건 과정에서 그리고 무력 갈등에 취약한 사회에서 흔하게 볼 수 있는 구호개발과 관련해서도 지역 및 마을 차원에서 크고 작은 갈등이 생긴다. 공동체 차원의 갈등뿐만 아니라 집단 및 개인 차원의 갈등, 주민과 외부 단체와의 갈등 또한 평화구축 과정에서 흔히 직면하는 문제다.[110] 사회 재건 및 회복을 위한 다양한 문제들도 결국은 어떻게 갈등과 폭력적 충돌을 줄이고 대화와 합의에 기반해 문제를 다루느냐와 관련되어 있다. 이런 이유로 평화구축을 실행하는 단체들은 갈등 분석 및 이해, 그리고 갈등해결에 대한 지식 및 적용 방법의 교육 및 훈련에 많은 재원과 에너지를 투자한다. 갈등 이해와 해결 역량의 향상은 현재에 재직면하는 과거의 충돌을 이해하고 집단 및 개인 사이의 관계를 재해석하며 공동의 미래를 논의하기 위해 불가피한 것으로 여겨진다.

과거의 규명과 관계의 회복은 무력 갈등 후 사회가 직면한 가장 도전적인 문제다. 평화구축의 목표는 무력 갈등을 겪은 사회가 과거로 회귀하는 것을 막고, 다양한 개인과 집단의 현재와 미래의 공존을 가능하게 만드는 것이다. 이 목표는 과거의 무력 갈등과 그 과정에서 있었던 폭력, 그리고 과거에 기반한 관계를 외면하고는 달성될 수 없다. 과거의 규명은 곧 국가 재건과 사회의 회복, 그리고 가해와 피해가 있었던 집단 및 개인 사이의 관계 회복을 모색하는 것이다. 가해는 때로 대량 학살이나 개인적 보복과 관련되기도 해서 민감하고 다루기 어려운 문제다. 그럼에도 과거의 규명을 통한 관계의 회복은 개인의 심리적인 면에서뿐만 아니라 사회적 치유, 나아가 화해를 위해 반드시 필요한 일이다.[111] 이것은 정의에 기반해 화해의 가능성을 모색하는 도전적인 과제이기도 하다.

과거의 사건과 진실을 밝히는 일이 중요한 이유는 현재가 과거에 기반하고 있고, 과거에 대한 기억과 해석이 현재의 생각과 행동을 규정하기 때문이다. 또 다른 중요한 이유는 정의 실현의 불가피성 때문이다. 과거의 사건과 진실에 기반해 정의가 실현되어야 사회가 제대로 작동되고 집단과 개인의 치유와 화해, 나아가 사회적 회복과 화해가 가능하다. 그러므로 과거를 규명하고 정의를 실현하는 일은 화해를 위한 사회적 과정으로 이해된다.

과거의 규명이 어떤 방식을 취하든 가장 핵심적인 내용은 정의의 실현이다. 사법 정의는 과거의 폭력적 사건과 사실의 규명, 가해와 피해의 확인, 그리고 가해자에 대한 적절한 처벌에 초점이 맞춰진다. 그런데 무력 갈등 후 사회가 추구하는 정의 실현 과정에는 사법 정의를 넘어 가해자의 진심이 담긴 사과와 피해자의 용서까지 포함된다. 과거의 진실 규명을 통해 사회가 추구하는 것이 결국 화해이기 때문이다. 화해의 전제 조건은 참회에 기초한 사과와 그것을 수용하는 용서다. 사과가 없어도 용서를 할 수 있고, 용서를 기대하지 않고 사과를 할 수도 있지만 그 경우 화해는 이뤄지지 않는다. 화해는 상호적인 작용이기 때문이다.[112] 사회 차원에서 화해가 필요한 현실적인 이유는 폭력, 피해, 복수의 악순환을 종식하기 위해서다. 하지만 이것은 정의가 실현되지 않으면 가능하지 않다. 개인적, 사회적 치유 또한 정의의 실현 없이 이뤄지지 않는다. 가장 중요하게는 정의가 실현되고 가해자의 사과와 피해자의 용서가 있어야 상호 인간화가 가능해진다. 하지만 허약한 정치적 과정은 정의를 외면한 채 사회적 화해를 시도하기도 한다.[113] 정의를 외면한 과정은 결국 화해를 불가능하게 하고 지속가능한 평화 또한 불가능하게 한다.

과거의 규명, 정의의 실현, 사회적 화해는 진실과화해위원회를 통해 시도되곤 한다. 진실과화해위원회는 남아메리카의 아르헨티나, 칠레, 엘살바도르 등에서 진실위원회Truth Commission란 이름으로 냉전 시대 때 행해졌던 국가 폭력을 다루기 위해 처음 설립됐다.[114] 아르헨티나는 1983~1984년에, 칠레는 1990~1991년에, 엘살바도르는 1992~1993년에 진실위원회를 운영했다. 남아공은 1995년 진실과화해위원회를 설립해 국가적 화해 과정을 실행했다. 1994년 아파르트헤이트가 종식되고 아프리카국가연합African National Congress의 넬슨 만델라에게 정권이 이양됐지만 과거 만연했던 물리적 폭력과 범죄로 상처 입은 사회의 회복과 개인 및 집단 사이의 화해가 필요했기 때문이었다. 2002년까지 활동한 진실과화해위원회의 두드러진 활동 중 하나는 사면이었다. 위원회는 약 2만 1000건의 피해 증언을 들었다. 7112건의 사면 신청이 있었고 그중 829건에 대해 사면이 허가됐다.[115] 가해자의 정치적 동기에 의한 폭력 확인, 진실 증언, 그리고 참회와 사과에 기반해 이뤄진 사면은 개인 및 집단 사이의 화해, 그리고 궁극적으로 사회적 화해를 위한 조치였다. 남아공의 진실과화해위원회는 세계적으로 가장 많이 언급되고 모방되는 과거 청산 사례가 됐다.[116]

1994년 50~80만 명의 투치족이 후투족에게 살해당한 르완다 학살 이후 정의 실현과 화해 과정은 세 가지 방식을 통해 이뤄졌다. 첫째는 국가 사법제도를 이용한 것이었다. 그러나 역부족이었다. 투치 정부는 11만 5000명을 체포했지만 50명 정도의 법률가로 기소된 사건을 모두 처리할 수가 없었다. 이런 이유로 많은 사건이 마을 법정인 가차차^{Gacaca} 재판을 통해 다뤄졌다.$^{117)}$ 이것이 두 번째 방식이다. 가차차 법정은 가해자가 참회하고 공동체와의 화해를 모색할 경우 낮은 형량을 선고했다. 또 진실을 증언한 수감자에게는 추가 처벌을 가하지 않거나 마을 봉사를 명령했다. 2005년부터 2012년까지 1만 2000회 이상의 가차차 법정에서 120만 건 이상의 사건이 다뤄졌다. 세 번째는 국제사회의 지원이었다. 유엔은 1994년 11월 르완다 국제형사재판소$^{International Criminal Tribunal for Rwanda, ICTR}$를 설립하고 학살과 인도적 범죄를 저지른 가해자들을 기소했다.$^{118)}$

국가가 주도하거나 국제사회의 지원을 받아 실행되는 과정은 두 가지 목적을 가지고 있다. 정의를 실현하고 가해자가 참회하고 사과하는 경우 사면을 통한 사회적 화해를 지원하는 것이다. 국가와 국제사회에 의해 실행되는 정의 실현의 대상은 전쟁 범죄, 집단 살해^{genocide}, 인류에 대한 범죄$^{crime against humanity}$ 등 국제 규범에 따라 정의를 위반했다고 여겨지는 것들이다. 정의 실현 과정에서는 그런 일이 정말 일어났는지, 누가 그 일을 저질렀는지, 상급자의 지시에 의한 것이었는지, 국가적 긴급 상황에서 필요한 일이었는지 등이 다뤄진다. 국가가 때로는 국제사회와 함께 이 복잡하고 도전적인 일을 하는 이유는 자국 내에서 벌어진 일에 대한 도덕적 책무와 함께 부정의한 일로 인해 상처를 입은 사회 구성원들과 올바른 관계를 회복해야 하기 때문이다. 동시에 부정의한 과거를 청산하고 피해자의 존엄을 인정하며 인권을 존중해야 하는 국가의 의무를 다하기 위해서다.[119] 이런 정의 실현과 그를 통한 사회적 화해의 시도는 국가 재건과 사회 회복을 위해 불가피하고 다른 한편 바람직한 접근이기도 하지만 이에 대한 비판도 있다. 남아공의 사례는 다른 한편 사회적 화해를 위해 피해자에게 "용서할 수 없는 범죄에 대한 용서"를 요구했다는 비판을 받았다. 르완다의 가차차 법정은 체포, 구금, 조사, 판결 등 모든 면에서 질적으로 부실했다는 평가를 받았다. 국제범죄재판소 또한 성폭력 사건 이외에는 기소한 건이 너무 적어 전혀 효율적이지 않았다는 평가를 받았다.[120] 이런 평가는 국가 주도의 정의 실현과 화해의 시도가 가진 한계를 드러낸다. 사회 차원에서는 성공적이고 화해에 기여하는 것으로 보여도 개인 차원에서는 용서를 강제하고 오히려 정의 실현을 가로막는 방식으로 여겨지기도 한다. 개인의 필요를 충족시키지 못하는 사회적 화해 시도는 안정된 사회와 지속가능한 평화에 한계로 작용할 수밖에 없다.

과거의 진실을 다루고 정의를 실현할 때 사회가 초점을 맞추는 건 현재와 미래다. 그러나 정의 실현을 바라는 개인과 집단이 마주하는 건 과거다. 진실을 규명하고 정의를 실현하기 위해 다뤄져야 하는 사건은 최근 종식된 전쟁이나 이전의 무력 충돌에서 발생한 것이다. 전쟁이나 무력 충돌이 오래된 적대관계에서 비롯됐다면 과거는 더 먼 시간까지 거스르게 되고 사건은 그런 과거로부터 독립적이지 않다. 오랜 세월 지속된 적대적 관계는 사건의 규명과 정의 실현, 그리고 궁극적으로 화해에 영향을 미칠 수밖에 없다.

존 폴 레더락John Paul Lederach은 미래를 바라보는 사회 또는 집단이 마주하게 되는 과거를 네 개의 층위로 설명한다. 가장 가까운 과거는 '최근의 사건들recent events'로 불린다. 그다음은 '생생한 역사lived history', '기억된 역사remembered history', 그리고 역사적 '내러티브narrative'로 구성된다. '최근의 사건들'은 적대적 관계에서 가장 최근에 경험된 일을 말한다. 관계가 적대적이므로 기억하는 최근의 사건들에 대한 인상 또한 부정적일 수밖에 없다. '생생한 역사'는 사람마다 다르다. 청년과 노인이 가지고 있는 생생한 역사는 다르다. 공통점이라면 역시 다른 사회나 집단과의 부정적 사건에 대한 기억에서 비롯된 것이라는 점이다. '기억된 역사'는 집단적으로 기억하는 역사를 말한다. 이것은 특히 '선택된 트라우마chosen trauma'가 된다. 피해에 초점이 맞춰진 이 기억된 역사는 적과 새로운 문제가 생길 때마다 반복해 기억되고 세대를 거쳐 전달된다. 오랜 세월을 지나면서 고착된 기억은 적대적 사회와 집단에 대한 선제적 공격과 복수까지도 정당화한다. 기억된 역사는 어제 일처럼 현재에도 존재한다. '내러티브'는 자신의 공간과 존재에 대한 사회 및 집단의 이해로 세대를 거쳐 형성된 정체성을 확인하고 규정한다.[121] 이런 복잡한 과거를 통해 자신의 정체성을 확인하는 개인이나 집단이 국가에 의해 부과된 일률적 과거 규명 과정을 수용하고 거기에 참여하는 건 쉽지 않은 일이다. 가해자라 할지라도 과거와 역사적 기억을 통해 자기 행위에 대한 정당성을 가지고 있다.

오랜 적대적 관계가 근본 원인이라면 과거를 다루고 정의를 실현하고 화해를 시도하는 과정과 방식은 피해자와 가해자의 필요에 맞취 보다 정교하고 유연하게 계획되고 실행되어야 한다. 사건만이 아니라 서로에 대한 오래된 증오와 분노, 복수심과 절망감 등도 다뤄야 한다. 공동체 차원에서 실행되는 정의 실현과 화해 과정은 이런 점을 고려해 융통성 있고 세밀하게 가해와 피해, 그리고 참회와 용서의 문제를 다룬다. 공동체 구성원들이 참여하는 모둠 대화 과정에서는 상대 집단에 대한 증오와 공포, 그리고 과거의 사건과 관련된 응징과 복수의 감정까지 다룬다. 이것은 곧 치유의 과정이 된다. 이런 과정을 통해 적대 집단에 대한 악마적 이미지가 현실적 이해로 대체되고 새로운 '타자'의 이미지가 형성된다.[122) 공동체 차원에서 이뤄지는 다양한 시도는 뿌리 깊은 적대적 관계를 다루는 데 더 효율적이며 화해에도 기여한다. 보스니아 전쟁 이후 학살이 자행됐던 마을들에서 실행된 적극적 듣기active listening 프로젝트는 피해자의 역량을 높이고 적대적 민족 집단에 대한 선입견과 공포를 줄이며 궁극적으로 진실 규명과 화해에 기여했다.[123)

국가와 국제사회가 주도하는 과거의 규명과 정의의 실현은 국가 재건과 사회적 화해에 어느 정도 기여할 수 있다. 민간의 시도와는 다르게 안정적 재원을 가지고 사업의 지속성을 담보할 수도 있다. 그러나 여러 사례에서 볼 수 있는 것처럼 사회적 화해라는 목표의 설정과 주어진 시간의 범위 안에서 이뤄지는 실행으로 인해 피해자의 정의가 제대로 실현되지 않는 상황을 야기하기도 한다. 이것은 사회 회복과 변화를 통한 지속가능한 평화 실현을 목표로 하는 평화구축에 도전이 된다.

전쟁과 무력 갈등 없는 사회의 평화구축

평화구축은 전쟁이나 무력 갈등 후 사회만이 아니라 전쟁이나 무력 갈등 없이 민주주의가 발달하고 정치적 안정이 지속되며 경제적 발전을 이룬 사회에도 필요하다. 전쟁이나 무력 갈등 후 사회의 평화구축은 물리적 충돌로 회귀하지 않도록 사회를 회복하고 평화적 공존의 토대를 만드는 것에 맞춰진다. 또한 무력 갈등과 사회 혼란을 전후한 기간에 집중적으로 이뤄지곤 한다. 그에 반해 전쟁이나 무력 갈등 없는 사회의 평화구축은 사회적으로 고착된 폭력과 그로 인해 발생하는 개인 및 집단 사이의 갈등과 대립, 폭력적 구조와 문화의 문제 등에 맞춰지며 일상적이고 중·장기적으로 이뤄진다. 구체적으로는 정치, 경제, 사회, 문화, 교육, 환경 등 다양한 면에서의 인간 필요의 충족과 권리의 보장, 평화적 방식의 문제 제기와 해결, 대립적인 개인 및 집단 사이의 상호의존성 향상, 폭력의 감소와 정의로운 평화의 성취 등이 평화구축의 실행 목표가 된다.[124]

전쟁과 무력 갈등 없는 사회에서 평화구축이 필요한 이유는 정치적, 경제적으로 안정된 사회에는 고착된 형태의 폭력이 존재하며 그로 인한 피해 또한 고착된 형태로 특정 집단이나 계층에게 지속적으로 가해지기 때문이다. 무엇보다 개인과 집단의 일상에 피해를 주는 폭력적 상황을 지속시키고 심화하는 폭력적 구조와 문화는 구체적이고 통합적이며 지속적인 노력 없이는 변하지 않기 때문이다. 국가 차원의 정치적, 경제적 안정이 지속된다 할지라도 사회의 폭력적 상황이 변하지 않으면 개인과 집단의 평화적 삶은 불가능하며 개인 및 집단 사이의 공격적 대립과 갈등이 지속될 수밖에 없다. 그러므로 전쟁과 무력 갈등이 없는 사회에서도 평화구축은 폭력과 피해의 규명, 폭력적 구조와 문화의 확인, 개인과 집단의 역량 형성, 관계의 회복, 지속가능한 평화의 실현 등에 초점을 맞춰 실행된다.

전쟁과 무력 충돌이 없는 사회에서 폭력과 피해를 확인하고 평화구축의 필요성을 주장하는 건 도전적인 일이 되곤 한다. 거기에는 몇 가지 이유가 있다. 3장에서 설명한 것처럼 첫째는 물리적 폭력보다 규명하기가 상대적으로 어려운 구조적 폭력이 만연되어 있기 때문이다. 구조적 폭력은 다양한 형태의 문화적 폭력의 지원으로 사회적 정당성을 확보하고 있어서 가해를 규명하는 게 쉽지 않다. 예를 들어 징집제 유지와 노동 유연성 정책으로 인한 개인 권리의 제한과 박탈은 국가안보 및 자유시장 논리, 그리고 그에 기반한 합법적 구조 및 법과 제도에 의해 정당화되며 흔히 폭력으로 규정되지 않는다. 둘째는 구조적, 문화적 폭력이 안정적인 정치·경제 체제하에서 발생하므로 사회적 수용성이 높고 문제 제기에 대한 사회적 저항이 크기 때문이다. 피해조차 안정적인 정치·경제 체제의 보호를 받기 위해 사회 구성원으로서 감내해야 하는 불가피한 일로 취급된다. 폭력적인 구조나 문화에 문제를 제기하는 건 반사회적 주장이나 행동으로 취급되고 사회적 감시의 대상이 되기도 한다. 셋째로 선택과 표현의 자유가 보장되는 사회에서 폭력의 피해는 개인의 책임이라고 주장하는 기득권층과 여론 주도층이 형성되어 있고 다수의 사회 구성원도 마침내는 그 집단에 합류할 수 있다는 생각에 폭력의 문제를 외면하는 일이 생기기 때문이다. 빈곤의 근본적인 원인은 낮은 임금이고 그것을 법과 체제가 공공연하게 승인하는 구조지만 사회와 대다수 구성원은 빈곤한 구성원을 재능이 없고 게으른 사람으로 취급한다. 이것은 편견과 혐오의 문화적 폭력이지만 이 또한 인정되지 않는다.

구성원들의 일상에 영향을 미치는 사회의 구조와 문화의 문제는 분석적, 비판적 성찰을 통해 확인된다. 마이레 두건^{Máire Dugan}은 미국 버지니아의 한 학교에서 백인 갱단과 흑인 갱단이 충돌한 사건의 분석을 통해 개인 및 집단 사이의 갈등이 구조적 문제에서 비롯됨을 설명했다. 사건은 이렇다. 백인 갱단 아이들이 과거 남부연방기가 그려진 옷을 입고 등교했고 흑인 갱단 아이들은 그에 분노했다. 남부연방기는 곧 과거의 노예제도 지지와 인종차별을 상징했기 때문이다. 둘 사이 충돌로 큰 부상은 생기지 않았지만 학교와 지역사회는 그동안 알면서도 묵인했던 인종차별 문제로 흔들렸다. 두건은 이 충돌의 원인을 네 개 층위로 분석해 설명했다. 분석에 따르면 충돌은 특정 쟁점, 다시 말해 남부연방기가 그려진 옷 때문에 발생했다. 그런데 그 충돌은 인종이 다른 두 갱단 사이에 있었던 기존의 적대적인 관계에서 비롯됐다. 충돌이 바로 관계의 둥지 안에서 만들어진 것이다. 그런데 단지 관계가 원인이 아니었다. 두 갱단의 적대적 관계는 지역사회와 학교의 구조적 문제에서 비롯됐다. 지역사회와 학교는 인종차별 문제를 외면하고, 적극적으로 다루고 대응하는 체계를 만들지 않았다. 두건은 이것을 하부 체계의 구조적 문제로 분석했다. 그러나 이것이 다가 아니다. 하부 체계, 즉 학교와 지역사회의 문제는 인종 불평등을 외면하고 개선하지 않는 미국 사회 체계의 구조적 문제에서 비롯된 것이었다. 미국 사회의 구조적 문제가 지역사회와 학교의 구조적 문제를 낳고 그것이 두 갱단 사이 관계에 영향을 미치고 결국 충돌을 야기한 것이다. 두건은 이 분석을 갈등의 둥지 모델A Nested Model of Conflict이라고 불렀다.125) 개인과 집단 사이의 문제처럼 보였던 것이 사실은 사회 구조라는 둥지에 자리를 잡고 있었고, 그러므로 구조의 문제를 보지 않으면 개인 및 집단 사이의 충돌을 이해하기 힘들며 나아가 또 다른 충돌을 예방할 수 없다는 게 분석의 핵심이다.

이 분석은 존재가 확인되고 구성원들의 일상에 계속 영향을 미치는 문제의 심각성에도 불구하고 사회가 대응을 외면하는 현실을 보여준다. 또한 그런 대응의 부재 또는 부족이 결국 구성원들 사이의 폭력적 충돌에 영향을 미친다는 사실을 잘 설명한다. 구조는 모든 구성원의 일상에 영향을 미치고, 구조적 폭력과 그것을 정당화하기 위해 개발되고 이용되는 문화적 폭력은 개인과 집단의 권리를 침해하며 평화적 삶을 저해한다. 장애인 차별, 임대아파트 거주자와 일반 분양아파트 거주자 사이 갈등, 다문화가정 아동 대상 학교 폭력, 경제 부정의와 소득 불균형과 빈곤의 문제, 난민과 이주민에 대한 혐오와 차별, 여성 혐오와 젠더 폭력 등이 모두 그렇다. 일부 개인과 집단의 노력으로는 사회 구조와 문화의 변화가 불가능하며, 문제의

체계

하부 체계

관계

쟁점

출처 : Dugan (1996), p. 14.

규명부터 바람직한 사회를 위한 변화까지 포괄적이고 종합적인 대응이 필요하다. 구조와 문화의 변화만으로 진정한 변화가 가능하지도 않다. 문제를 이해하고 거기에 대응하는 개인과 집단의 역량 또한 형성되고 향상되어야 한다. 그러므로 포괄적이고 종합적인 평화구축이 필요하다.

이와 관련해 레더락이 제시한 평화구축을 위한 통합적 틀은 좋은 참고가 된다. 이것은 두건의 갈등의 둥지 모델을 세로축으로 놓고 가로축으로 시간 범위를 결합한 것이다. 그가 염두에 둔 상황은 무력 갈등에 취약하고, 집단 사이 대립과 불안정한 정치·사회 환경으로 인해 외부의 개입과 지원에 대한 의존도가 높은 사회다. 그러나 이 통합적 틀은 모든 사회에 적절하게 적용될 수 있다.

통합적 틀에서 가로로 되어 있는 시간 범위는 위기 개입, 준비와 훈련, 사회 변화의 구상, 그리고 바람직한 미래로 구성된다. 위기는 대립과 갈등으로 생긴 충돌과 영향이 심각한 상황을 말한다. 사회적 단절과 대립을 야기하는 문제는 위기 상황을 만들고 이런 위기를 완화하기 위한 즉각적 개입이 필요하다. 위기 개입에 더해 필요한 건 향후에 같은 상황이 생겼을 때 더 나은 방식으로 대응할 개인적, 사회적 역량을 갖추는 것이다. 이를 위해서는 준비와 훈련이 필요하며 1~2년의 시간이 소요될 수 있다. 여기서 더 나아가 사회 변화를 위한 구상이 필요하다. 위기에 대응하는 한편 준비와 훈련을 하면서 5~10년의 기간 동안 해야 하는 일이다. 가장 긴 시간이 필요한 건 바람직한 미래를 위한 장기적 노력이다. 이것은 20년 이후의 시기를 목표로 삼아서 불필요한 대립과 갈등을 예방하고 평화적이고 조화로운 사회로의 변화를 위해 노력하는 것을 말한다.[126] 통합적 틀에서 가장 중요한 건 위기 개입과 준비와 훈련의 내용이 바람직한 미래라는 장기적 목표와 모순되지 않아야 한다는 점이다. 또한 장기적 변화를 위해서는 단기적 개입과 대응만 반복하는 개인적, 사회적 방식에서 벗어나야 한다는 점이다.

시간 범위는 한국사회의 경우 남북관계를 둘러싼 이념 대립과 남남갈등, 젠더 폭력과 여성 혐오, 이주노동자와 난민의 배척과 혐오, 경제적 불평등 등과 관련된 사회적 문제를 다루고 평화적 공존의 사회를 만드는 평화구축에 적용될 수 있다. 문제가 생길 때마다 직면하는 위기 개입의 부재, 상황의 반복, 중·장기적 사회 변화 구상

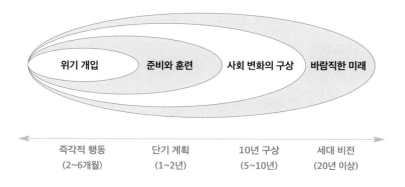

출처 : Lederach (1997), p. 77.

의 부족으로 시간이 지나도 개선되지 않는 상황의 극복을 위해 적극적으로 활용될 수 있다.

가로축의 시간 범위와 세로축의 갈등의 둥지 모델을 결합한 통합적 틀이 필요한 이유는 위기를 통한 사회 변화와 바람직한 미래를 구상하기 위해서는 불가피하게 구조의 문제를 규명해야 하기 때문이다. 동시에 위기 상황이 반복되지 않도록 관계의 문제를 성찰하고 파괴적인 충돌을 예방할 역량의 형성이 필요하기 때문이다. 미래를 위한 비전은 바람직한 미래를 위한 사회 체계의 변화를 꾀해야 가능하고, 그런 비전은 바람직한 변화를 위해 위기를 기회로 바꾸는 전환을 통해 가능하다.

통합적 틀을 통해 확인할 수 있는 두 개의 핵심 키워드는 전환

transformation과 지속가능성sustainability이다. 전환은 문제가 잠재적 상태에 머물지 않고 드러나 대립을 야기하지만 그것이 협상 및 역동적이고 평화적인 관계로 이동하는 변화가 이뤄지는 것을 말한다. 지속가능성은 폭력과 파괴 대신 평화와 발전을 가능하게 하는 진취적인 과정을 창조하는 것을 말한다.[127] 대립 없는 사회가 아니라 파괴적이지 않은 방식의 문제 제기와 그것을 통해 대화의 계기를 마련하고 공동 발전과 공존의 미래를 끊임없이 모색하는 사회를 뜻한다. 이것은 모든 사회에 보편적으로 적용되는 평화구축의 일반적인 목표이며 이런 평화구축은 개인의 역량 형성부터 구조의 변화, 그리고 위기의 경험을 통한 사회 변화의 계기와 미래 비전의 확인까지 다층적이고 종합적인 접근과 실행을 포함한다.

5장

갈등의 해결과 전환

평화학의 시작과 기본 이론

평화학의 갈등해결 연구

'갈등해결'은 크게 두 가지 의미를 가지고 있다. 하나는 갈등에 대한 접근과 갈등 대응 및 해결 방법을 연구하고 적용하는 학문 연구 분야를 의미한다. 다른 하나는 기존과는 다른 문제해결 방식을 의미한다.[128] 이것은 갈등의 당사자가 법적, 사회적 권한이나 권위를 가진 사람의 결정이 아니라 자신의 분석과 판단에 따라 대응과 해결 방법을 찾는 것을 의미한다. 대응과 해결 과정에서는 보통 제3자의 개입과 지원이 이뤄진다. 이런 맥락에서 갈등해결은 새로운 갈등의 해결 방안을 모색하고 실행하는 사회 운동과 실행 영역을 의미하기도 한다. 학문 연구에는 두 가지 영역이 있다. 하나는 평화학에 기초한 갈등해결 연구와 적용으로, 사회 변화와 평화적 공존을 목표로 삼는다. 평화학이 평화갈등학으로도 불리는 이유는 갈등을 평화 실현을 위해 불가피하게 다뤄야 하는 일로 여기기 때문이다. 다른 하나는 갈등을 야기한 문제의 해결에 초점을 맞춘 연구와 적용으로, 다양한 학제가 대화와 합의를 통한 갈등의 해결을 가능하게 하는 사회적 기제의 개발과 적용을 연구한다.

평화연구가 조직적으로 이뤄지기 시작하던 1950년대에 연구자들이 언급한 갈등은 국가 사이 전쟁이나 무력 충돌을 의미했다. 그들은 전쟁과 무력 충돌을 막기 위해 갈등을 연구했고 그 결과 1장에서 언급한 것처럼 〈갈등해결 저널〉이나 갈등해결 연구 센터 등이 등장했다. 평화연구의 초기인 1960년대에 존 버턴은 동료들과 함께 갈등해결을 국가 사이 전쟁 예방에 적용하는 길을 모색했다. 그리고 실제로 1965년 보르네오를 둘러싼 인도네시아, 말레이시아, 싱가포르 사이의 갈등에, 1966년 터키(현재 튀르키예)계 키프로스 주민과 그리스계 키프로스 주민 사이의 갈등에 적용했다. 결정권자와 소통할 수 있는 사람들을 참여시켜 진행한 대화 과정은 통제된 의사소통 워크숍이라고 불렀다. 후에 이 방식은 문제해결 워크숍으로 불리게 됐다. 기존의 국제관계 접근과 다른 이 시도는 갈등과 갈등해결에 대한 패러다임의 변화를 의미했다.[129] 이것은 힘에 의존하는 정치에 대한 대안이었고, 인간 필요의 충족을 통해 갈등을 해결하기 위해서는 당사자들의 행동을 변화시키는 구체적 접근이 이뤄져야 한다는 이해에 기초한 것이었다.[130]

평화연구는 전쟁이나 무력 충돌을 넘어 구조적 폭력에 관심을 가지기 시작하면서 사회 내에서 발생하는 개인과 집단 사이의 갈등에도 주목하기 시작했다. 구조적 폭력 개념을 제안한 갈퉁은 사회 체계 안에서 양립할 수 없는 목표와 가치를 가진 당사자들 사이에서 갈등이 발생한다고 보았다. 당사자들은 각자의 목표를 달성할 수 없는 것에 실망하게 되고 그런 실망감은 상대에 대한 공격으로 이어져 갈등이 발생한다. 부정적 태도가 부정적 행동으로 드러나는 것이다.[131] 당사자들의 공격적인 태도와 행동은 구조적 요인을 둘러싸고 형성되며, 갈퉁은 이런 갈등을 구조, 태도, 행동이 끊임없이 변하고 서로 영향을 미치는 역동적인 과정으로 보았다.[132]

평화연구는 구조적 요인을 갈등을 발생시키는 가장 주요한 요인으로 본다. 갈등과 갈등해결에 대한 연구 또한 갈등의 구조적 요인을 규명하고, 갈등해결 과정에서 당사자들이 공동 노력을 통해 구조적 폭력을 극복하고 나아가 제거하는 것에 초점을 맞춘다. 구조적 요인을 분석하고 극복하려는 접근은 평화 실현을 위한 현장 실행인 평화구축에도 적용된다. 4장에서 언급한 것처럼 갈등해결은 평화구축이 직면한 도전적 문제인 무력 갈등의 예방, 폭력적 대립의 완화, 무력 갈등 후 관계의 회복, 직면한 상황의 분석, 대화와 협력을 통한 문제해결 등에 적용된다. 갈등해결 이론과 실행 접근은 사회 구성원들이 개인과 집단의 갈등과 폭력적 충돌에 영향을 미친 구조적 요인을 공동으로 규명하고 분석해 단계적 사회 변화의 토대를 만들 수 있게 한다.

갈등을 야기한 문제의 해결을 위해 사회적 기제의 개발과 적용을 연구하는 분야로서의 갈등해결은 평화학과는 다른 시각으로 갈등과 갈등해결을 이해한다. 갈등은 이익의 충돌로 이해되고, 당사자들이 이익에 초점을 맞춰 직접 협상하면 상호이익이 되는 합의를 도출할 수 있으며, 그러면 갈등은 해결된다고 본다. 이익 기반 협상 이론에 근거한 이 접근은 게임이론과 사회심리 연구에 기반한 협상 연구에 토대를 두었고 노사갈등 협상에서 얻은 경험을 참고했다.[133]

노사갈등으로 어려움을 겪었던 미국 정부는 철도와 항공 등 국가 기간산업의 노사갈등에 개입하기 위해 1934년에 국가조정위원회 National Mediation Board를, 그리고 민간 부문 노사갈등을 다루기 위해 1947년에 연방조정화해서비스Federal Mediation and Conciliation Service 를 설립했다.[134] 노사갈등 교섭의 제도화는 그 후 인종문제나 환경 문제에서 비롯된 갈등에 대한 제3자 개입의 모델이 됐다.[135] 이익 기반 협상은 당사자들이 본인들의 입장이 아닌 이익에 초점을 맞추고 성실한 협상 태도를 유지하면서 적극적으로 소통하면 서로의 이익을 잘 이해할 수 있고 그 결과 모두에게 이익이 되는 합의에 도달할 수 있다고 주장한다.[136] 이익 기반 협상에 기초한 갈등해결은 기존의 사법적, 행정적 절차에 대한 대안이라는 의미로 대안적 분쟁해결Alternative Dispute Resolution, ADR로 불리기도 한다.

이익 기반 협상을 기초로 한 갈등해결은 주로 사회갈등, 그중에서도 공공갈등에 적용되면서 영역이 확장됐다. 미국에서는 1960년대 말 댐 건설과 관련된 오래된 갈등을 다룬 것을 시작으로 다양한 공공갈등에 갈등해결 기제가 적용됐다.[137] 공공갈등을 다루는 영역은 공공분쟁해결public dispute resolution 영역으로 자리 잡았다.[138] dispute를 conflict와 구분하기 위해, 그리고 dispute resolution이 아니라 conflict resolution이 되어야 한다는 시각에 따라 public conflict resolution이라고 불리기도 한다. dispute는 협상이 가능한 이익에서 비롯된 일로, 그리고 conflict는 협상이 불가능한, 다시 말해 절대 타협할 수 없는 존재론적 인간 필요에서 비롯된 일로 구분되고, 모두의 인간 필요를 충족시켜야 conflict가 해결될 수 있다고 이해된다.[139] 이것은 평화연구의 시각이며 갈등을 다루고 해결하는 과정에서는 반드시 존재론적 인간 필요의 충족을 방해하는 근본 원인인 구조적 문제를 다루고 그에 대한 공동 분석과 이해가 이뤄져야 한다는 점이 강조된 것이다. 반면 이익 기반 협상은 소통 및 협상의 절차와 기술을 통해 문제를 해결할 수 있다고 보고, 갈등을 일으킨 문제의 해결을 곧 갈등의 종식으로 이해한다. 평화연구자들은 이를 근본 원인을 외면하는 접근이라고 비판한다. 어떤 갈등에서건 당사자의 입장, 이익, 현안, 관계, 가치, 필요 등 거의 모든 것이 갈등을 야기한 구조적 맥락에 자리 잡고 있다고 보기 때문이다.[140] 이런 이유로 구조적 문제를 외면하고 갈등을 해결할 수 있다고 보지 않는다. 이 외에도 포기할 수 없는 입장, 개인 및 집단 사이 존재하는 힘의 불균형 문제, 그리고 모든 갈등에 내재되어 있는 문화적 요인을 진지하게 고려하지 않는다는 점, 그리고 그런 점들이 대화와 협상에 불가피하게 미치는 영향에 관심을 두지 않는다는 점도 비판의 대상이 된다.[141]

평화연구는 불가피하게 생기는 갈등을 해결해야 할 문제가 아니라 변화와 나은 미래를 위한 하나의 계기로 이해한다. 갈등은 개인 및 집단 사이에 존재하는 근본적인 문제를 드러내는 것이며, 근본적 원인의 제거나 개선 없이는 개인과 집단의 삶이 나아지지 않고 불필요한 대립이 반복될 수밖에 없다고 본다. 갈등이 발생하고 갈등에 대응하는 과정이 힘들고 소란스러울 수 있지만 그것은 오히려

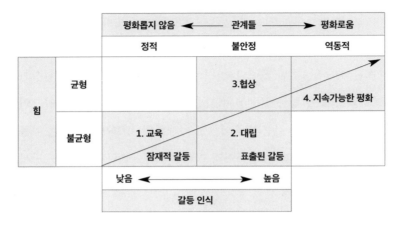

출처 : Lederach (1997), p. 65.

구조적 문제를 포함한 근본적인 원인을 다룰 수 있게 개인과 집단,
사회의 역량이 향상됐기 때문에 생기는 결과로 이해한다. 이것을 잘
설명하는 것이 애덤 컬이 제안한 '갈등의 진행'이다.

영역 1(교육)은 삶을 위협하거나 삶의 질을 낮추는 문제가 있지만
당사자들의 역량 부족으로 갈등이 생기지 않은, 즉 잠재적 갈등 상
황을 말한다. 이 상황은 겉으로는 평화로워 보이지만 사실은 힘의
불균형으로 갈등이 억제되고 억압이 존재하는 평화롭지 않은 상태
이며, 당사자들의 갈등에 대한 이해가 높지 않다. 영역 2(대립)는 대
립이 생긴 상황으로 명백한 갈등 상황이다. 상황은 불안하지만 문

제를 제기할 수 있는 상대적 약자의 역량이 생기고 갈등에 대한 이해가 높아졌음을 의미한다. 이렇게 갈등이 유지되면 영역 3(협상)으로 이동할 수 있다. 이 상황에서는 약자가 강자와 마주 앉아 자신의 입장과 필요를 밝히고 원하는 변화를 위해 협상할 수 있다. 약자의 저항으로 강자가 더는 대응을 미룰 수 없고 적어도 서로 마주 앉아 협상을 할 정도로 힘의 불균형이 해소됐음을 의미한다. 협상이 성공하면 영역 4(지속가능한 평화)로 이동할 수 있다. 이것은 역동적인 동시에 평화로운 상태로, 갈등이 부재한 상황이 아니라 갈등이 발생했을 때 대화와 협력으로 해결하는 구조와 문화가 정착된 상황을 의미한다. 하나의 영역에서 다른 영역으로 이동하기 위해서는 긴 시간이 소요되며 수십 년 동안 영역 2에서 3으로 또는 영역 3에서 4로 이동하지 못할 수도 있다. 개인 또는 집단 사이, 국가와 시민 사이, 기득권층과 비기득권층 사이 힘의 불균형 관계는 보기보다 견고하며, 사회적 구조가 그런 불균형 관계의 해체가 아닌 고착을 위해 유지되는 일이 흔하기 때문이다.

갈등을 보는 평화연구의 시각은 부정적이지 않고 오히려 갈등이 변화를 위한 중요한 기회가 된다고 인식한다. 다만 폭력적 대립과 충돌 없이 갈등이 진행되어야 관계, 구조, 문화의 변화를 기대할 수 있다. 전쟁이나 무력 갈등 이전에도 흔히 변화의 기회를 제공하는 갈등 상황이 존재한다. 하지만 그것을 기회로 만들지 못하는 건 사회적, 개인적 역량이 부족하기 때문이다. 전쟁이나 무력 갈등 후 사회에서 갈등의 분석, 갈등해결 교육 및 훈련 등의 평화구축 사업이 실행되는 이유는 변화를 기회로 만들지 못한 과거의 반복을 피하기 위해서다. 나아가 개인과 사회의 역량을 높여 갈등 상황에 적극적으로 대응하고 변화의 기회를 놓치지 않게 하기 위해서다.

갈등해결 접근

갈등은 입장이 다른 둘 이상의 당사자들이 각자 자기 이익을 추구하면서 대립할 때 발생한다. 당사자들은 양립할 수 없는 목표를 가지고 있고, 한정적이라고 생각하는 자원을 서로 차지하기 위해 다툰다. 당사자들이 다투는 이유는 다른 당사자가 자신의 이익 추구를 방해한다고 인식하기 때문이다.[143] 당사자들의 관계는 대립적이지만 동시에 상호의존적이다. 공동으로 갈등에 직면해 있고 각자의 태도와 행동이 상대의 갈등에 영향을 미치기 때문이다. 또한 마주 앉아 대화하고 합의해야 결국 문제를 해결하고 갈등을 종식할 수 있기 때문이다. 상대적 약자가 분명히 부당한 피해를 입었고, 상대적 강자가 논란의 여지 없이 정치적, 사회적, 윤리적 가해를 했다 하더라도 상호의존성은 변하지 않는다. 약자가 자기 문제를 해결하고 변화된 상황을 만들기 위해서는 강자의 합의가 필요하고, 강자 또한 갈등 상황에서 벗어나 일상을 회복하려면 약자와 합의해야 하기 때문이다.

아예 불가능한 건 아니지만 갈등은 힘의 차이가 극심한 관계에서는 발생하기 힘들다. 당사자들이 대립하고 적극적으로 자기주장을 하는 상호작용이 거의 생기지 않기 때문이다. 또한 힘의 차이가 극심하면 약자에게 공정한 대화 조건이 형성되기 힘들고 그 결과 대화를 통한 합의가 불가능하다. 그러므로 갈등이 변화의 계기가 되려면 우선 극심한 힘의 불균형이 약자에게 미치는 부정적 영향이 어느 정도 해소되어야 한다. 이를 위해 힘의 불균형을 극복할 수 있는 수준으로 약자의 역량이 키워져야 한다. 그렇게 되면 약자가 강자에게 영향을 줄 정도로 문제를 제기할 수 있고, 강자가 약자의 저항을 심각하게 받아들이고 요구에 귀를 기울일 수 있다. 이로 인해 당사자들이 마주 앉아 협상할 수 있는 상황이 만들어진다.

앞의 〈그림 3〉에서처럼 힘의 불균형이 존재하는 상황에서도 갈등이 생길 수 있다. 그러나 그 갈등이 변화의 기회가 되려면 협상 가능한 수준으로 힘의 불균형이 해소될 때까지 갈등이 진행되어야 한다. 영역 3은 갈등이 진행 중이면서 극심한 힘의 불균형이 해소된 상태다. 그런 상태가 지속되어야 협상을 통한 합의가 가능해진다. 당사자들 사이 힘의 관계는 갈등 분석에서부터 합의를 위한 대화 과정의 구상과 실행까지 모든 단계에서 가장 중요하고 민감한 문제가 된다.

갈등해결 연구는 실행을 전제로 하고, 현장에서 얻은 데이터의 분석에 의존한다. 특히 당사자들의 설명과 주장은 갈등을 파악하고 해결 방식을 모색하는 데 가장 중요한 데이터가 된다. 갈등해결을 연구하고 현장에 적용할 때 기본적으로 우선 해야 할 일은 데이터를 통해 갈등의 원인을 규명하는 것이다. 당연한 일이지만 어느 수준까지 원인을 규명할 것인지 그리고 무엇을 원인으로 규정할 것인지가 관건이 된다. 원인 규정에 따라 갈등의 성격이 달라지고 갈등 대응과 해결을 위한 과정과 방식 또한 달라진다. 갈등해결 연구자와 실행 전문가는 분석을 통해 당사자들이 인식하지 못하는 원인까지 파악하고, 갈등을 야기한 상황의 근본적인 변화와 과거와는 다른 미래를 위한 해결 방식을 모색하고 제안한다.

갈등해결 접근은 무엇을 갈등의 원인으로 보는지에 따라 몇 가지로 구분될 수 있다.

먼저 구조적 문제를 갈등의 원인으로 보는 접근이 있다. 구조적 문제에 대한 관심은 평화연구의 초기부터 유지되어온 것이다. 막대한 사회적, 개인적 피해를 야기하는 전쟁이나 무력 갈등은 국가나 통치자의 일방적인 결정을 가능하게 하는 구조적 문제에서 비롯된다. 2차 세계대전 이후 국가 사이의 긴장이 높아지고 세계를 핵전쟁의 위험에 빠뜨린 것 또한 무력에 의존하는 국가 구조에서 비롯된 것이었다. 전쟁과 무력 갈등을 막기 위해 평화연구는 구조의 문제를 간과할 수 없었다. 구조적 폭력의 개념이 등장하면서 평화연구는 일상적으로 직면하는 개인 및 집단 사이의 갈등에 주목했고 구조적 문제를 갈등의 근본적인 원인으로 지목했다. 구조적 문제를 원인으로 보는 데는 다른 이유도 있다. 어떤 개인이나 집단도 사회 구조로부터 독립적으로 존재하지 않기 때문이다. 제대로 작동하지 않는 가정의 부모와 문제를 일으키는 자녀의 갈등은 흔히 고용 불안이나 빈부 격차 같은 사회적 문제와 관련되어 있다.[144] 일반 분양아파트 주민과 임대아파트 주민 사이의 대립과 갈등은 경제 계층 사이 관계 단절의 심각성을 외면하고 문제해결을 위한 적극적 개입을 회피하는 공공기관의 태도에서 비롯된다. 청년세대와 기성세대 사이의 갈등은 청년세대의 필요에 적극적으로 응하지 않는 사회 구조와 정책의 부재에서 비롯된다. 이런 점은 개인이나 집단 사이의 갈등이 큰 사회의 구조에서 비롯된 문제에 뿌리내리고 있음을, 그리고 그 갈등이 가족, 이웃, 세대 사이 관계나 소통의 개선으로 해결될 수 없음을 의미한다.

　구조적 문제를 갈등의 근본적인 원인으로 보는 접근은 갈등의 분석 단계에서부터 갈등의 뿌리를 탐색해야 할 필요성을 강조한다. 젠더 갈등이 있다면 취업이나 일상의 문화를 넘어 정책과 법이 어떻게 얼마나 갈등에 영향을 미치는지 파악해야 한다. 조직 구성원 사이에 갈등이 있다면 조직의 구조가 구성원 사이의 관계나 상호작용에 어떤 영향을 미치는지 파악해야 한다. 나아가 노동법과 정부의 경제 정책이 미치는 영향까지 살펴봐야 한다. 갈등의 해결을 위해서는 적극적으로 구조적 문제를 다루고 그것을 제거하거나 개선하는 접근이 필요하다. 그러나 해결 과정에서 구조적 문제를 다루는 일은 쉽지 않다. 구조의 변화나 개선을 무모하고 불가능한 일로 여기는 사회나 집단의 저항에 직면하기 때문이다. 또한 구조적 문제에 대한 문제 제기 및 저항을 합법적 권력에 대한 불필요한 지적이나 민주적 통치 제도에 대한 위협으로 여기기 때문이다.[145] 또 다른 어려움도 있다. 눈앞의 문제해결이 시급한 당사자들이 불가능해 보이는 구조의 문제까지 다루길 원치 않기 때문이다. 조화, 양보, 상생 등을 강조하는 사회적 담론 또한 구조적 문제를 다루기 어렵게 만든다. 그러나 유사한 갈등의 반복을 막고 사회를 변화시키기 위해서는 구조적 문제를 필수적으로 규명하는 접근이 필요하다. 당사자들 또한 공동으로 직면한 구조적 문제를 인식할 때 갈등을 개인화하는 실수를 피하고 상호 이해를 높이면서 공동으로 직면한 문제를 진지하게 다룰 수 있다.

다음으로 인간 필요의 불충족을 갈등의 원인으로 보는 접근이 있다. 모든 인간은 자기 존재의 유지를 위해 정체성, 안전, 인정 등을 필요로 한다. 이런 기본 조건들이 충족되지 않을 때 인간은 절망하고 인간 필요를 충족하기 위해서 사회적 규범을 벗어난 방법까지 동원해 저항하기도 한다. 이런 이유로 인간 필요 불충족에서 비롯된 갈등은 오래 지속되고 폭력적 충돌로 발전되곤 한다. 이런 갈등은 힘의 동원을 통해 영구히 억압될 수 없고 인간 필요의 충족을 통해서만 예방되거나 해결될 수 있다.[146] 민족이나 종교 집단 사이에서 인간 필요 충족을 둘러싸고 생긴 갈등은 수십 년 동안 지속되곤 한다. 남북관계를 둘러싼 남남갈등, 장애인 시설 설립을 둘러싸고 생기는 갈등, 인종차별이나 젠더 문제에서 비롯된 갈등, 개발과 농지 보호를 둘러싼 갈등 또한 모두 인간 필요의 충족을 원하는 집단과 그것을 거부하는 집단 사이의 충돌이다.

인간 필요를 갈등의 원인으로 보는 접근이 구조적 문제를 원인으로 보는 접근과 모순되는 건 아니다. 특정 집단의 인간 필요가 충족되지 않는 건 구조적 문제 때문이다. 그에 더해 이 접근은 인간 필요에 대한 갈등 당사자들의 이해 부족과 상호 인간 필요를 충족하기 위한 효율적인 의사소통의 부족으로 인해 갈등이 발생한다고 본다. 그러므로 갈등을 해결하기 위해서 당사자들이 소통을 복원하고, 서로에 대한 인식, 태도, 행동을 바꿀 수 있도록 직접적 상호작용의 기회가 제공되어야 한다고 주장한다.[147] 갈등을 규명하기 위해 구조적 문제에 초점을 맞춘 접근이 거시적인 원인에 초점을 맞춘다면, 인간 필요 불충족에 초점을 맞춘 접근은 거기에 더해 미시적 수준에서의 행위자들의 태도와 행동이 부가적인 원인이라는 점을 강조한다.

인간 필요를 강조하는 접근은 갈등 원인의 규정을 넘어 갈등해결을 위한 하나의 방법으로 문제해결 워크숍을 제안한다. 문제해결 워크숍은 오랜 세월 대립과 적대 관계에 있는 집단의 구성원들에게 직접 대면을 통해 다른 집단에 대해 새롭게 이해하고 갈등을 공동의 문제로 인식하고 분석하며 갈등을 함께 극복할 대안을 찾을 기회를 제공한다. 비공식적인 환경에서 일주일 정도 진행되는 문제해결 워크숍은 크게 세 가지 특징을 가지고 있다. 첫째는 적대적인 집단의 지도자나 결정권자들이 아니라 그들에게 영향을 미칠 수 있는 사람들이 참여자가 된다는 것이다. 워크숍의 주요한 목적은 참여자 개인의 인식, 행동, 신념, 그리고 그들 사이 관계의 변화가 아니라 집단 사이 적대적 관계의 변화에 영향을 미칠 결과를 만드는 것이다. 둘째는 여러 명으로 구성된 전문가 패널이 워크숍 내내 소집자, 진행자, 사회자, 아이디어 제공자 등의 역할을 하면서 참여자들과 함께한다는 것이다. 이들은 참여자들이 기존의 적대적이고 경쟁적인 관계에서 빠져나와 공동의 문제에 대해 함께 고민하도록 돕는다. 셋째는 지도자나 주요 정책결정자들에게 제안할 구상이나 제안, 합의한 원칙, 보고서 등의 결과물을 만들어내는 것이 가장 중요한 목적이라는 것이다. 그것을 통해 폭력과 무력 사용의 수준을 낮추고, 적대적 정책을 변화시키고, 공식적인 대화의 시작에 기여하는 것이 문제해결 워크숍이 목표로 하는 결과다.[148]

문제해결 워크숍은 애초 국가 사이의 전쟁이나 무력 충돌을 막고 갈등을 완화 및 해결하기 위해 고안됐다. 하지만 이 방식은 다른 갈등에도 충분히 적용될 수 있다. 오랜 세월을 지나면서 고착된 집단 갈등은 흔히 상대에 대한 왜곡된 인식, 편견, 공포 등에 의해 유지된다. 문제해결 워크숍은 구성원들이 새로운 시각으로 갈등을 이해하고 분석하게 함으로써 갈등 대응과 해결을 위한 새로운 환경의 조성을 가능하게 한다.[149] 또한 경직된 정치적 입장을 가진 지도자들보다 그들의 태도와 행동에 영향을 미칠 중간 지도층이나 일반 구성원들의 인식과 태도를 바꿈으로써 상향식 접근의 기회를 제공한다. 한국사회의 남북갈등, 이념갈등, 지역갈등, 진보와 보수의 갈등, 젠더 갈등, 탈핵과 찬핵 갈등 등에 적절하게 적용될 수 있다.

양립할 수 없는 서로의 입장에 몰두하면서 충분히 소통하지 않는 데서 갈등의 원인을 찾는 접근도 있다. 이것은 해결을 위한 실행 방식에 초점을 맞춘 접근으로, 앞에서 언급한 이익 기반 협상이 이 접근의 핵심 내용이다. 갈등 관계의 당사자들은 각자의 입장을 주장하면서 대립하지만 실상 원하는 것은 입장 주장을 통해 얻는 이익이다. 그런데 소통의 부족으로 이익을 제대로 파악하지 못해 갈등이 생기고 지속된다는 것이다. 이 접근은 당사자들이 잘 협력하고 소통하면서 협상하면 상호이익이 되는 윈-윈$^{win-win}$ 결과를 만드는 합의에 이를 수 있다고 강조한다. 이때 당사자들은 입장을 접어두고 이익에 초점을 맞춰야 한다. 바뀌지 않는 입장을 두고 벌이는 논쟁에 집중하면 가장 우려스럽고 필요한 것에 집중하지 못하게 되므로 비효율적이라는 것이다.[150] 이익에 초점을 맞춰 협상하면 당사자들이 만족할 수 있는 결과를 도출할 수 있을 뿐만 아니라 협력 관계를 발전시키고 갈등 재발을 억제할 수 있다.[151] 이익과 소통에 초점을 맞추는 이 접근은 상호이익이 되는 합의를 위해 기존의 파이^{pie}를 나누는 것이 아니라 확대하는 것을 강조한다. 이것이 가능해지려면 당사자들이 협력해 새로운 시각으로 갈등을 바라보고, 서로의 이익을 이해하고 숨겨진 공동의 이익을 찾으며, 모두를 만족시킬 대안을 찾는 협상을 해야 한다.[152] 그러기 위해서는 성실한 태도는 물론이고 적극적 듣기, 이해력, 명확한 자기 이익 표현 등의 소통 기술을 가지고 협상에 임해야 한다.[153]

이익과 소통에 초점을 맞춘 이 접근은 갈등의 해결을 위해 실제로 필요하고 유용한 내용을 제공하지만 여러 가지 면에서 문제적이기도 하다. 그중 가장 중요한 건 갈등 관계에서 흔히 나타나는 힘의 불균형 문제를 다루지 않는다는 점이다. 갈등 관계인 개인, 집단 또는 국가 사이에 힘의 불균형이 존재하는 건 흔한 일이고, 힘의 불균형이 해소되지 않은 상태에서 상대적 강자의 의지와 계획에 따라 협상이 이뤄지는 경우는 흔하다. 또는 정보 접근성의 제약으로 인해 상대적 약자가 문제에 대한 이해가 낮고 소통 및 협상 기술이 부족한 경우도 많다. 상대적 약자는 자기 이익을 주장하거나 취하기 힘들고 이런 협상에서는 상호이익이 되는 결과가 도출되기 힘들다. 또 다른 문제는 소통의 중요성과 소통 능력 개선의 강조로 인해 갈등을 야기한 문제가 개인화되면서 근본 원인이 간과될 수 있다는 점이다. 이것은 앞서 반복적으로 언급한 구조적 문제의 외면과 통한다. 가장 중요하게는 입장을 접어두고 이익에 초점을 맞춘 협상이 가능한가의 문제다. 입장에는 존재를 정당화하는 가치와 세계관이 포함되어 있어서 당사자가 쉽게 제쳐두거나 포기할 수 없다.[154] 하지만 이 접근은 그런 복잡한 문제를 다루면 협상이 성공할 수 없으므로 이익과 관련된 것만 다뤄야 한다고 주장한다. 그러나 제대로 협상하고 갈등을 해결하기 위해서는 가치와 세계관의 문제를 먼저 다루고 그에 대한 상호 이해가 이뤄진 후에 비로소 이익의 문제를 다룰 수 있다.[155]

이익과 소통에 초점을 맞춘 접근은 실용적이고 효율적인 갈등해결 접근으로 보인다. 그러나 실제로는 오랜 대립의 역사와 당사자들의 정체성, 가치관, 세계관 등이 결합된 갈등이 아닌 단일 현안이나 이익만 관련된 분쟁, 즉 dispute를 다루는 데 적용 가능한 접근이다. 그럼에도 소통은 갈등해결을 위한 모든 단계에서 필요하고 협상의 기술은 최종 단계에서의 합의 도출을 위해 필요하다. 다만 이를 위해서는 갈등의 근본 원인과 역사 이해, 당사자들의 정체성과 세계관에 대한 공동 분석과 상호 이해, 상대적 약자의 역량 형성을 통한 힘의 불균형 문제의 해소 등의 과정이 먼저 충실하게 실행되어야 한다.

갈등을 해결하기 위해서는 이 외에도 개인과 집단의 문화적 차이, 가치와 세계관이 정체성에 미치는 영향, 개인의 성격과 태도의 특성, 집단의 역사와 집단 정체성, 개인 및 집단의 인식과 역량의 차이, 정치적 입장과 참여의 문제 등 다양한 점들이 분석되고 이해되어야 한다. 단일 원인을 가진 갈등은 없고 단일 접근을 통해 해결되는 갈등도 없다. 갈등은 인간 사이에서 그리고 인간 사회에서 발생하는 일이므로 갈등을 다루기 위해서는 인간 활동이 미치는 모든 영역과 주제에 대한 탐구와 다양한 접근이 모색될 수밖에 없다.

갈등의 전환

갈등전환conflict transformation이 책과 논문에 등장한 건 1990년대 초반이다. 이후 이 개념은 장기적인 구조적, 관계적, 문화적 변화를 강조하는 접근으로 이해되면서 평화학의 갈등해결 연구에서 널리 확산됐다. 갈등전환은 갈등을 야기한 문제의 해결을 넘어 갈등에 근본적인 원인을 제공한 환경의 포괄적이고 영구적인 변화에 초점을 맞춘 접근이다. 문제의 해결에 초점을 맞춘 접근보다 진보한 개념으로 이해된다. 갈등해결 대신에 갈등전환 용어를 선호하는 연구자들은 갈등전환이 갈등의 역동성 그 자체를 다루는 갈등해결보다 갈등이 자리하고 있는 정치적, 사회적, 경제적 체계의 문제를 더 잘 다룬다고 본다. 갈등전환의 이런 접근과 태도는 개인 사이 갈등에서 국가 사이 갈등까지 모든 갈등의 분석과 개입에 적용된다. 갈등전환에 따르면 사회에서 발생하는 대부분의 갈등은 사회적 체계의 일부분이기 때문에 사회 체계의 변화에 대한 논의 없이 갈등을 다룰 수 없다. 그리고 사회 체계는 '해결'이 아닌 '전환'이 필요하다.[156] 그러나 갈등전환이 전혀 새로운 접근이 아니라는 견해도 있다. 갈등해결 또한 분명히 공동체, 사회, 국가 내 구조적 변화의 필요를 내포하고 있고 구조적 변화 없이는 '해결'의 결과가 유지되지 않음을 강조한다는 것이다. 그럼에도 갈등해결의 틀 안에서는 주요한 구조적 변화가 반드시 일어나지 않더라도 갈등이 해결된 것으로 인식된다는 점을 인정한다. 비록 갈등해결 과정이 변화가 없을 경우 향후 어떤 대가를 치러야 하는지를 당사자들에게 이해시키는 목적을 가지고 있더라도 말이다.[157] 결국 갈등해결은 구조적 변화를 선택의 문제로 취급한다는 것이다.

갈등전환이 갈등해결과는 완전히 다른 접근이라는 점을 강조하는 설명도 있다. 갈등해결은 어떻게 바람직하지 못한 갈등 상황을 끝낼 것이냐고 질문하지만 갈등전환은 어떻게 파괴적인 갈등 상황을 끝내고 바람직한 상황을 만들 것이냐를 질문한다는 것이다. 또한 갈등해결의 목적은 현재 위기를 야기한 문제에 대한 답을 찾고 합의를 도출하는 것이지만 갈등전환의 목적은 즉각적 해답을 찾는 것은 물론 건설적인 변화 과정을 촉진하는 것이라고 설명한다.[158] 그러므로 갈등전환은 갈등해결과 구분될 수밖에 없다는 것이다.

이와는 다르게 갈등해결 연구와 실행 영역 안에서 갈등전환을 보는 시각도 있다. 갈등해결은 폭력적이고 파괴적인 갈등을 예방하고 관리하고 종식하고 전환하기 위해 다양한 방식으로 구조의 문제를 다루며, 평화를 위한 장기적 과정의 하나로 이론과 실행을 하는 영역으로 설명된다.[159] 그러므로 갈등전환은 갈등해결이라는 이론과 실행 영역에 속한 하나의 접근으로 이해된다. 필자 또한 갈등전환을 가장 포괄적이고 진보한 갈등해결 접근 중의 하나로 본다.

갈등전환을 갈등해결과 어떻게 구분할지에 대한 이견에도 불구하고 갈등전환이 갈등을 포괄적으로 분석하고, 갈등을 야기한 다층적 문제들의 변화를 추구하며, 그런 점에서 갈등을 야기한 문제의 종식에 초점을 맞추는 접근과는 차별화된다는 점에는 대체적인 동의가 형성되어 있다. 추구하는 변화의 수준은 갈등 당사자의 판단과 제3자의 개입의 정도에 따라 달라질 수 있고 당사자들이 관심을 가지는 문제에 따라 강조하는 변화도 다를 수 있다. 그럼에도 갈등의 전환을 추구한다면 갈등을 야기한 사회 환경과 체계의 변화를 강조할 수밖에 없다. 갈등이 사회적, 문화적, 경제적 불평등과 부정의에서 비롯됐다면 갈등전환의 목표는 불평등과 부정의를 야기하는 사회 구조와 실행 체계, 경제적 분배의 변화가 된다. 갈등 당사자들 사이 장기적인 관계와 태도의 개선, 역량 강화, 정의, 평화, 용서, 화해, 인정 등을 촉진하는 과정과 체계의 개발도 중요한 목표가 된다.[160]

갈등전환은 구체적으로 과정, 개인, 구조, 관계의 전환을 목표로 하는 접근으로 설명되기도 한다. 먼저 갈등을 다루는 과정의 전환은 사회의 결정권자는 물론 중간 지도층과 풀뿌리 집단의 구성원까지 모두가 참여하고, 갈등에 관련된 당사자들이 과정에 대한 소유권을 가지는 변화를 의미한다. 이것은 결정권이나 영향력이 없는 사람들의 이익이 소외되지 않게 하기 위해 반드시 필요한 변화로 이해된다. 과정은 즉각적인 문제뿐만 아니라 오래된 트라우마, 상처, 뿌리 깊은 과거 부정의의 문제에도 초점이 맞춰져야 한다. 또 과정은 미래에 비슷한 갈등이 재발하지 않고 변화가 유지되고 계속될 수 있는 절차를 마련하는 것이 되어야 한다. 개인의 전환은 크게 두 가지로 요약된다. 하나는 당사자들이 스스로 갈등 상황을 분석하고 효율적인 대응을 결정할 수 있는 역량의 형성이고, 다른 하나는 다른 당사자의 견해를 이해하고 거기에 대응하는 능력의 형성이다. 이런 전환은 갈등을 공동의 문제로 이해하고 모두를 위해 구조적 변화를 포함한 지속성 있는 해결책을 찾을 수 있게 한다. 구조의 전환은 불가피하다. 지속성을 가진, 그리고 모두가 수용할 수 있는 해결책을 찾으려면 결국 구조의 문제를 다뤄야만 하는 상황에 직면한다. 갈등전환은 구조의 변화가 항상 불가피하게 이뤄져야 하고 그래야 향후 유사한 갈등이 발생하지 않는다고 본다. 당사자들 사이 관계의 전환은 갈등을 다루는 과정과 상호 교류가 계속될 수 있도록 힘의 불균형에서 균형으로, 독립적에서 상호의존적으로, 비동의에서 협력으로 그리고 상호 인정으로의 변화를 의미한다. 이런 갈등전환은, 반드시 구조적 변화를 포함하지 않아도 해결로 인정하고 관계의 변화는 문제가 해결되면 자연스럽게 이뤄진다고 여기는 갈등해결과 구분된다.[161]

보다 포괄적이고 체계적인 갈등전환 접근은 레더락의 이론에서 찾을 수 있다. 그는 갈등전환을 개인, 관계, 구조, 문화의 네 가지 면에서의 변화로 보고 서술적인 관점과 규정적인 관점을 통해 각각을 설명한다. 서술적인 관점을 통해서는 갈등이 끼치는 영향과 갈등이 가져온 변화를 설명하고, 규정적인 관점을 통해서는 갈등을 다루고 갈등에 개입할 때 설정해야 할 목표, 다시 말해 추구하는 변화를 설명한다.

먼저 개인적인 면과 관련해서는 갈등으로 인해 개인이 받는 영향과 개인이 바라는 것에 주목한다. 여기엔 인지적, 정서적, 영적인 면이 포함된다. 서술적인 관점에서 전환은 개인의 신체적 안녕, 자존감, 정서적 안정, 정확한 인식 능력, 영적 상태 등 갈등으로부터 받는 부정적·긍정적 영향 모두를 분석한다. 규정적인 관점에서 전환은 갈등이 미치는 파괴적 영향을 최소화하고 신체적, 정서적, 영적인 면에서 개인의 성장을 최대화하는 것에 맞춰진다.

관계적인 면에서는 갈등이 관계의 형태, 힘의 관계, 상호의존성,

그리고 소통과 상호작용에 미치는 영향에 주목한다. 서술적인 관점에서 전환은 개인 및 집단 사이 그리고 집단 내 관계에서 생기는 상호 인식과 힘의 관계의 변화, 소통과 상호작용의 변화와 그에 대한 기대와 두려움 등을 분석한다. 규정적인 관점에서 전환은 소통 부작동의 최소화와 상호 이해의 최대화를 추구하고 이를 위해서 대응과 개입 시 관계와 관련된 두려움, 기대, 목표 등을 표면화하기 위해 노력한다.

구조적인 면에서는 갈등의 근본 원인과 갈등이 가져오는 사회적, 정치적, 경제적 구조의 변화에 주목한다. 특히 갈등이 기본적 인간 필요의 충족, 사회적 자원에 대한 접근성, 공동체와 사회에 영향을 미치는 결정을 좌우하는 사회 구조, 조직, 기관의 수립, 유지, 변화에 끼치는 영향에 주목한다. 서술적인 관점에서 전환은 갈등을 야기하는 사회적 조건과 갈등이 기존의 사회적 구조와 결정 방식에 끼치는 영향을 분석한다. 규정적인 관점에서 전환은 폭력적 갈등의 표출을 야기한 원인과 사회적 조건을 성찰하기 위한 신중한 대응과 개입을 의미한다. 특히 적대적 상호작용을 줄이는 비폭력적 방식을 독려하고 폭력의 감소와 궁극적인 제거를 독려한다. 전환의 목표는 기본적인 인간 필요를 충족하는 구조의 개발과 결정 절차에 대한 사회 구성원들의 참여를 최대화하는 것이다.

문화적인 면은 갈등으로 인한 집단 삶의 변화, 그리고 문화가 갈등의 전개와 대응에 미치는 영향에 주목한다. 서술적인 관점에서 전환은 갈등이 집단의 문화적 형태에 미치는 영향, 그리고 축적되고 공유된 문화적 방식이 사람들의 갈등 이해와 대응에 미치는 영향을 분석한다. 규정적인 관점에서 전환은 갈등 당사자들이 갈등에 기여하는 자신의 문화적 방식을 이해하고, 갈등에 건설적으로 대응할 수 있도록 공동의 문화적 자원을 확인하고 독려하고 수립하는 것을 목표로 한다.

갈등전환은 개인, 관계, 구조, 문화의 면에서 갈등이 어떻게 발생하고 전개되고 변화를 만드는지 설명하고, 평화적 방식을 통한 변화를 독려하는 창의적 대응을 위한 포괄적인 렌즈를 의미한다.[162]

레더락의 갈등전환 이론은 몇 가지 점에서 세밀하면서도 포괄적인 접근을 보여준다. 첫 번째는 갈등을 정지된 현상이 아니라 계속 움직이며 다방면에 영향을 미치는 연속적인 사건으로 이해하고 있다는 점이다. 이 점은 실제 갈등이 가진 특징을 잘 반영한 분석으로, 갈등에 직면한 개인, 집단, 사회가 대면하는 현실적 도전과 대응의 어려움을 실질적이고 입체적으로 설명한다. 두 번째는 하나의 갈등을 통해 드러나는 여러 차원의 문제를 동시에 성찰 및 분석할 수 있게 하고, 갈등이 개인은 물론 집단과 사회, 그리고 집단과 사회의 기존 구조와 조건에 미치는 영향을 인식하고 성찰하게 해준다는 점이다. 또한 여러 차원에서 직면한 문제를 개별적이면서 동시에 통합적으로 다룰 방식을 고민하게 해준다. 세 번째는 불가피하고 당연하게도 갈등의 근본 원인인 구조적 요인을 강조하지만 동시에 그것이 개인, 집단, 사회에 미치는 영향을 구체적으로 이해하고 각 차원의 변화를 위해 구조적 요인에 세밀하게 접근할 방법을 모색하게 한다는 점이다. 네 번째는 갈등의 부정적 영향을 축소하고 전환을 통한 변화를 확대하기 위해 구조적 요인은 물론 개인, 관계, 문화의 독립적이고 주체적인 역할을 똑같이 강조한다는 점이다. 이를 통해 갈등전환이 여러 층위의 문제를 동시에 다루고 동시적 변화를 꾀하는 접근임을 강조한다. 또한 모든 층위에서 기존의 이해와 대응에 대한 성찰과 동시에 변화된 성찰과 실천이 필요함을 강조한다.

갈등전환에서 중요한 두 개의 핵심 개념은 구조와 관계다. 구조는 갈등의 근본 원인으로, 갈등을 탐구하고 갈등의 전환을 모색할 때 반드시 분석하고 다뤄야 하는 문제다. 하지만 갈등전환은 기계적으로 구조의 문제를 지적하지 않고 갈등에 직면한 개인, 집단, 사회에 미치는 구체적 영향과 갈등 전보다 나은 갈등 후를 위해 구조적 요인의 규명이 필요함을 강조한다. 그리고 구조의 변화는 개인과 집단의 역량 형성을 통해 이뤄질 수 있음을 강조한다. 관계가 있는 개인 및 집단 사이에서 갈등이 발생한다는 걸 생각한다면 관계는 갈등을 다룰 때 가장 관심을 가져야 할 점이다. 그러나 갈등을 다룰 때 흔히 관계의 문제는 간과되거나 부가적으로 다뤄지고 갈등을 야기한 문제에만 초점이 맞춰진다. 갈등전환은 갈등의 전개 과정에서 생기는 폭력을 줄이고 장기적으로 평화적 공존의 실현을 위해 갈등을 다룰 때 개인 및 집단 사이, 그리고 집단 및 사회 내의 다양한 관계의 성찰 그리고 관계의 변화가 필요함을 강조한다. 관계는 갈등의 전환을 위한 실행의 핵심 자원이 된다.

구조와 관계의 문제를 언급하기 위해서는 불가피하게 역량의 문제를 다루지 않을 수 없다. 갈등과 물리적 폭력에 취약하고 개인, 집단, 사회가 갈등의 부정적 영향에 빈번하게 노출되는 곳에서는 폭력적 갈등의 예방과 갈등 대응 역량 향상을 위해 장기간에 걸쳐 평화 기반이 세워져야 한다. 이를 위해 사회경제적·사회문화적 측면에서 자원의 개발과 확보가 이뤄져야 한다. 사회경제적 측면에서는 갈등의 모든 단계에서 사회의 다양한 영역이 대응하고 공동의 책임을 질 수 있는 자원이 형성되도록 사회적 지원이 이뤄져야 한다. 사회문화적 측면에서는 집단 및 사회 내에 존재하는 인적 자원과 문화적 자원의 확인과 개발이 필요하다. 또한 어린이부터 성인까지, 그리고 풀뿌리 차원에서부터 최종 결정권을 가진 지도층까지 문화적 특성과 공감대에 기반한 사회적 관계와 네트워크가 만들어지고 활용되어야 한다.[163] 갈등전환은 세밀하고 포괄적이며 동시적인 접근을 통해 가능하다. 이런 갈등전환은 평화구축을 위한 중요한 이론적, 실천적 접근으로 이해된다.

공공갈등과 전환적 접근

갈등전환은 갈등을 위기가 아닌 변화의 기회로 이해한다. 변화를 위해 문제의 해결을 넘어 문제를 야기한 여러 조건 및 환경의 변화를 목표로 하는 다층적인 접근을 고안 및 실행한다. 사실 모든 갈등 해결 접근은 갈등에 직면한 개인, 집단, 사회의 안전하고 편안한 공존의 삶을 갈등을 다뤄야 하는 기본적인 이유이자 궁극적인 목표로 본다. 그러므로 실행에 있어서 갈등을 야기한 근본적인 이유까지 다뤄야 할 당위성을 가진다. 그러나 실제로는 그렇지 않은 경우가 많다. 당사자들과 사회가 도전을 감당하지 못하거나 문제해결을 통한 갈등의 일단락을 선호하기 때문이다. 또한 내용과 질의 만족도와 상관없이 당사자 합의를 갈등을 다루는 과정의 목표로 설정하기 때문이다. 결국 갈등의 해결이 아니라 문제의 해결이 우선적인 동시에 최종적인 목표로 강조된다. 오랜 시간 갈등을 겪은 당사자들이 지쳐서 마지못해 자기 삶의 질을 낮추는 합의를 해도 그것은 갈등의 해결로 취급된다. 결국 갈등의 종결은 기껏해야 갈등 이전으로 복귀하는 것이고, 대부분의 경우 갈등 이전보다 못한 상황에 직면하는 것이 된다. 이와는 다르게 갈등전환, 즉 갈등에 대한 전환적 접근을 통해 추구되는 궁극적 목표는 갈등 이전보다 나은 상황과 삶이다. 문제의 해결에만 초점을 맞추는 접근으로는 이 목표를 달성할 수 없다. 갈등이 발생하는 이유는 개인과 집단, 사회가 현재보다 나은 삶을 원하기 때문이다. 전환적 접근은 갈등의 본질과 갈등을 마주한 당사자들의 욕구를 가장 잘 이해하는 접근이라 할 수 있다.

갈등전환은 가장 진보적이고 포괄적인 갈등해결 접근이지만 실제 갈등 사례에 적용되지 않으면 의미가 없다. 전환적 접근은 개인 및 집단 사이에 일어나는 모든 갈등에 적용될 수 있는데, 전환적 접근이 가장 필요한 갈등 중 하나가 공공갈등이다. 공공정책이나 공공사업을 둘러싸고 생기는 사회갈등 중 하나인 공공갈등은 관련된 개인과 집단은 물론 전체 사회에 영향을 미친다. 공공갈등은 개인과 집단의 현재와 미래의 삶에 구조가 미치는 중대한 영향과 구조 변화의 필요성을 잘 드러낸다. 동시에 구조 변화를 위한 개인과 집단의 역량 형성과 관계의 변화, 대응 문화의 변화, 갈등을 다루는 과정의 변화 등의 필요성도 드러낸다.

당사자 참여와 합의를 통해 문제를 해결하는 갈등해결을 공공갈등에 적용한 것이 공공갈등해결public conflict resolution이다. 공공갈등해결이 처음 시작됐고 공공영역에서 중요한 해결 기제 중 하나로 자리를 잡은 미국에서는 공공분쟁해결public dispute resolution이라는 앞서 설명한 용어가 일반적으로 쓰이기도 한다. 비슷한 두 용어 중 어느 것을 쓰느냐에 따라 갈등을 보는 시각의 차이가 드러난다. 앞서 설명한 것처럼 dispute는 협상 가능한 이익에 초점을 맞춘 대립을, conflict는 협상 불가능한 인간의 기본적 필요를 둘러싼 대립을 의미한다. dispute를 선호하는 사람들은 보통 당사자 합의를 갈등의 종결로 이해한다. conflict를 주장하는 사람들은 갈등을 야기한 문제의 해결을 위한 합의는 물론 갈등을 야기한 구조와 환경의 변화와 합의 후 관계 및 공동체의 회복까지를 포함하는 갈등의 해결을 주장한다. 평화연구는 conflict의 사용과 그것이 내포한 의미를 간과하지 않는 것을 불가피한 접근으로 여긴다.

공공갈등해결은 1970년대 초반 미국에서 몇몇 선도적 실행자들에 의한 환경갈등 개입에서 시작됐다. 1974년의 스노퀄미강Snoqual-mie River 조정이 첫 사례로 여겨진다. 시애틀 인근 스노퀄미강에 홍

수 조절용 댐을 건설하는 계획을 둘러싸고 이를 지지하는 주민들과 반대하는 환경단체들이 대립하면서 20년 이상 갈등이 지속됐다. 오랜 갈등 후 주 정부가 전문가들에게 의뢰해 조정을 시도했고 7개월의 조정 후 10명의 협상 대표들이 공동 제안서에 서명했다.[164] 이후 공공갈등해결은 미국 사회에 확산됐고 다양한 방식을 통해 실행됐다. 이는 당시 미국 사회에 새로운 방식을 모색해야 할 정도로 공공갈등이 많았고, 다른 한편 기존의 제도와 절차로는 공공갈등에 제대로 대응할 수 없었음을 의미한다.[165] 구체적인 공공갈등해결 방식으로는 논란이 될 가능성이 있는 정책에 관련된 당사자 집단들이 논의를 통해 공동의 이해를 높이는 정책 대화policy dialogue, 새로운 규제가 수립되기 전에 영향을 받는 당사자들이 구체적 논의를 통해 합의를 도출하는 규제 협상negotiated rulemaking, 대립하는 공공갈등 당사자들이 합의를 도출하기 위한 조정mediation, 개발과 환경 등 공동체의 안녕과 미래에 관련된 문제를 지역 주민들이 논의하고 해결책을 모색하는 공동체 협력community collaboration 등이 있다.[166]

전환적 접근으로 공공갈등을 다룰 때 가장 먼저 언급해야 할 문제는 공공갈등을 보는 시각이다. 공공갈등의 발생은 불가피하다. 공공갈등은 공공 정책과 사업에 주로 영향을 받는 시민 집단이나 시민단체가 문제를 제기하면서 발생하는데, 이것은 민주주의가 발전하고 시민의식이 성장할 때 자연스럽게 생기는 일이다. 모든 민주주의 사회가 공통으로 직면하는 일이기도 하다. 공공갈등의 존재는 공공기관에 의한 일방적 결정을 저지하고 더 나은 정책과 사업의 실행을 위한 시민의 감시가 작동하고 있음을 의미한다. 공공갈등은 시민에게 이익이 되는 공공 정책과 사업의 필요성을 확인하고 공공 기관에 압력을 넣는 역할을 한다. 그러니 시민에게 있어서 공공갈 등은 본질적으로 부정적이지 않다. 다른 한편 공공갈등의 발생은 시 민이 공공기관에 문제를 제기할 수 있을 정도로 역량을 키우고 공 공기관과의 극심한 힘의 불균형을 극복했음을 의미하므로, 시민에 게 그리고 사회에 바람직한 상황이 만들어졌음을 말해준다.

그러나 공공기관에게 공공갈등은 부정적인 일이다. 공공기관은 공공갈등을 정책과 사업의 장애물 또는 그에 대한 불필요한 도전으 로 이해한다. 때로는 위법적인 일로 취급하기도 한다. 공공기관은 기존의 법과 절차에 근거한 결정에 대해 시민 집단이 문제를 제기 하는 것은 가능하지만 정당하지 않다고 여기며 그럼에도 정책과 사 업이 우려되는 경우엔 적절한 절차를 통해 처리할 수 있다고 주장 한다. 그런데 공공기관이 언급하는 행정적 절차는 재원과 역량이 부 족한 시민 집단에게는 넘기 어려운 장벽이 되곤 한다. 또한 행정적 절차는 특정 공공갈등을 제대로 다루기보다 절차적 정당성에 근거 해 정책과 사업의 계속 여부를 결정하는 데 초점을 맞추고, 그렇게 내려진 결정은 길고 지루한 법정 싸움을 야기하곤 한다. 다른 한편 입법적 절차는 정치인들의 무관심과 정치적 계산 때문에 애초에 불 가능하거나 오랜 시간이 걸린다.[167] 공공갈등을 바라보는 이런 시 각의 차이로 인해 사회 발전의 계기를 제공하는 공공갈등은 다루기 힘들고 장기간 지속되는 사회의 '골칫거리'로 인식되곤 한다.

갈등전환의 시각에서 볼 때 공공갈등은 공공 정책과 사업에 대한 장애물이나 공공기관에 대한 불필요한 도전이 아니라 다른 갈등과 마찬가지로 변화를 위한 불가피한 과정이자 기회다. 공공갈등은 공공 정책과 사업에 대한 시민의 인식을 향상하고, 사회 구조를 변화시키며, 공동체의 역량을 높이는 기회를 제공한다. 특히 문제의 해결은 물론 공공갈등의 근본적인 원인과 바람직한 변화까지 다루는 전환적 접근을 통해 직면한 문제를 적극적으로 다루도록 공동체를 독려하고 교육하며, 시민 필요에 응하는 정부와 공공기관의 실행을 북돋우고, 문제를 해결하고 갈등을 다루는 사회적 역량을 향상할 수 있다. 행정, 입법, 사법 절차가 시민의 필요에 응할 수 있는 능력 또한 향상된다. 전환적 접근은 공공갈등이 정부 관료, 언론, 정치인, 학계가 말하는 '통치의 위기'가 아니라 사회에 대한 비판적 평가와 변화의 필요성을 확인하는 사건임을 말해준다.[168]

공공갈등이 가진 여러 가지 특징은 공공갈등을 다룰 때 전환적 접근이 필요한 이유를 잘 말해준다. 첫 번째 특징은 공공갈등이 사회 구성원들에게 중대한 영향을 미치는 공공기관의 정책, 사업, 실행, 그리고 그것들의 결정 방식을 둘러싸고 생기는 갈등이라는 점이다. 공공기관이 결정하고 실행하는 모든 일은 공적 구조와 체계를 통해 합법성과 정당성이 보장된다. 하지만 그럼에도 개인과 집단에 부정적 영향을 미치고 갈등의 파괴적 전개를 야기한다면 불가피하게 그런 구조에 대한 문제 제기와 변화의 모색이 이뤄져야 한다.

두 번째로는 공공갈등에서는 흔히 대립하는 공공기관과 시민 집단 사이에 힘의 차이가 두드러진다는 점이다. 공공기관은 시민 집단보다 월등한 인적, 물적 자원과 전문성을 가지고 있으며 법률에 의한 합법성도 확보하고 있다. 공공기관은 일방적으로 정책과 사업을 결정하고 문제를 제기하는 시민 집단을 대화와 협상의 상대로 인정하지 않으려는 태도를 보이곤 한다. 그러므로 공공갈등을 다루기 위해서는 전환적 접근을 통해 힘의 차이에 기반한 관계를 비판적으로 분석하고 대화를 위해 관계를 재설정하는 노력이 우선적으로 이뤄져야 한다. 이와 관련해 갈등을 다루는 과정에서 공공기관의 설명과 서술 방식, 접촉과 소통 문화, 정보와 통계 등이 우위를 차지하고 공식성을 가지며, 시민 집단의 서술 방식, 소통 문화, 정보 등은 무시되거나 비공식적으로 취급되는 관행도 힘의 차이에 영향을 받는 관계의 문제로 보고 중요하게 다뤄져야 한다.

세 번째로는 공공갈등은 공공기관의 업무에서 비롯된 것이고 그런 이유로 공공기관이 책임지고 해결해야 하는 문제라는 점이다. 이런 이유로 공공기관은 때로 시민 당사자들과 대화로 갈등을 해결하는 과정을 시도한다. 문제는 이 과정을 주로 갈등의 당사자인 공공기관이 결정하고 관리한다는 점이다. 이 점은 공공기관이 의제의 선택, 대화의 기간, 합의 방식, 중립적이고 전문적인 제3자의 선택 등을 결정하거나 주도하면서 시민 집단에게는 기울어진 운동장이 만들어지는 원인이 된다. 공공기관이 전문적 지원을 제공하는 제3자를 선택할 권한을 행사하면서 제3자의 중립성과 독립성이 훼손될 가능성도 있다. 반복적으로 특정 공공기관과 일하는 제3자의 경우 전문가로서의 독립성을 버리고 공공기관을 만족시키려는 태도를 보이기도 한다.[169] 이 점은 과정의 정당성을 해치는 치명적인 문제가 된다. 재정이 열악한 시민 집단보다 공공기관이 질 높은 제3자 서비스를 빈번하게 이용할 여지가 많다는 점 또한 힘의 불균형을 심화시킨다. 과정과 관련된 이 모든 문제 또한 전환적 관점에서 비판적으로 다뤄질 수밖에 없다.

네 번째로는 공공갈등이 시민 집단의 문제 제기와 저항을 계기로 형성되기 때문에 시민과의 대화를 통해 문제를 해결해야 한다는 점이다. 그러기 위해서는 우선 자원과 역량 등 여러 면에서 공공기관에 열세인 시민 집단이 공공기관을 상대할 수 있는 수준이 되어야한다. 공공기관과 토론하고 협상할 수 있어야 하고, 다양한 정보를 획득하고 그것을 해석할 수 있어야 하며, 때로는 사회의 지지를 확보해 공공기관에 압력을 넣을 수 있어야 한다. 그래야 공정한 대화의 장이 만들어지고 유지될 수 있다. 이것은 힘의 불균형 해소와 시민 집단의 역량 형성에 관련된 문제로, 전환적 접근을 통해 민감하고 적극적으로 다뤄져야 한다.

전환적 접근을 통해 공공갈등을 다룰 때 변화의 목표로 삼아야 할 건 개인, 관계, 구조, 문화, 과정 및 사회의 변화 등 여러 가지다. 이런 변화의 목표는 한국사회의 공공갈등을 다룰 때도 똑같이 적용될 수 있다. 구체적 변화를 위해서는 사회적 환경과 공공기관, 시민단체, 시민의 상황과 그들 사이의 상호작용 등이 고려되어야 한다.

한국사회의 여러 상황을 고려할 때 먼저 개인 변화의 가장 중요한 목표 중 하나는 갈등에 대한 부정적 이해를 극복하고 공공갈등을 사회 변화를 위한 불가피한 과정으로 이해하는 것이 되어야 한다. 공공 정책과 사업에 대한 특정 시민 집단의 문제 제기와 저항을 시민의 정당한 권리로 인정하는 사회 구성원들의 인식 변화도 이뤄져야 한다. 그러므로 대응과 해결 과정은 공공갈등에 대한 시민 당사자들의 이해는 물론이고 사회 구성원들의 이해 향상과 인식의 변화에도 기여할 수 있어야 한다.

관계와 관련한 목표는 공공기관과 시민 당사자 사이의 불균등한 힘의 관계 해체 그리고 대결 관계에서 대응과 해결의 협력자이자 대화 상대로의 변화가 되어야 한다. 이를 위해서는 힘의 관계에서 상대적 우위에 있는 공공기관이 시민 당사자에 대한 적극적이고 포용적인 태도와 행동으로의 변화를 보이는 것이 절대적으로 필요하다. 또한 공공기관이 시민 당사자에게 투명하게 정보를 공개하고, 필요한 정보를 시민 당사자는 물론 전체 사회와 공유하는 적극적 노력이 필요하다. 한 번의 사례를 통한 변화는 향후 갈등 대응에 반영될 수 있으며 그 결과 점진적인 관계 변화에 기여할 수 있다.

구조와 관련해서는 우선적으로 공공 정책 및 사업의 일방적 결정을 정당화하고 공공갈등을 시민의 정당하지 못한 문제 제기나 합법적이지 않은 저항으로 취급하는 태도에서 탈피하는 구조로 변화하는 것이 목표로 설정되어야 한다. 나아가 시민의 필요에 답하지 못하는 기존 절차의 개선과 시민 당사자의 참여를 보장하는 창의적이고 적극적인 결정 과정의 수립 및 실행으로의 변화가 이뤄져야 한다. 미국에서 공공갈등해결이 처음 시도될 수 있었던 이유는 주 정부가 기존의 구조와 체계에 기반한 접근에서 벗어나 새로운 방안을 모색했기 때문이었다. 이런 새로운 접근의 모색은 구조가 존재해야 할 이유를 시민을 위한 정책 및 사업 실행에서 찾고 그를 위해 유연하게 일하고 대응하는 변화에 의해 가능하다. 공공갈등에 대한 전환적 접근은 그런 구조적 변화의 계기를 제공할 수 있다.

문화와 관련해서는 문제를 제기하고 소통하는 방식의 변화가 목표가 되어야 한다. 공공갈등에 대한 공공기관의 소극적 대응 및 무시 전략의 결과로 축적된 사회적 경험은 공격적인 태도와 방식에 대한 시민 당사자의 의존도를 높인다. 또한 공공기관의 소통 회피 및 단절은 시민 당사자의 저항을 강화하고 갈등의 파괴적 전개를 야기한다. 그러므로 공공기관이 시민 당사자와 적극적으로 소통하고 대화에 나서는 대응으로의 변화가 필요하다. 갈등이 형성되는 시기부터 공격적인 문제 제기와 대결 강화에 치중하는 시민 집단의 갈등 전개 방식을 변화시키는 것도 전환적 접근의 목표가 되어야 한다.

공공갈등을 다루기 위해서는 대응 및 해결 과정의 계획과 진행이 불가피하다. 그러나 앞서 언급한 것처럼 대부분 공공기관이 계획하고 관리하고 실행하는 과정은 의제의 선정, 대화 과정의 형태와 기간, 참여자 선정, 최종 결과물의 형식, 제3자 선정, 지원 조직의 구성 등과 관련해서 공공기관의 입장과 이익이 우선적으로 반영되는 문제를 야기한다. 공공기관은 기존의 업무 방식에서 벗어난 과정의 실행이 예상치 못한 예산 및 인력 투입을 야기하고 복잡한 절차를 요구할지라도 결국 정책 및 사업의 정당성 확보라는, 자신에게 유리한 결과를 보장할 것으로 생각한다. 이런 이유로 과정에 대한 관리 및 실행 권한을 독점하려 한다. 그런데 시민 당사자는 공공기관이 독점하는 과정을 자신에게 유익하지 않을 가능성이 높다고 여기고 기피할 가능성이 있다. 그러므로 과정은 공공기관을 포함한 모든 당사자의 공동 참여를 통해 고안되고 실행되어야 하며, 모든 세부 사항이 공동으로 결정되어야 한다. 과정의 공동 계획과 실행이 가능하려면 공공기관의 기존 결정 방식과 시민 집단과의 기존 관계가 변해야 한다. 전환의 목표 달성 여부는 과정의 계획과 진행을 통해 가늠될 수 있다.

전환적 접근의 중요한 목표 중 하나는 사회 변화다. 공공갈등이 사회 발전 과정에서 불가피하게 발생하는 것이라면 공공갈등을 다루는 과정과 해결을 통해 반드시 사회 변화가 일어나야 한다. 공공기관에 직접 문제를 제기하고 공공갈등을 만들었던 시민 당사자 외에도 공공갈등이 다뤄지는 과정을 간접적으로 경험하는 사회 구성원들의 시민의식이 성장하고, 공공갈등에 대한 사회의 인식과 분석 역량이 높아지며, 공공기관과 시민의 힘의 관계에 대한 새로운 사회적 성찰과 담론이 생겨야 한다. 공공갈등에 대응하고 해결을 모색하는 사회적 기제가 발전하고 인적 자원도 늘어나야 한다. 이런 변화는 단기간에 기대할 수 없고 공공갈등에 대한 전환적 접근의 경험이 축적되어야 가능하다.

마지막으로 공공갈등을 다룰 때 간과하지 않아야 하는 문제는
제3자의 역할이다. 당사자 사이의 대화와 합의를 통한 공공갈등의
해결 및 전환이 모색된다는 건 실질적으로 전문적인 제3자의 도움
이 있음을 의미한다. 이런 제3자는 갈등의 분석부터 합의 도출까지
전 과정에서 그리고 당사자들 사이 소통부터 대화와 협상까지 모든
일에서 중요한 역할을 하며 중대한 영향을 끼친다. 이런 제3자 역할
을 하는 개인이나 전문기관을 선정할 때는 비용이 발생한다. 공공
갈등이 공공기관의 업무와 관련해 발생하기 때문에 대부분 공공기
관이 비용을 부담한다. 이로 인해 공공기관이 일방적으로 제3자를
선정하거나 선택 과정에서 과도하게 권한을 행사하는 일이 발생
하곤 한다. 전환적 접근은 이 문제에 관심을 기울일 수밖에 없다.
제3자 선정은 모든 갈등 당사자 집단의 공동 논의와 동의를 통해
이뤄져야 하며 비용의 부담이 결정 권한을 독점하는 이유가 되지
않아야 한다. 선정 과정이 공정성과 투명성을 확보하지 못할 경우,
제3자의 독립성과 중립성에 계속 의문이 제기되고 결국 공공갈등
을 다루는 모든 노력, 과정, 결과가 당사자들은 물론 사회로부터도
정당성을 인정받지 못하게 된다. 이와 관련한 전환의 목표는 공공
기관의 영향을 최소화하고 모든 당사자 집단의 공동 결정권을 보
장하는 것이 되어야 한다.
 공공갈등의 발생은 기존의 법과 규제, 문제해결 절차가 시민의
필요를 충족하지 못하고 있음을 의미한다. 또한 사회가 새롭게 등
장하는 공공 정책 및 사업과 관련된 문제에 능동적으로 대응하지

못하고 있음을 의미한다. 그러므로 공공갈등은 기존의 절차에 의해서가 아니라 창의적이고 적극적인 새로운 방식을 통해 다뤄져야 한다. 무엇보다 시민의 필요 충족을 위해 시민이 참여하는 대화 자리가 마련되어야 하며 공공기관은 갈등 당사자 중 하나로 동등한 위치에서 대화에 참여해야 한다. 이런 변화를 위해서는 새로운 접근에 대해 개인과 집단은 물론 사회의 지지가 있어야 한다. 무엇보다 공공기관의 접근 태도와 행동의 변화가 필수적이다. 공공갈등에 대한 전환적 접근은 공공갈등에 관련된 다양한 부분의 변화를 목표로 한다. 변화를 위한 반복적 시도를 통해 공공갈등을 이해하고 공공갈등에 대응하며, 갈등의 해결을 위한 대화와 합의 과정에 참여하고 그것을 직접적, 간접적으로 경험하는 개인, 집단, 기관, 사회의 역량 향상을 목표로 삼는다. 또한 이를 통해 향후 유사한 갈등이 발전된 방식으로 다뤄지는 변화를 목표로 한다.

2부

한국사회 평화구축을 위한 평화연구

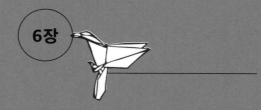

6장

사회 변화를 위한 평화 담론

한국사회 폭력의 확인

평화학의 중요한 특징 중 하나이자 다른 학문 분야의 접근과 차별화되는 것 중 하나는 이론과 실천을 동등하게 강조하고 동등하게 커리큘럼에 포함한다는 점이다. 이것은 평화학이 연구의 궁극적 목표를 실천, 다시 말해 현실 적용에서 찾음을 의미한다. 이는 평화학이 가지는 또 다른 중요한 특징이다. 평화학은 평화를 연구하는 학문이 아니라 평화를 인류가 추구하고 지켜야 할 가치이자 윤리적 선택으로 보고 평화를 실현할 방법을 모색하는 학문이다. 이런 이유로 이론은 실천을 전제로 하고, 연구는 현장성을 통해 정당성을 확보한다.

이론을 세우고 증명하는 연구의 결과를 현장에 적용하고 그를 통해 사회 변화에 기여할 방법을 탐색하는 접근은 평화학의 초기에 민감한, 때로는 첨예한 논쟁의 주제였다. 평화학 설립자들은 평화를 학문적 영역에서 다뤄야 할 필요성에 동의하면서도 평화학이 학문적 접근에 매몰돼 현실과 괴리된 연구에 몰두하고 현장성을 잃지 않을까 우려했다. 그런 맥락에서 학교 밖에서의 평화 활동을 어떻게 얼마나 학점으로 인정할지 같은 구체적인 문제가 논의됐다. 이런 논쟁과 우려는 평화학이 전쟁 예방 연구뿐만 아니라 평화운동의 영향을 받은 데서 기인했다. 이런 고민의 해결을 위해 평화학은 이론과 실천을 동등하게 강조하고 커리큘럼 안에 모두 포함하는 선택을 했다.170) 평화학의 현장 연결성을 확인한 것이다.

평화학이 이론적 연구와 실천을 동등하게 강조한다는 건 현장이 직면한 문제의 확인과 해결책 모색이 연구의 주제이자 이론의 토대가 됨을 의미한다. 그러므로 사회에 존재하는 다양한 폭력과 그 영향을 확인하고 분석하는 건 평화연구의 기본이자 가장 중요한 접근으로 여겨진다. 이는 폭력의 발생과 지속을 가능하게 하는 구조적, 사회적, 문화적 원인의 규명을 동반한다. 이런 접근은 평화학이 궁극적으로 개인과 집단의 평화적 삶, 개인 및 집단 사이 평화적 관계의 형성, 그리고 그를 통한 사회 및 세계 변화를 모색하는 학문이라는 내부의 공동 인식을 통해 정당화된다. 이런 맥락에서 평화학의 시각을 통해 한국사회에 존재하는 폭력을 확인하고 분석하는 일은 평화적 사회로의 변화를 위한 중요하고 원칙적인 접근이다. 새로운 사회 담론 형성과 사회 변화를 위한 접근으로서도 의미가 있다.

폭력의 존재는 일차적으로 피해를 통해 확인된다. 피해를 통해 가해를 확인하는 과정을 거쳐야 폭력이 규명된다. 폭력이 확인되더라도 개인적, 집단적, 사회적 인식과 인정이 있어야 정확히 규명되고 적절한 대응과 제재가 이뤄질 수 있다. 폭력에 대한 이해와 민감성이 부족한 사회에서는 폭력의 확인과 가해의 규명, 그리고 폭력의 대응, 제재, 감소 노력 등 모든 게 도전이 된다. 때로는 폭력의 규정조차 사회적 저항에 직면한다.

신체에 직접적으로 위해를 가하고 즉각 피해가 확인되는 직접적 폭력에 대해서는 대체로 사회적 인식과 제재의 강도가 높다. 한국 사회에서도 마찬가지다. 그런데 직접적 폭력은 신체에 상처를 입히거나 생명을 앗아 가는 것에만 국한되지 않는다. 신체를 억압하거나 구속하고 한 사람을 사회에서 분리하는 것 즉 탈사회화와 다른 사회에 적응하도록 강제하는 것 즉 재사회화같이 정체성 필요의 충족을 방해하는 행위도 직접적 폭력이다. 주류 민족이나 집단이 비주류 민족이나 집단을 주류 문화에 적응하도록 강제하는 것이나, 아이에게 선택권을 주지 않고 특정 학교나 사회에 적응하도록 강요하는 것도 직접적 폭력에 해당한다.[171] 이런 직접적 폭력에 대해서는 개인적, 사회적 필요를 강조하는 담론을 통해 폭력으로 규정하지 않고 정당성을 주장하는 시도가 이뤄지곤 한다. 가장 대표적인 예가 국가의 징병 행위다. 징병 대상이 되는 청년은 소속된 사회에서 강제로 분리되고 군대라는 집단시설에 수용돼 신체적 구속을 당한다. 군대 생활과 문화에 적응해야 하는 강제 사회화도 겪는다. 무력 충돌이나 전쟁 발발 시에는 신체적 안전과 생명 손실의 위험에 노출되고 실제로 피해를 입기도 한다. 그럼에도 한국사회는 국가의 징병 행위를 직접적 폭력으로 인정하지 않는다. 징병 행위의 당사자가 국가라는 점, 국가안보를 위해 군대가 필요하다는 점, 그리고 설사 폭력적이라 할지라도 불가피한 선택이라는 점 등이 강조되고 그런 주장이 사회적으로 수용된다. 징병이 아니라 자발적 입대라 할지라도 신체적 자유와 선택을 제한당하고 무력 충돌에 강제로 동원된다는 점은 변함이 없으므로 군대에 속한 개인은 직접적 폭력에 노출될 수밖에 없다. 군대가 인류 사회의 가장 오래된 사회적 기제 중 하나로서 개인의 자유와 권리가 보장되어야 하는 민주주의 사회에서조차 견고하게 유지되고 있다 하더라도 폭력의 관점에서 군대에 대한 개인적, 사회적 성찰은 불가피하다.

국가의 징병 행위는 구조적 폭력이기도 하다. 징병제라는 제도를 통해 개인의 신체를 구속하고 나아가 탈사회화와 재사회화를 강제하는 건 사회적 필요가 있다 할지라도 폭력으로 규정될 수밖에 없다. 징병과 관련해서는 군 복무와 군을 성역화하고 군대 내 폭력을 군대 문화로 미화하는 담론을 사회적으로 강요하며 그에 대한 저항을 제재하는 문화적 폭력도 존재한다. 이런 이유로 군 복무는 한국 사회에서 가장 논란이 되는 사회적 문제 중 하나가 됐다. 군 복무 면제를 받은 남성은 의심을 받거나 남성성이 부족한 사람으로 취급된다. 징병 대상이 되지 않는 여성은 국가안보에 기여하지 않으면서 사회적 혜택만 받는 사람으로 취급되고 비난과 혐오의 대상이 된다. 군 복무가 국가를 위한 헌신으로 여겨지고 군이 성역으로 취급되면서 군대 내에 존재하는 다양한 물리적 폭력과 폭력을 묵인하고 승인하는 군대 구조의 문제 또한 엄격한 감시의 대상이 되지 않는다. 국가의 징병 행위와 징병제도, 그리고 군대 유지와 관련된 폭력을 인정하지 않는 사회적 정서는 평화적 관점에서 수용 불가한 전쟁을 지지하는 사회 구조 및 문화에 맥락이 닿아 있다.

한국사회에 존재하는 폭력을 확인하기 위해 언급해야 할 또 다른 중요한 점은 힘에 의존하는 관계에 대한 높은 사회적 수용성이다. 폭력은 상대적 강자가 상대적 약자에게 가한다. 피해자를 억압하고 피해자에게 무언가를 강요하는 폭력이 발생하는 이유는 상대적 강자가 자기 이익을 위해 힘의 차이를 악용하기 때문이다. 피해자가 폭력을 피하지 못하는 이유는 힘의 차이를 극복하지 못해서다. 힘의 차이가 항상 폭력을 야기하는 건 아니다. 그러나 힘의 차이를 강조하는 관계에 대한 개인과 사회의 수용도가 높을수록 폭력이 발생할 가능성이 높다.

힘에 의존하는 관계에 대해 개인적, 사회적 수용성이 높다는 건 힘의 관계를 이용한 약자에 대한 폭력을 폭력으로 인식하지 않거나 불가피한 일로 인정하는 경우가 많음을 의미한다. 힘의 차이를 이용하는 폭력은 다양한 형태로 존재한다. 상대적으로 나이가 많거나 직위가 높은 사람이 나이와 직위를 힘으로 이용해 상대적으로 나이가 적거나 직위가 낮은 사람에게 폭력을 가하는 경우는 매우 흔하다. 상대적으로 소득이나 교육 수준이 높은 사람이 상대적으로 낮은 사람에게 가하는 폭력 또한 비일비재하다. 일반 분양아파트 주민들의 임대아파트 주민들에 대한 폭언과 이동권 침해, 그리고 고졸자보다 대졸자가 상대적으로 안전하고 임금이 높은 직업을 독점하는 것 등도 힘의 차이를 이용한 폭력의 사례다. 힘의 차이는 나이, 직위, 소득, 교육 수준 등을 통해서만 강조되는 게 아니다. 프랜차이즈 기업과 대리점, 기업 또는 업주와 노동자 사이, 즉 자본을 소유한

자와 소유하지 않은 자 사이 힘의 관계를 악용한 '갑질'은 힘에 의존하는 관계에 대한 수용도가 높은 한국사회의 특징에서 비롯된 폭력 중 하나다. 이주노동자와 난민에 대한 차별과 혐오의 폭력도 마찬가지다. 민족적으로 한민족이고 국적상 한국인인 사람과 그렇지 않은 사람 사이의 힘의 차이가 당연하게 인정되고 그에 따른 사회적, 구조적 차별이 정당화된다.

갈퉁은 강자와 약자 사이의 힘의 관계를 매개로 발생하는 폭력을 통해 구조적 폭력을 설명한다. 강자는 구조 내에서의 상호작용을 통해 약자보다 많은 것을 획득하는데 이는 '불공평한 거래unequal exchange'가 이뤄지기 때문이다. 약자는 그로 인해 굶주림과 심지어 죽음 같은 불이익을 당한다. 또는 영구적이고 원치 않는 영양실조, 질병, 고통 같은 상태에 직면한다. 갈퉁은 이것을 '착취'라고 부른다. 구체적인 예는 국가의 경제 수준에 따라 달라진다. 빈곤국에서는 설사병이나 면역력 결핍 같은 단순한 질병이 구조적 폭력의 결과일 수 있지만 선진국에서는 심혈관 질환이나 악성 종양 같은 것이 될 수 있다.[172] 불공평한 거래가 이뤄진다는 건 불공평한 분배를 통해 강자가 사회적 자원을 더 획득하는 것을 말하고, 그것은 곧 약자의 것을 '착취'하는 일임을 의미한다. 그 결과 약자는 사회가 충분히 대응할 수 있는 질병이나 굶주림으로 고통받게 된다. 사회가 모든 구성원이 접근 가능한 풍부한 자원을 확보하고 있다면 이 문제가 해결될 수 있을 것으로 보이지만 자원의 양보다 분배 방식이 문제라면 불공평한 분배로 야기되는, 약자에 대한 구조적 폭력은 제거되지 않는다.

코로나19 팬데믹 상황에서 공공병원이 코로나19 전담병원으로 지정되고 그 결과 공공병원을 이용하는 빈곤층 환자들의 진료와 병상 이용에 제약이 가해진 것은 병원이라는 사회자원의 불공평한 분배와 약자에게 가해지는 구조적 폭력을 잘 설명해준다. 부동산 가격 급등과 주택난 심화 또한 토지와 주택이라는 한정된 자원을 관리하고 활용하는 구조 내에서 부자와 빈자 사이에 이뤄지는 불공평한 거래의 예다. 부동산과 주택을 둘러싼 시장과 거래가 기본적으로 합법성을 가진다는 점은 구조적 폭력의 심각성을 더욱 부각한다. 이런 이유로 토지와 주택 투기가 부동산 가격 폭등을 야기하고 그 결과 전·월세 거주자들이 내쫓기는 일은 '합법적 약탈'로 묘사되기도 한다.[173] 수도권 거주자들의 안전하고 쾌적한 생활을 위해 원자력발전소, 화력발전소, 송전탑, 쓰레기소각장, 분뇨처리장 등의 기피 시설을 모두 지방에 건설하고 인근 주민들의 건강과 안전을 위협하는 것 또한 구조 내에서 이뤄지는 불공평한 거래와 착취의 예다.

힘에 의존하는 관계의 사회적 수용도를 높이고 그와 관련된 구조적 폭력조차 승인 내지 묵인하게 만드는 건 나이, 직위, 소득, 교육 수준, 민족적 배경 등을 힘으로 내세워 타자에게 피해를 주고 자기 이익을 획득하는 행위를 정당화하는 사회적 담론이다. 이는 크게 두 가지 형태로 나타난다. 하나는 힘의 차이를 이용한 이익 추구와 그로 인한 피해의 발생을 자연스럽고 당연한 상호작용의 결과로 정당화하는 것이다. 다른 하나는 합법성의 이름으로 힘의 관계에서 비롯된 폭력이 아님을 강조하는 것이다. 여기에는 합법성이 공정성을 담보한다는 과장되고 왜곡된 주장이 내포되어 있다. 이런 사회적 담론은 문화적 폭력의 수단이 된다. 문화적 폭력의 특징 중 하나는 특정 종교, 사상, 언어 등에 기반해 선택받은 사람과 그렇지 못한 사람을 구분한다는 점이다.[174] 선택받지 못한 사람은 폭력의 피해자가 된다. 사회적 담론은 상대적 강자를 선택하고 상대적 약자를 배척한다. 이런 사회적 담론은 두 가지 점에서 폭력의 확인을 방해한다. 하나는 폭력의 가해와 피해를 개인화한다는 점이다. 폭력의 가해와 피해가 구조적 문제에서 비롯된다는 점을 외면하는 개인화 시도는 폭력의 발생을 가해자의 일탈과 피해자의 능력 부족에서 비롯된 사소한 사건으로 취급한다. 다른 하나는 합법성을 강조해 폭력의 감시와 제재를 위축시킨다는 점이다. 폭력이 합법성 여부에 따라 판단되는 것처럼 호도하고, 합법적이지만 폭력적인 사회적 문제에 대한 성찰과 감시를 저해한다.

남북대결의 지속과 평화의 왜곡

한국사회에서의 평화 실현을 언급할 때 피할 수 없는 주제는 남북한의 대결과 평화적 공존의 문제다. 남북한의 대결은 각자 정부를 수립한 1948년부터 현재까지 이어지고 있다. 한국전쟁 이후 적대적 관계는 고착됐고 정치적, 군사적 대결은 상시화됐다. 남북한의 적대적 관계와 대결은 그 특수성으로 인해 여느 국가에서 찾을 수 있는 사례와는 다르다. 상호 인정을 거부하는 이념 대결에서 비롯됐고, 막대한 인명 피해와 사회 파괴를 낳은 전쟁을 통해 강화됐으며, 수십 년 동안 적대적 관계의 현재성 강조와 무기 경쟁을 통해 지속됐다. 남북한의 대결은 한국사회의 모든 구성원의 일상에 지대한 영향을 미쳐왔다. 남북한의 대결과 평화적 공존의 문제를 다루지 않고는 한국사회에서의 평화적 삶을 논할 수 없다.

남북한 대결 문제를 극복하는 건 한국사회에서 가장 중대하고 시급한 도전이다. 남북한의 대결과 적대적 관계의 지속은 한국전쟁의 결과인 정전협정을 통해 정당화되어왔다. 한국사회는 정전협정의 지속으로 고착된 북한과의 무력 충돌과 전쟁의 위험을 제거하지 않은 채 정치적, 경제적 발전을 계속했다. 한국전쟁은 역사적 사건임과 동시에 살아 있는 전쟁으로 취급됐다. 그로 인한 남북한의 대결은 한국사회가 직면한 극복하기 힘든 일상적 도전 중 하나로 여겨졌고, 전쟁 준비를 위한 막대한 인적, 물적 자원의 투입을 정당화했다. 정전협정의 지속은 인간의 안전과 행복을 위한 최소한의 조건인 소극적 평화조차 실현되지 않는 상황의 지속을 의미하지만 한국사회는 일상성을 핑계 삼아 해결의 불가피성을 외면했다.

직접적 폭력의 부재를 통해 실현되는 소극적 평화를 위해 사회적 차원에서 필요한 절대적인 조건은 전쟁과 전쟁 위험의 부재다. 소극적 평화는 물리적 힘에 의존하지 않고 대화와 협상 등을 통해 물리적 폭력을 예방하고 제거하는 노력을 통해 가능하다. 군축을 통해 미래의 무력 충돌 가능성을 줄이고 사회적, 경제적 상호의존성 강화를 통해 무력 사용을 저지하는 노력이 필요하다.[175] 그러나 소극적 평화의 성취, 다시 말해 전쟁과 무력 충돌의 위험을 줄이고 마침내 제거하기 위한 한국사회의 노력은 극히 간헐적이었고 지속되지 않았다. 반면 북한과의 무력 대결 및 경쟁을 위한 군비 증강은 꾸준히 이뤄졌다. 그 결과 북한의 핵무기 개발에 대응하는 남한의 최첨단 핵·대량살상무기 방어 체계 구축으로까지 이어졌다.[176] 국제관계와 국제사회의 압력 때문에 핵무기 개발이 불가능한 남한의 입장에서는 불가피한 대응으로 여겨졌다. 이것은 소극적 평화를 위한 첫 단계인 현 상태의 유지조차 되지 않고 오히려 상황이 지속적으로 악화되고 있음을 의미한다.

남북한 대결의 극복을 어렵게 하는 중대한 걸림돌 중의 하나는 군사적 대결과 긴장의 연속을 평화로 호도하는 정부의 접근과 담론이다. 동시에 군비 증강을 평화 실현을 위한 토대로 왜곡하고 정당화하는 접근이다. 이것은 소극적 평화의 성취를 방해한다. 한국사회의 소극적 평화는 북한과의 전쟁과 무력 충돌 요인을 점진적으로 제거해나갈 때 가능하다. 군비 증강과 경쟁에 맞춘 대결 관계를 벗어나기 위해 상호이익에 맞춘 대화 및 협상을 유지하고 장기적인 관점에서 구체적인 군축 논의 등의 변화를 꾀해야 소극적 평화로 가는 발걸음을 뗄 수 있다. 상호 전쟁억지력과 군사적 합의를 통해 상호 공격을 저지할 수 있으나 지속적인 군비 경쟁하에서의 전쟁억지력은 항상 유동적이며 군사적 합의는 언제든 파기될 수 있다. 특히 정전협정을 통해 군사적 대결과 군비 경쟁이 정당화되는 상황에서는 상호 불가침 약속이 실질적 효과를 내기 어려우며, 결과적으로 소극적 평화의 실현이 불가능하다.

소극적 평화의 실현을 불가능하게 만드는 건 전쟁과 무력 충돌의 위험을 방치하고 전쟁 준비를 불가피한 선택으로 호도하며 지속적 군비 강화를 정당화하는 정부의 태도와 행동이다. 그로 인해 군사적 대결의 강화와 군비 증강 및 경쟁의 악순환이 지속된다. 사회 구성원들에게 지속적, 일상적으로 피해를 주는 이런 정부의 태도와 행동은 직접적, 구조적, 문화적 폭력의 범주를 적용해 분석할 수 있다.

직접적 폭력의 사례로는 한국사회 구성원들의 전쟁 위험성 노출이 있다. 군부대와 첨단 무기 체계가 전국에 배치되고 전·후방 구별이 어려운 작은 영토에서 전쟁의 위험은 모든 사회 구성원들의 신체적 안전을 위협한다. 정부가 지속적으로 강조하는 북한의 군사 도발 가능성과 군의 방어 태세 강화는 사회 구성원들에게 언어적, 심리적 공격이 된다. 휴전선과 군부대 인근 주민들은 더한 피해를 입는다. 언어적, 심리적 공격은 직접적 폭력의 한 형태로 여겨진다.[177]
앞서 언급한 것처럼 국가의 징병 행위와 청년의 군부대 내 구속은 소극적 평화 실현을 외면하고 군사적 대결과 군비 증강을 지속하는 국가에 의한 가장 중대하고 직접적인 폭력 중 하나다. 군 복무를 하는 청년에게는 언어적, 심리적 폭력도 가해진다. 소극적 평화의 부재 상태는 인류 보편적 관점에서도 인간의 권리를 침해하고 국가의 책임을 외면하는 것으로 여겨진다. 1984년 11월 유엔 총회에서 결의된 「평화권 선언」은 "지구상 모든 사람은 평화권을 가진다"고 강조하고 전쟁 없는 삶을 위한 "평화권 보존과 이행의 증진은 국가의 기본 의무임을 선언한다"고 천명한다. 인류 보편적 상식과 가치에 비춰볼 때 국가가 전쟁의 위험 요인을 제거하지 않고 소극적 평화를 위해 노력하지 않는 건 정당성을 확보할 수 없다.

군비 증강을 위한 막대한 국방예산과 대규모 병력 확보를 위한 징병제의 유지로 인해 사회 구성원들이 피해를 입는 건 구조적 폭력의 사례다. 청년이 군대 내에서 가해지는 다양한 물리적 폭력에 노출되고 때로 목숨까지 잃는 피해를 당하는 건 징병제라는 구조를 통한 폭력 때문이다. 3장에서 언급한 것처럼 갈퉁이 구조적 폭력 개념을 설명하면서 제시한 잠재성과 실제성의 차이에 비춰보면[178] 징병되지 않았을 때 누릴 수 있는 신체적 안전과 수명이 국가의 징집으로 축소되는 것이다. 국방예산의 점진적, 지속적 증가는 사회 구성원들의 삶의 질에 영향을 미치고 그 결과 역시 잠재성과 실제성의 차이를 확대하므로 중요한 구조적 폭력의 사례로 지적될 수 있다.

한국의 국방예산은 1991년에는 정부 재정 지출 중 27.4%를 차지했고 1998년까지 20%를 웃돌았다. 1999년부터 2011년까지는 15~17% 정도를 유지했지만 액수는 증가해 2005년에는 20조 원을 넘었다. 2017년에는 처음으로 40조 원을 넘어섰고, 2020년에는 50조 원을 돌파했다.[179] 국방예산은 최악의 전염병 사태로 보건과 재난 대응을 위한 재정 지출 요구가 높았던 코로나19 팬데믹 상황에서도 꾸준히 증가했다. 팬데믹의 한가운데에 있었던 2021년 국방예산은 전년보다 5.4% 증가한 52조 8401억 원이었고, 2022년에는 전년보다 3.5% 증가한 54조 6112억원이었다. 2022년 정부예산은 607.7조 원으로 국방예산은 약 9%를 차지했다. 이때는 2년 동안 지속된 팬데믹의 영향으로 어느 때보다 재정 지출 확대가 필요한 시기였다. 주목할 건 2020년 코로나19 팬데믹 상황 대응 3차 추경 재원 마련을 위해 국방예산 중 방위력개선비와 전력운영비 등에서 3158억 원이 삭감됐다는 점이다.[180] 이것은 국방예산이 동결되거나 줄어들 때 사회 구성원들의 삶의 질이 향상될 수 있음을 보여준 상징적인 일이었다. 국방예산의 증가 또한 사회 구성원들의 잠재성과 실제성 사이의 간격을 벌리는 구조적 폭력의 사례가 된다.

구조적 폭력의 관점에서 살펴봐야 할 가장 중요한 문제는 남북한의 대결과 평화적 공존 등 남북한 관련 문제를 정부가 독점하고 대다수 사회 구성원은 배제된다는 점이다. 모두의 삶의 질에 영향을 미치고 안전을 위협하는 문제임에도 불구하고 정책 결정과 실행에 구성원들의 목소리는 충분히 반영되지 않고 정보는 극히 제한된 범위에서만 공유된다. 1972년 남북한 정부의 첫 회담은 평양에서 비밀리에 열렸고 그 결과인 '7·4남북공동성명' 발표는 기습적으로 이뤄졌다. 2016년 2월 10일 정부의 기습적인 개성공단 전면 중단 조치 발표는 개성공단 내 업체들과도 사전 협의나 예고도 없이 일방적으로 이뤄졌다. 업체들은 발표 당일 북한의 추방 명령과 자산 동결 조치로 원자재, 제품, 설비를 그대로 남겨둔 채 철수했다. 이것은 정치적 결단이 아니라 많은 사람의 신체적 안전과 생계를 위협하는 폭력적 사건이었다. 2021년 9월 정부는 남북 대화와 비핵화 협상 재개를 위한 정치적 돌파구로 한국전쟁 종전선언을 추진하고 미국과 문구 조율에 들어갔다. 같은 해 12월 29일 기자간담회에서 외교부 장관은 미국과 사실상 문구 합의가 이뤄졌다고 밝혔지만 세부 내용은 언급하지 않았다.[181] 사회 구성원들과 정보를 공유하지 않은 것이다. 정부의 일방적 정책 행보와 구성원의 배제는 정부가 교체되고 남북문제와 관련된 정책이 정반대로 바뀌어도 변하지 않고 사회 구성원들이 목소리를 낼 수 없는 상황이 반복된다.

남북한 대결의 종식과 소극적 평화의 실현 문제가 여전히 큰 도전으로 남아 있는 중요한 이유 중의 하나는 정부가 군사적, 정치적 대결의 유지 및 강화에 기여하는 국가안보 담론을 줄곧 강조해왔기 때문이다. 이것은 특정 이념의 수용을 강요하고 그것을 통해 구조적, 직접적 폭력을 정당화하는 전형적인 문화적 폭력의 예다. 정부는 남북한 대결, 국가안보 강화, 휴전 상태 지속, 징병제 유지, 국방 예산 증가 등 모든 원인을 북한에서 찾고 그에 대한 대응으로 내부적 결속을 강조했다. 정전 상태와 대결의 지속에 대한 정부의 책임을 인정하지 않는 사회적 담론을 꾸준히 강화했다. 이런 주장의 근거인 국가안보를 저항 불가한 사회 이념으로 만들었다. 2018년 세 차례 남북정상회담을 하고 지속가능한 평화를 주창한 문재인 정부조차 '튼튼한 안보'가 평화를 지키고 항구적 평화를 정착하는 토대가 된다고 주장했다.[182] 평화와 평화 실현 과정에 대한 왜곡에 기초해 문재인 정부는 꾸준히 국방예산을 증액했다. 코로나19 팬데믹 상황에서도 연평균 증가율은 6.3%를 기록했다. 이것은 북한과 관계를 거의 단절했던 박근혜 정부의 4.2%, 이명박 정부의 6.1%보다 높은 것이었다. 국가안보 이념화를 통해 한국사회 내 이념 대결과 정서적 단절을 심화하는 것 또한 중대한 문화적 폭력이며 그 결과 개인 및 집단 사이의 상호 공격적 사회 환경이 지속되어왔다. 국가가 주도하고 강조하는 국가안보 담론은 평화적 공존 담론의 입지를 약화하고 사회적 대립과 반목을 강화해 이견을 가진 개인 및 집단 사이의 공존을 방해한다.

남북한의 대결과 평화적 공존의 문제와 관련해 한국사회와 구성원들이 직면한 문제를 폭력의 관점을 통해 분석하는 이유는 두 가지다. 하나는 소극적 평화의 실현과 적극적 평화로의 진전을 위해 한국사회와 구성원들의 폭력에 대한 민감성 부족을 성찰할 필요가 있기 때문이다. 다른 하나는 폭력적 상황의 확인과 인식이 존재해야 남북한의 대결에서 비롯된 폭력의 중단이 가능하고 한국사회 구성원들의 평화적 삶을 위해 남북한의 평화적 공존으로 가는 방향성을 설정할 수 있기 때문이다. 지금까지 지적된 내용이 폭력으로 인식되지도, 인정되지도 않는 건 한국사회와 구성원들의 폭력에 대한 이해와 민감성이 절대적으로 부족함을 의미한다.

국가 폭력의 지속

평화의 실현을 저해하는 폭력을 논할 때 기본적으로 언급되는 원인 중 하나는 구조의 문제다. 그리고 구조적 문제와 관련해 언급되곤 하는 건 국가 폭력이다. 국가 폭력은 국가를 운영하는 정부와 공공기관이 시민에게 가하는 폭력이다. 폭력의 가해자가 국민을 보호할 책임이 있는 정부와 공공기관이라는 점에서, 그리고 폭력의 피해자가 당연하게 국가의 보호를 받아야 하는 국민이라는 점에서 모순을 내포한다. 국가는 국내외 환경에서 국민을 보호하고 필요할 때 안전망을 제공한다. 개인과 집단은 사소한 사적 영역을 제외하고 거의 모든 일상에서 국가의 판단, 결정, 통치에 의존한다. 국가는 다양한 공공기관과 거대한 관료체제를 통해 개인과 집단의 일상을 보호함과 동시에 통제한다. 개인과 집단의 자유와 선택은 국가의 판단과 결정에 따라 범위가 설정된다. 국가 그리고 국가에 속한 개인 및 집단 사이에는 필연적으로 불균형한 힘의 관계가 설정되어 있다. 이런 힘의 관계, 그리고 이에 대한 정부와 공공기관의 왜곡된 인식과 잘못된 행동이 국가 폭력을 야기한다. 보통 정부와 공공기관은 폭력이 아니라 공공 이익과 국민 보호를 위한 불가피한 선택이라고 주장하곤 하지만 피해자들은 보호의 대상에서 자신이 배제되고 자신에게만 폭력이 가해지는 데에 대한 합리적인 이유를 찾지 못한다.

한국사회의 국가 폭력은 정부 수립 직후부터 있었다. 특히 한국

전쟁 전후에 있었던 국가 폭력은 민간인을 학살한, 절대 용납될 수 없는 사례들이었다. 이런 사례를 국가 폭력으로 규정하고 진상을 규명하는 일은 사회적 공감과 정당성을 확보하기가 상대적으로 어렵지 않다. 그러나 그런 사례에 대한 규명조차 초기 정부들과 독재 정권의 무관심, 그리고 국민의 요구를 무시하는 정부의 소극적 대응으로 이뤄지지 않았다.[183] 마침내 1996년 1월 거창 민간인 학살 사건 피해자의 명예 회복을 위한 특별조치법이 제정됐다. 한국전쟁 전후 시기에 일어난 민간인 희생에 대한 진상 규명과 사망자 및 유족의 명예 회복을 위한 최초의 사례였다. 이를 위해 민주화 이후 첫 번째 진실 규명을 위한 위원회인 거창사건등관련자명예회복심의위원회가 구성됐다. 김대중 정부와 노무현 정부에서는 과거사 정리의 맥락에서 4·3 사건, 의문사 사건, 군 의문사 사건 등에 대한 진상 규명이 이뤄졌다. 2005년 12월에는 진실·화해를위한과거사정리위원회(이하 진실화해위원회)가 발족했고 2010년 6월까지 활동했다. 이런 점에서 본다면 정치적, 사회적 압력으로 1980년대 말에 시작된 5·18 민주화운동 진상 규명은 이례적으로 일찍 시작된 것이었다. 그러나 노태우 정부와 김영삼 정부에 걸쳐 이뤄진 진상 규명 작업으로는 발포명령자를 밝히지 못했고, 책임이 있는 노태우와 전두환 두 인물에 대한 사법 정의의 구현은 1년 남짓 후에 사면으로 종식됐다.

진실화해위원회에 진실 규명을 신청한 사건 1만 860건 중 가장 높은 비율을 차지한 건 한국전쟁 전후의 민간인 집단희생 사건으로

73%를 차지했다. 세부적으로는 국민보도연맹과 군경 토벌 작전 관련 사건이 합쳐서 62%로 가장 많았다. 그 외에도 여순사건, 부역 혐의, 미군 관련 사건 등의 진상 규명이 신청됐다. 국가 기관에 의한 인권침해 사건은 5.6%를 차지했는데 간첩 혐의, 강제 연행, 가혹행위 등이 있었다. 이 중 군과 경찰 관련 사건이 합쳐서 57.4%를 차지했다. 두 번째로 진실 규명 신청이 많은 사건은 적대세력 관련 사건, 그러니까 인민군, 좌익세력, 빨치산 등에 의한 피해 사건으로 15.6%를 차지했다.[184] 한국전쟁 전후의 민간인 집단희생과 국가에 의한 인권침해라는 두 종류의 사건은 대한민국 정부에 의해 이뤄진 명백한 국가 폭력 사건이었다. 적대세력 관련까지 포함해본다면 한국전쟁 전후에 많은 민간인이 남북한 정부의 폭력으로 피해를 입었음을 알 수 있다. 진실화해위원회는 전체 신청 사건 중 일부를 각하하거나 진실 규명이 불가능한 것으로 판단했다. 그럼에도 전체 수치가 보여주는 사실은 국가 폭력이 한국사회에 널리 퍼져 있었고, 피해를 밝히지 못하고 억울하게 오랜 시간을 보낸 피해자가 많았다는 점이다. 제2기 진실화해위원회는 2020년 12월 10일 출범했고 역시 한국전쟁 전후의 민간인 집단희생, 권위주의 통치 당시 인권침해와 조작 의혹 사건 등을 다루고 있다.

진실화해위원회를 통해 정부가 국가 폭력의 진실을 규명하고자 노력하는 건 당연하고 바람직하다. 그런데 규명 사례를 통해서만 국가 폭력을 이해하는 건 문제가 있다. 국가 폭력을 물리적 폭력의 범주에 한정되는 것으로 오해할 수 있기 때문이다. 군과 경찰에 의한 학살, 강제 연행, 가혹행위 등은 모두 물리력을 동원해 가해진 명백한 폭력이다. 그러나 물리적 폭력이 아니어도 정부나 공공기관에 의해 가해지는 심각한 국가 폭력 사례는 많다. 그러므로 국가 폭력을 다룰 때 물리적 폭력에만 초점을 맞추는 건 국가 폭력을 왜곡하고, 심각한 피해가 생긴 다른 국가 폭력의 사회적 묵인을 야기할 수 있다. 또한 물리적 폭력의 근본 원인인 국가 구조와 통치의 문제를 간과할 수 있다.

국가 폭력의 진실을 규명하는 건 당연하지만 화해가 반드시 진실 규명 목적의 일부가 되어야 하느냐의 문제도 있다. 진실화해위원회가 만들어진 목적 중의 하나는 이름이 설명하는 것처럼 화해를 위해서다. 화해는 피해자와 가해자가 서로를 인정하고 관계를 회복하는 것을 말하지만 국가가 주도하는 위원회는 보통 사회적 화해의 목적 또한 가지고 있다. 진실 규명은 화해에 기여할 것이라는 기대하에 이뤄진다. 아파르트헤이트 후 사회적 화해가 절실했던 남아공은 진실과화해위원회(1996~1998년)를 통해 사회적 화해에 성공했다는 평가를 받았다. 그 후 많은 국가가 남아공 사례를 참고해 비슷한 위원회를 만들었다. 그러나 남아공 내에서는 진실과화해위원회가 진실 증언과 가해자 용서를 강조하고 막상 아파르트헤이트로 야기된 경제적 부정의를 바로잡지는 않았다고 비난하는 목소리가 있었다.[185] 피해와 가해에만 집중하고 국가적으로 만연된 폭력 때문에 파괴된 삶의 회복은 외면하면서 완전한 사회적 화해가 이뤄지지 않았던 것이다.

화해는 진실 규명, 폭력의 인정, 배상과 보상, 가해자 처벌, 가해자의 참회와 사과, 피해자의 용서라는 복잡한 절차를 거친 후 최종적으로 피해자의 화해 결심에 의해 이뤄진다. 그런데 국가가 주도하는 과정이 가해자의 참회와 사과, 피해자의 용서를 가능하게 할 것인가? 국가 폭력의 경우 가해자인 국가가 어느 수준에서 어떻게 잘못을 인정하고 사과할 것인가? 국가의 이름으로 학살이나 가혹행위를 저지른 가해자의 사과는 어떻게 받고 처벌은 어떻게 할 것인가? 피해자가 용서와 화해를 거부하는 경우에도 사회적 화해를 선포할 것인가? 여러 질문이 생길 수밖에 없다. 학살과 가혹한 인권침해를 가한 사람과 화해하는 건 피해자에게는 어려운 일이고 어떤 피해자에게는 불가능한 일이다. 설사 국가 차원에서 사과가 있다 하더라도 가해자를 용서하는 건 힘든 일이다. 한국전쟁 직후 많은 마을에서 국군, 경찰, 인민군과 그들에게 동조한 마을 사람들에 의해 학살이 자행됐다. 많은 마을에서 가해자와 피해자가 서로를 알고 있었지만 잔인한 과거에 대한 아픈 기억으로 진실을 규명하지도 화해하지도 않은 채 수십 년을 보냈다. 국군과 경찰에 의해 가해진 국가폭력이 있었지만 두려움으로 입에 담지도 못했다.[186] 피해자에게는 진실 규명을 결심하는 것조차 힘든 일이다. 그런데 진실과 화해를 함께 언급하는 건 피해자에게 화해를 강요하는 것이 될 수 있고 또다른 폭력이 될 수 있다. 참회는 가해자의 영역이고 용서는 피해자의 영역이다. 참회와 용서가 있어야 화해가 가능하고 그조차 피해자가 결정할 일이다.[187]

필폿Philpott은 국제적 규범에 따라 범죄가 되고 진실과화해위원회의 진실 규명 대상이 되는 범죄를 정치적 부정의political injustice라고 부르고 진실 규명을 통한 화해를 정치적 화해political reconciliation라고 부른다. 이런 정치적 화해는 두 가지 회복을 통해 정의를 실현한다. 일차적 회복은 피해자의 상처를 회복하는 것으로, 여섯 가지 실행을 통해 이뤄진다. 바로 사회적으로 정당한 기관의 수립, 인정, 배상, 처벌, 사과, 용서다. 각각의 실행은 피해자는 물론 그들의 관계를 회복시킨다. 이차적 회복은 일차적 회복의 긍정적 결과를 통해 이뤄지는 것으로, 정치적 화해와 관련된 네 당사자, 즉 피해자, 가해자, 피해자도 가해자도 아닌 사회 구성원, 국가를 포함한다.[188] 이것은 국가 폭력과 관련된 화해가 단지 피해자와 가해자의 문제가 아니라 전체 사회와 국가의 문제이며 모두의 참여를 필요로 한다는 점을 강조한다. 반드시 가해자의 사과가 전제되어야 용서와 회복, 그리고 마침내 화해의 가능성이 열린다는 점을 말해준다. 또한 가해자의 사과가 부재한 상황에서 국가에 의해 시도되는 화해, 사회 구성원의 동의와 인정이 없는 화해가 불가능함을 말해준다.

학살이나 가혹행위 같은 물리적 폭력을 가하지는 않지만 정부나 공공기관은 정책과 사업 결정을 통해 시민에게 막대하고 되돌릴 수 없는 피해를 주곤 한다. 정책과 사업의 계획, 결정, 실행이 모두 합법적인 체계와 절차를 통해 이뤄지므로, 이런 사례는 구조적 폭력의 범주 안에서 논할 수 있다. 그런데 이런 구조적 폭력은 흔히 직접적, 문화적 폭력으로 이어진다. 정책과 사업에 대한 개인적, 집단적

저항이 있는 경우 정부와 공공기관이 다양한 방식을 동원해 목표
달성을 시도하기 때문이다.

　오래지 않은 과거에 한국사회가 겪은 밀양 송전탑 건설을 둘러싼
갈등은 국가 폭력을 이해하고 분석하기에 좋은 사례다. 밀양 송전
탑 건설은 국책사업이었다. 2002년 9월 정부는 신고리 원자력 발전
소에서 생산되는 전력을 경남 창녕군에 있는 북경남 변전소에 보내
기 위한 공사의 일부로 밀양시 외곽 지역을 지나는 765kV 송전탑
건설 사업을 결정했다. 정부는 2005년 8~9월에 환경영향평가 초
안을 공람하고 주민설명회를 개최했으며 주민들은 그제야 사업을
인지하게 됐다. 주민들은 전자파 발생으로 인한 안전 문제와 토지
가격 하락을 우려해 반대했고 사업 시행사인 한전은 몇 년 동안 주
민과 협의를 진행했다. 최종적으로 협의는 결렬됐고 한전은 보상금
을 지급하고 공사를 강행했다. 주민 저항으로 송전탑 건설은 중단
을 거듭했으나 꾸준히 진행됐고 2014년 12월 건설이 완료됐다. 그
러나 정부와 한전에 대한 일부 주민들의 저항과 문제 제기는 계속
됐다. 밀양 송전탑 건설을 반대하는 주민들의 저항은 이전 사례에
서 보기 힘든 수준으로 강경하고 꾸준했다. 그러나 정부와 한전은
주민들의 강한 저항을 무시하고 공사를 강행하는 선택을 했다. 주민
들은 반대 집회가 시작된 2005년 12월부터 공사가 완료된 2014년
12월까지 9년 동안, 그리고 그 후에도 격렬하게 저항했다. 송전탑
건설 강행으로 주민들은 심각한 신체적, 정신적, 심리적 피해를 입
었다.[189] 그 모든 피해는 국가 폭력에서 비롯된 것이었다.

정부가 사전에 주민과 정보를 공유하지도 협의하지도 않고 일방적으로 송전선로를 결정하고 공사를 강행한 건 정부 정책 및 사업의 합법성을 악용한 구조적 폭력이었고 구체적인 피해를 낳았다. 주민들은 투명하고 명확한 규명이 없는 송전탑 전자파 문제로 안전에 위협을 느꼈고 토지와 주택 가격 하락의 피해를 입었다. 한목소리로 송전탑 건설을 반대했던 주민들이 보상금 지급이 시작되면서 대립하고 상호 공격하게 된 것은 의도하지 않았다 해도 정부의 일방적 사업 결정과 강행이 낳은 결과였다. 2014년 6월에는 경찰 2000여 명과 공무원 200여 명이 투입돼 움막 농성장을 강제 철거하고 주민들을 강제 해산시켰으며 이때 다수의 부상자가 발생했다. 이것은 공권력을 이용해 신체적, 정신적 피해를 낳은 직접적 폭력의 사례였다. 2012년 1월에는 송전탑 건설에 반대하는 한 주민이 분신해 사망했다.[190] 이것은 2차 폭력의 사례다. 2차 폭력은 구조적 폭력에서 비롯된 것으로 자신을 파괴하는 자살이나 약물중독 또는 개인이나 집단 사이의 물리적 폭력이나 공격으로 나타난다.[191]

밀양 송전탑 건설과 관련된 가장 심각한 2차 폭력의 사례는 주민들 사이의 대립과 상호 공격이 악화되면서 발생한 공동체 파괴다. 정부와 한전은 특수보상비 지급을 결정하고 마을 주민 50% 이상이 서명하는 마을을 합의 마을로 인정해 보상금을 지급했다. 보상금 중 60%는 마을 공동 자금인 마을 개발 지원금으로, 나머지 40%는 마을 전체 세대 수로 나누어 개별 보상금으로 지급했다. 보상금 지급이 시작되면서 일부 마을에서는 보상금을 거부하고 저항을 계속하는 주민들과 보상금을 받은 주민들 사이에 상호 공격과 대립이 발생했고 상황은 시간이 갈수록 악화됐다. 그 결과 마을회관에 사람이 모이지 않고 마을 활동이 중단되는 등 마을이 제대로 작동하지 않고 공동체가 파괴됐다.[192] 공동체 파괴의 근본적인 원인인 구조적 폭력은 밀양 송전탑 건설과 관련된 가장 중대한 국가 폭력이다.

밀양 송전탑 건설과 비슷한 사례로는 제주도 강정마을 해군기지 건설과 경북 성주군 소성리 사드 배치 결정이 있다. 해군기지 건설에 대한 주민 저항은 강정마을 주민회가 투표로 반대를 결정한 2007년 8월에 시작됐다. 해군기지는 2016년 2월 완공됐지만 주민들의 저항은 2022년 9월 현재도 진행 중이다. 성주군 소성리 사드 배치는 2016년 9월 30일 결정됐고 그곳 주민들 역시 2022년 9월 현재까지 저항하고 있다. 두 사례 모두 정부의 일방적 결정에서 비롯됐고 정부는 주민들의 강한 저항에도 불구하고 건설과 배치를 강행했다. 소성리의 경우 사드 기지 철회를 요구하고 기지 내 물품 반입을 저지하고 감시하는 일이 주민들의 일상 중 하나가 됐다. 주민들이 물품 반입을 몸으로 막고 경찰이 주민들을 강제 진압하는 것 또한 반복적인 일이 됐다. 두 곳 주민들에게는 구조적 폭력과 직접적 폭력 형태의 국가 폭력이 가해졌다. 특히 제주도 해군기지 건설과 관련해서는 찬성과 반대 주민들 사이에 반감과 증오가 쌓여 많은 마을 모임이 해체되고 공동체가 파괴되는 2차 폭력이 발생했다.[193]

국가 폭력은 다른 폭력과 마찬가지로 불균형한 힘의 관계에서 비롯된다. 불균형한 힘의 관계가 존재하는 가장 큰 이유는 정부와 공공기관이 합법성과 그에 따른 정당성을 가지고 있기 때문이다. 이 점은 구조와 절차를 이용한 구조적 폭력을 정당한 절차로 주장할 수 있게 한다. 합법성은 경찰력을 동원해 주민들의 저항을 진압하고 행정 절차를 통해 사업 진행을 강행하는 등의 공권력 사용을 가능하게 한다. 특별히 주목할 점은 합법성이 정부와 공공기관이 자신에게 유리한 논리와 담론을 만들고 그것을 국민 설득에 활용하는 것을 용이하게 한다는 점이다. 그 결과 국익, 국가안보, 공익, 님비NIMBY, 집단 이기주의 등의 사회적 담론의 형성과, 정책과 사업에 대한 사회적 지지 획득이 가능하게 된다. 이를 통해 정부와 공공기관은 사회적 정당성을 확보하고 저항하는 시민에 대한 사회적 제재와 공격을 유도한다. 이것은 문화적 폭력의 범주에 속하는 문제다. 이런 점 때문에 국가 폭력을 논할 때는 합법성과 구조의 악용에 초점을 맞출 수밖에 없다. 동시에 국가 폭력에서 비롯된 2차 폭력을 규명하고 그에 대한 국가의 책임을 함께 논의해야 한다.

평화 실현을 위한 갈등해결

갈등해결 연구와 현장 실행이 평화학 내 중요한 하나의 영역으로 자리를 잡은 이유는 평화 실현을 위해서는 불가피하게 갈등을 다뤄야 하기 때문이다. 평화의 실현이 단지 전쟁의 부재로 성취되지 않고 폭력의 점진적 감소와 제거로 성취될 수 있다는 건 국가나 민족 및 종교 집단 사이의 무력 충돌은 물론 사회와 집단 내에 일상적으로 존재하는 다양한 폭력도 다뤄야 함을 의미한다. 폭력과 갈등 사이에는 인과관계와 상관관계가 있다. 폭력적인 구조와 관계가 지속되고 변화의 가능성이 낮으면 갈등이 발생할 가능성이 높다. 이런 갈등은 보통 힘의 불균형 관계에서 발생한다. 갈등의 원인은 특정 현안이나 이익이 아니라 그들 사이의 관계와 역할을 규정하는 구조다. 이런 구조와 관계는 갈등 없이는 변화될 수 없고 그런 이유로 갈등이 생긴다.[194] 이렇게 생긴 갈등은 고착된 힘의 불균형 관계 때문에 전개가 어렵지만 해결도 어렵다. 상대적 강자가 상대적 약자의 요구를 충족시키는 것을 거부하기 때문이다. 이런 갈등은 장기간 진행되고 만성적인 폭력적 대결을 야기할 가능성이 높다. 갈등과 폭력 사이에 상관관계가 만들어지는 것이다. 평화 실현은 이런 갈등을 다루고 해결해야 가능해진다. 1장에서 언급한 것처럼 조직적인 평화연구가 시작되던 시기에 갈등은 국가 사이 전쟁과 무력 갈등을 의미했다. 이때 갈등해결은 전쟁과 무력 갈등의 평화적 해결을 의미했다. 그러나 평화연구의 진척과 함께 무력 갈등을 넘어 사회 내에 존재하고 증가할 수밖에 없는 다양한 갈등에 대한 새로운 이해와 접근, 전문 연구의 필요성이 제기됐다.

갈퉁은 1969년 논문에서 평화연구에 더해 갈등에 대한 연구가 필요함을 주장했다. 그는 '갈등학conflictology'이란 용어를 제안하면서 평화연구와 비슷하지만 조금 다른 전문 분야로서의 연구를 주장했다. 큰 집단과 국가 사이 갈등 관계를 연구하고 순수한 갈등 연구보다 적용과 정책에 초점을 맞춘 평화연구와는 조금 다르게 갈등학은 사회에서 발생하는 다양한 갈등의 인과관계에 관심을 가지고 갈등의 원인, 역동성, 해결까지를 연구할 수 있다고 설명했다. 그는 기존의 세계 질서와 생활 방식의 변화로 갈등이 증가할 것이기 때문에 과학으로서의 갈등 연구가 필요함을 강조했다. 그는 인간에게 필요한 공기처럼 갈등을 사회생활에 필요한 요소이자 도전이라고 했다. 그리고 갈등 당사자들 사이에 나타나는 양립불가성은 오히려 당사자들이 가시적, 비가시적으로 연결되어 있음을 보여주는 것이고, 당사자들이 공통으로 양립불가성의 문제를 가지고 있으므로 해결책에 도달할 수 있도록 함께 노력해야 한다고 주장했다.[195] 그의 주장에서 흥미로운 점은 갈등에 대한 긍정적 시각이다. 이러한 긍정적 시각은 이제 갈등해결 접근의 핵심 가치이자 이해로 인식되고 있다. 긍정적 시각을 넘어 갈등을 위협이 아니라 자신과 타인에 대한 이해를 높이고 성장시키는 기회로 보기도 한다.[196] 그러나 1960년대 말에는 분명 새로운 인식이자 접근이었다.

갈퉁은 동일 논문에서 A(attitude, 태도), B(behavior, 행동), C(conflict, 갈등의 원인)로 구성되는 갈등 삼각형conflict triangle을 제시했는데 그는 어떤 지점에서든 갈등이 생길 수 있다고 설명했다.[197] 이런 갈등의 원인을 폭력과 연결 짓는다면 A는 문화적 폭력, B는 직접적 폭력, C는 구조적 폭력으로 해석할 수 있다. 문화적 폭력은 갈등 당사자들의 태도 변화를 통해, 직접적 폭력은 갈등 행동의 변화를 통해, 구조적 폭력은 갈등 당사자들에게 절망을 경험하게 하는 구조적 모순과 부정의의 제거를 통해 끝낼 수 있다. 이것은 다시 갈퉁이 주장한 것처럼 직접적 폭력의 중단을 통한 소극적 평화의 성취, 그리고 구조적·문화적 폭력까지 극복한 적극적 평화의 개념으로 연결된다.[198] 그러므로 평화학 안에서 갈등해결은 갈등의 원인을 밝히고 대응과 해결을 모색하는 연구와 현장 실행만이 아니라 사회 변화와 평화적 공존을 위한 불가피한 절차이자 그를 통해 평화 실현을 위한 사회와 개인의 역량을 높이는 과정으로 이해된다. 또한 평화 실현을 위해 다뤄야 하는 갈등에는 국가 사이의 갈등이나 사회갈등만이 아니라 사회 내 집단 사이의 갈등과 개인 사이의 갈등도 포함된다. 집단과 개인의 문제가 대부분 구조적 문제에서 비롯된다고 보는 평화학의 시각과 구조의 변화가 평화연구의 핵심 주제인 점을 고려하면 자연스러운 접근이다.

한국사회가 평화적 공존 사회의 실현으로 나아가기 위해서는 불가피하게 갈등을 다뤄야 한다. 한국사회의 갈등은 2000년을 전후로 변화를 보였다. 1990년대 말까지 갈등은 가족, 노동 현장, 정치권 등의 영역 내 문제로 여겨졌다. 1998년 동강댐 건설을 둘러싸고 생긴, 정부와 지역 주민 및 시민단체 사이의 갈등을 계기로 정부 정책을 둘러싼 갈등이 나타나기 시작했다. 2000년 남북정상회담 후에는 이념 대립에서 비롯된 남남갈등이 고착됐다. 이후에도 다양한 사회갈등이 발생했고 사회적 이목을 집중시킨 대부분의 갈등은 중앙정부, 지방자치단체, 공공기관이 관련된 갈등이었다. 1998년 진보 성향 정부로의 정권 교체와 민주주의의 진전이 이뤄지면서 이

전보다 자유롭게 정부 정책에 이의를 제기하는 사회 분위기가 조성된 것이 사회갈등의 증가에도 영향을 미친 것으로 볼 수 있다.[199] 2000년대부터 증가하기 시작한 사회갈등은 다양한 집단 사이의 대립과 공격으로 나타났고, 사회 구성원들의 안전을 위협하고 개인과 집단의 평화적 공존을 저해하는 중요한 사회 현상 중 하나가 됐다. 그럼에도 갈등으로 인한 폭력을 줄이고 사회 변화에 기여하는 대응 및 해결 노력은 큰 변화를 보이지 않고 있다.

사회 변화에 기여하는 포괄적이고 적극적인 갈등 대응과 해결 모색을 어렵게 하는 가장 큰 이유는 한국사회를 지배하는 갈등에 대한 부정적 인식이다. 한국사회는 2000년을 전후해 본격적으로 사회갈등을 대면하게 됐으나 갈등에 대한 사회적, 개인적 인식은 개선되지 않았다. 오히려 많은 사회갈등을 경험하면서 부정적으로 강화된 측면이 있다. 갈등은 사회 변화를 위한 기회가 아니라 해결해야 할 문제로 인식된다. 집단 사이에서 갈등이 발생하는 이유는 "갈등을 부추기는 집단이나 세력 때문"이라는 의견이 월등하게 높고 "사회 발전 과정에서 불가피하게 발생할 수 있는 현상"이라는 생각은 부정적 의견의 절반 정도로 낮다. 국민의 76% 이상은 갈등에 부정적인 측면이 더 많다고 인식한다.[200]

사회갈등의 대부분을 차지하는 공공갈등의 당사자이자 원인을 제공하는 정부, 공공기관, 지방자치단체, 공기업 등은 갈등을 정책 및 사업 진행의 걸림돌로 여기고 적절한 수준에서의 '관리'와 빠른 종결을 모색한다. 갈등 예방, 대응, 해결을 포함하는 이들의 노력은

'갈등관리'로 불린다. 공공갈등에 대한 관리적 접근은 시민과 시민 단체의 저항을 정책 및 사업에 대한 조직적 방해로 인식한다. 이런 인식은 공공갈등을 정부를 마비시키고 그 결과 '통치의 위기crisis of governance'를 야기하는 행위로 묘사하는 것[201]과 맥락을 같이한다. 이런 관리적 접근과 부정적 인식을 통해 지역 주민의 문제 제기로 생긴 갈등을 '외부 세력'의 개입에 의한 부적절한 저항으로 폄하하고 집단 이기주의로 왜곡한다. 갈등을 공공 정책이나 사업의 영향을 받는 당사자의 불가피한 문제 제기로 인정하지 않고 정책 실행을 방해하는 행위로 여기기 때문에 확산을 막는 데 몰두한다. 공공 갈등이 지역 주민에게 미치는 부정적 영향과 그로 인한 피해는 저항하는 지역 주민의 책임으로 돌려진다. 공공갈등에서 비롯되는 공동체 파괴에 대한 책임 규명과 대응도 없다. 이런 인식과 관리적 접근은 갈등에 대한 사회 구성원들의 부정적 인식 형성에도 영향을 미친다. 정부, 지방자치단체, 공공기관, 공기업 등이 갈등을 관리하고 시민 당사자 집단이 관리의 대상이 되는 상황은 둘 사이에 존재하는 불균형한 힘의 관계에서 비롯된다.[202]

적극적인 갈등 대응과 해결이 이뤄지지 않는 또 다른 이유는 갈등을 포괄적으로 다루고 당사자들의 대화와 합의를 지원하는 사회적 기제 및 지원이 거의 없기 때문이다. 공공갈등의 경우 갈등에 직면하고 시민과 대립 관계를 형성하게 된 공공기관이나 공기업이 자율적 판단에 따라 대화의 접근을 취할지 또는 관리적 접근하에 설득에 주력할지를 결정한다. 대부분은 설득에 초점을 맞추고, 시간이 조금 지체되기는 하지만 공공기관이나 공기업이 원하는 대로 정책과 사업이 실행된다. 시민 당사자 집단이 강하게 문제를 제기하고 저항을 해도 불균형한 힘의 관계로 인해 상호작용이 일어나는 갈등의 전개가 어렵고 대화 자리가 마련되지 않는다. 중대한 사회 갈등의 경우에도 행정을 담당하는 공공기관이 적극적으로 나서서 시민들을 지원하고 대화의 자리를 제공하는 경우가 드물다. 그 결과 갈등 당사자들은 언론과 여론을 통한 호소나 시위에 의존하고 갈등은 조기부터 대립과 공격으로 치닫곤 한다. 당사자들의 대립과 상호 공격에 의존하는 갈등이 어느 정도 진행된 후에는 행정적, 사법적 판단을 통해 일단락되곤 한다. 2017년 신고리 5·6호기 건설 중단 여부를 묻는 공론화 절차가 '성공'으로 평가되면서 사회적 영향이 큰 갈등을 공론화 절차를 통해 다루는 시도가 증가했다. 그러나 이런 공론화는 대화보다는 결과 도출에 초점이 맞춰지며 실제로는 갈등을 다루지도 않는다.[203] 신고리 5·6호기 건설 관련 공론화의 경우 직접 당사자인 원전 건설 예정지 찬반 주민의 갈등을 다루지 않았고, 최종 결정도 합의가 아닌 다수결 방식으로 이뤄졌다. 이런 방식의 공론화는 갈등을 봉합하는 기능만 할 수 있다. 그 결과 정치적, 사회적 변화에 따라 동일 문제가 재소환되고 갈등이 재발할 가능성이 높아진다.

포괄적이고 적극적인 갈등 대응과 해결이 이뤄지지 않는 가장 중대한 이유는 개인과 집단의 역량 형성을 위한 사회적 접근과 노력이 부족하기 때문이다. 대립과 공격이 아니라 평화적이고 창의적인 방식으로 갈등에 대응하고 대화를 통해 갈등을 해결하는 역량은 사회적, 개인적 경험의 축적을 통해 형성되고 향상된다. 그러나 갈등이 해결되는 사회적 경험의 부족으로 사회 구성원들은 간접 경험을 통해 역량을 키우는 기회를 가지지 못한다. 스스로 갈등을 다루고 해결할 수 있도록 돕는 사회적 기제와 지원의 부족으로 직접적 경험을 쌓을 수도 없다. 결정된 정책과 사업의 지속적 진행을 위해 갈등을 통제하고 저항하는 시민을 설득하는 관리에 초점을 맞추는 접근 방식으로 인해 공공기관의 경험도 축적되지 않는다. 그 결과 시민은 목소리를 내기 위한 시위와 언론 및 여론 설득에 의존하고, 공공기관은 공공 정책과 사업의 걸림돌이 된다고 생각되는 갈등을 봉합하고 저항의 목소리를 줄이는 데 주력한다. 개인, 집단, 그리고 공공기관 및 공기업의 갈등 대응 및 해결 역량의 부족은 유사한 갈등의 재발과 반복적 피해를 야기한다.

평화학은 갈등을 폭력적 관계에서 평화적 관계로의 변화를 위해, 그리고 폭력적 관계의 근본 원인인 구조의 변화를 위해 불가피하게 발생하는 일로 본다. 갈등에 동반되곤 하는 대립과 공격은 갈등의 본질이 아니라 선택할 수 있는 문제 제기 방식이 제한되는 데서 비롯되는 부정적인 측면이다. 갈등 부재의 사회가 아니라 갈등이 사회 변화의 계기가 되는 사회를 위해서는 갈등에 대한 개인적, 사회적 인식의 변화와 대응 환경과 역량의 개선 문제에 주목할 필요가 있다.

7장

평화구축 실행 1
: 전략적 평화구축

2부

한국사회 평화구축을 위한 평화연구

전략적 평화구축

평화학은 평화 자체를 연구하는 학문이 아니다. 평화학은 평화를 인간 사회에 절대적이고 기본적으로 필요한 가치이자 조건으로 확인하는 토대 위에서 평화적 공존을 위한 개인적, 집단적 필요를 규명하고 평화의 실현을 위한 사회적 조건의 형성을 연구하며 현장 적용을 통해 실행하는 학문이다. 평화 개념의 수립과 설명은 평화 실현의 정당성을 확보하기 위한 과정이자 수단이다. 이것은 평화 실현을 위해 사회의 구성원인 다양한 집단과 개인을 설득하고 그들의 참여와 노력을 독려하기 위해 필요한 일이다. 평화구축은 폭력의 전환과 평화의 실현을 위한 구체적인 접근이자 현장 적용이다. 이론과 실천을 동등하게 강조하고 이론의 현장 적용과 유효성 증명을 연구 목적 중 하나로 여기는 평화학에서 가장 중요하고 간과할 수 없는 영역이다.

평화구축은 큰 틀에서 폭력의 중단과 제거, 그리고 평화 실현을 위한 점진적인 과정의 계획과 실행에 초점을 맞춘다. 이 점은 평화 구축이 필요한 모든 사회와 상황에 적용되는 평화구축의 보편성에 해당한다. 그러나 평화구축을 필요로 하는 각 사회가 직면한 특별한 환경과 구체적인 도전을 다루기 위해서는 해당 사회의 상황에 맞는 정교하고 구체적인 접근이 필요하다. 이 점은 평화구축의 특수성으로 이해된다. 모든 평화구축은 보편성과 특수성이 결합된 접근이다.

평화구축은 어떤 상황에서든 다중적인 현안과 목표를 다룰 수밖에 없다. 폭력의 중단과 제거에는 불가피하게 전쟁과 반복적 무력충돌 중단을 위한 평화 협상과 평화조약 체결 등이 포함될 수밖에 없다. 또한 집단 사이 갈등의 해결과 관계 회복에 초점을 맞추는 갈등전환과 정의 실현의 문제도 다뤄져야 한다. 평화 실현 과정의 계획과 실행을 위해서는 모든 개인과 집단의 공정하고 평등한 참여를 위한 사회적, 사법적 체계의 수립, 그리고 그것의 걸림돌이 되는 구조와 문화의 변화가 시급한 현안이 될 수 있다. 이를 통해 달성하고자 하는 세부적인 목표는 전쟁과 물리적 충돌 가능성의 제거, 이질적이고 상호 공격적인 집단들의 상호 이해와 인정, 사회 구성원들의 역량 형성 등이 될 수 있다. 평화구축을 위해 우선 다뤄져야 하는 현안과 그를 통해 달성하고자 하는 목표는 사회와 상황에 따라 다를 수밖에 없다. 다뤄야 할 현안과 목표, 우선순위는 집단에 따라서도 다를 수 있다.

평화구축을 위해 필요한 건 분석적 접근과 그것에 기반한 구체적 실행 계획이다. 평화구축이 필요한 사회는 폭력으로 인한 피해가 만연하고 평화 실현이 절실하게 필요한 상황이라는 공통점을 가지고 있다. 그러나 폭력 피해의 형태와 폭력에 대한 사회적, 개인적 이해 수준은 서로 다를 수밖에 없다. 평화 실현을 위한 개인과 집단의 역량 수준 또한 다를 수밖에 없는 특수성을 가지고 있다. 폭력적 상황의 지속에 절대적 영향을 미치는 구조의 문제와 그에 대한 사회 구성원들의 인식, 그리고 구조적 문제의 지속과 불가분의 관계에 있는 문화적 영향과 상황도 특수하다. 한 사회가 가진 특수성을 고려하지 않고 보편적 이론만 적용하는 평화구축은 가능하지 않을 뿐만 아니라 효용성을 담보할 수 없다. 그러므로 평화구축은 전체 사회 상황에 대한 우선적 분석과 그에 토대를 둔 실행 계획을 필요로 한다. 가장 중요한 점은 모든 분석과 실행 계획에 현장의 목소리와 필요가 반영되어야 한다는 것이다. 특별히 다수의 목소리를 배제하는 상투적인 하향식 접근만이 아니라 반드시 중대한 사회적 문제에 대한 새로운 성찰과 정보를 제공하는 상향식 접근이 동시에 고려되어야 한다.

지금까지 언급한 기본적인 접근을 고려하고 실제로 포함하는 계획과 실행을 위해서는 전략적strategic 평화구축이 필요하다. 평화구축이 다양하고 복잡한 현안과 목표를 포함하고 다층적 성찰과 실행을 고려한 포괄적인 접근을 필요로 하기 때문이다. 전략적 평화구축은 다양한 현안을 다루면서 다중적 목표를 달성하기 위해 사회적으로 유용한 자원, 실행자, 방식 등을 조율하는 접근을 말한다. 예를 들어, 민족 집단 사이의 무력 충돌을 종식하기 위한 전략적 평화구축을 위해서는 중재자 역할을 하고 인권 상황을 감시하는 국제단체 활동가들, 충돌 집단 사이의 대화에 관여하는 지역 종교지도자들과 언론인들과 학자들, 공동체 차원에서 화해를 결합한 개발 프로그램을 진행하는 인도적 지원단체 활동가들, 그리고 학교 커리큘럼에 평화교육을 통합해 실행하는 교사들 등 다양한 영역과 인적 자원의 결합과 조율이 필요하다. 이런 다층적이고 다중적인 접근이 필요한 이유는 평화구축이 결국 사회의 다양한 개인 및 집단 사이 관계의 형성과 갈등의 평화적 전환을 지원하는 다양한 사회적 기관을 만드는 일이기 때문이다.[204] 이런 전략적 접근은 모든 사회 영역의 연결을 통한 협력의 필요를 보여준다. 각 영역은 평화구축을 위해 각자 독특한 기여를 하는 동시에 다른 영역을 보완하는 역할을 한다. 각 영역 내에서 인지하지 못한다 해도 하나의 영역은 다른 영역의 활동으로부터 도움을 받는 동시에 다른 영역의 활동에 영향을 준다. 그러므로 전략적 평화구축의 중요한 도전은 다양한 영역의 활동과 접근이 평화의 실현에 기여할 수 있도록 평화의 비전을 한데 모으는 것이다.[205]

전략적 평화구축은 단기적이고 즉각적인 대응, 그리고 중기적 변화와 장기적 목표의 달성을 모두 포함한다. 즉각적인 대응과 단기적으로 달성할 목표는 우선 변화를 위한 사회적 지지를 확보하고 물리적 폭력과 피해를 줄여 평화구축이 실행될 수 있는 안전한 사회적 공간을 만드는 것이다. 이런 즉각적 대응과 변화의 토대 위에서 갈등전환, 트라우마 치료, 정의 실현 등의 개입 과정이 이뤄지고 이를 통해 집단 및 개인 사이의 파괴적 관계의 변화가 점진적으로 모색된다. 이런 과정은 개인과 집단의 필요에 답하는 지속가능한 해결책을 만들 가능성을 높여준다. 관계 변화는 교육과 훈련을 통한 사회적, 개인적 역량의 향상과 그를 통한 지속가능한 평화문화의 형성, 정의로운 사회 구조 수립을 위한 장기적 목표 달성으로 이어진다.[206] 이런 즉각적이고 단기적인 대응과 중·장기적 목표의 결합은 레더락이 언급한 포괄적 평화구축과 같은 맥락에서 이해될 수 있다.

전략적 평화구축을 위한 다층적 연결과 다중적 목표의 추구는 평화구축이 특히 다양한 주체들의 다양한 필요를 반영해야 하기 때문에 불가피하다. 개인과 집단, 사회 차원에서 폭력의 극복과 안정된 상황으로의 변화에 대한 이해와 즉각적 필요는 다를 수 있다. 평화구축 과정에서 그런 상이점은 당연하게 취급되어야 하고, 포괄적인 틀 안에서 어떤 이해와 필요도 배제되지 않고 평화적 방식으로 다뤄져야 한다. 필요가 대부분 과거로의 복귀나 현상의 유지가 아닌 현재와 미래의 변화에 초점이 맞춰져 있으므로 불가피하기도 하다. 변화는 과거 및 현재 문제의 분석에 토대해야 하는데 문제의 설정과 분석은 개인과 집단, 사회 차원에서 다를 수 있다. 이런 상이점은 다양한 영역의 연결을 통해 조율되어야 하고 다중적 목표는 통합적인 틀 안에서 동시에 또는 순차적으로 다뤄져야 한다. 평화구축이 주로 폭력이 만연하고 적대관계나 이념 대결로 단절된 사회에서 실행되기 때문에 이런 접근이 필요하다. 그러므로 평화구축은 다양한 주체들의 참여와 논의 그리고 협상과 조율을 통해 계획되고 실행되어야 한다. 다양한 개인과 집단, 사회의 필요와 목표를 수렴해 우선순위를 정하고, 목표 달성을 위한 수단을 확인하고, 큰 틀에서 효용성을 판단하는 과정이 되어야 한다. 또한 과거의 적들을 공동으로 인정하는 규칙과 체계에 기반한 통합적인 사회적 과정이 되어야 한다. 가장 중요한 점은 사회적 목표가 과거 질서의 회복이 아니라면 평화구축은 현상으로의 복귀보다 소외된 계층의 역량 향상을 통해 변화를 촉진하는 과정이 되어야 한다는 것이다.[207]

평화구축을 계획할 때 해야 할 가장 중요한 일은 상황의 분석과 진단이다. 분석과 진단은 내부자 혹은 외부자에 의해서 이뤄질 수 있는데 반드시 현장에서 수집된 데이터에 근거해야 한다. 이를 위해 첫 번째로, 다양한 사회적 주체의 목소리가 파악되어야 하고 동시에 풀뿌리 차원에서 정책 결정 집단까지 모든 층위의 의견이 수렴되어야 한다. 이에 따라 개인과 집단을 대상으로 하는 질적^{qualitative} 인터뷰, 경청^{listening} 프로그램, 포커스 그룹$^{focus\ group}$ 조사 등이 실행되곤 한다. 다양한 주체와 층위의 목소리 수렴은 두 가지 목적에서 중요하다. 하나는 각 주체와 층위의 관심 현안과 필요를 파악하기 위해서다. 다른 하나는 사회에 존재하는 다양한 인적 자원을 파악해 평화구축의 계획과 실행에 당사자 또는 감시자로 참여시키기 위해서다. 두 번째로, 사회가 직면하고 있는 폭력적 상황과 관련된 집단 사이 갈등 및 대립의 상황과 수준이 파악되어야 한다. 포괄적인 갈등 분석을 통해 갈등 원인을 파악하면 전환이 필요한 개인, 관계, 구조, 문화의 문제가 확인될 수 있다. 세 번째로 변화의 목표가 확인되어야 한다. 각 개인 및 집단의 변화 목표와 사회 전체의 변화 목표 사이에 어떤 공통점과 상이점이 있는지, 공동 목표의 설정 가능성이 어디에 존재하는지 등이 파악되어야 한다. 네 번째로는 변화를 위해 적용 가능한 평화적 방식이 확인되어야 한다. 모두의 필요를 충족하는 현재와 미래의 변화는 평화적 방식에 기반할 때 점진적이고 실질적으로 실현될 수 있다. 폭력을 줄이고, 대화와 합의로 문제를 해결하고, 모두의 참여와 의견 개진을 보장하는 평화적 방식에 대한 사회적 합의의 형성은 평화구축을 계획하고 실행할 때 직면하는 가장 큰 도전 중 하나다.

직면한 상황의 확인

상황의 분석과 진단은 문제의 확인을 통해 가능하다. 특히 개인과 집단의 안전과 생존을 위협하는 폭력적 상황을 바꾸기 위한 원인의 파악이 우선되어야 한다. 폭력적 상황은 대부분 사회 내 집단들 사이의 대립, 정부와 사회 집단 사이의 대립, 그리고 정치·사회 체계의 작동 기능 저하에서 비롯된다. 대립이 물리적 충돌로 이어지지 않는다고 해도 대립의 지속은 상대적 강자 집단의 상대적 약자 집단에 대한 억압으로 나타난다. 평화구축은 불가피하게 우선적으로, 대립하는 집단 사이에서 지속되는 관계 단절과 반목, 강한 이견을 다루는 일이 되곤 한다. 대립하는 집단들은 사회 변화 자체에는 동의해도 각자 추구하는 변화와 방식을 주장하고 구체적 내용에 대해서는 대립적 견해를 가지고 있다. 대립적 관계로 인해 타 집단이 제안하는 방식과 변화의 목표에는 동의하지 않는다. 이런 상황에서 실행되는 평화구축은 또 다른 대립과 폭력적 충돌의 계기로 작용할 수 있다. 그러므로 평화구축은 전체 사회의 상황과 영향을 주고받는 사회적 집단들을 파악해 새로운 대립이 형성되지 않도록 민감하게 계획되고 실행되어야 한다. 그러기 위해 집단 사이에서 대립과 충돌이 지속되는 원인과 그들 사이의 상호작용을 구체적으로 파악해야 한다. 상황의 분석과 진단은 사회적 차원에서 전체 그림을 파악하는 것과 동시에 사회적 집단 간 대립의 내용과 원인을 확인하는 것이 된다.

상황의 분석과 진단을 위한 전체 그림의 파악은 대립하는 집단에 대한 이해에서 시작된다. 이를 위해 여러 가지 갈등 분석 방식이 이용될 수 있다. 어디서^{where}, 누가^{who}, 왜^{why}, 무엇을^{what}, 어떻게^{how}, 언제^{when}의 질문을 하는 방법은 개인과 집단의 시각에서 대립 상황과 관련 문제를 상세하게 확인하는 데 도움이 된다.[208] 이 방식은 갈등을 분석함과 동시에 분석에 근거해 평화구축을 계획하는 기초적 질문을 도출하는 데도 유용하다. 물론 답을 찾기 위해서는 먼저 당사자 집단과 접촉해 데이터를 구해야 한다.

'어디서'의 질문을 통해서는 어느 곳의 어떤 사회적, 정치적, 문화적 맥락에서 문제가 생기고 있는지를 파악하고 무엇이 개인과 집단을 나누거나 연결하는지 파악한다. '누가'의 질문을 통해서는 대립과 갈등을 조장하거나 완화하는 주요 당사자가 누구인지, 어떤 개인이나 집단이 평화구축에 기여하는 역할을 할 수 있는지를 파악한다. '왜'는 갈등에 관련된 집단이 특정 행동을 하는 이유가 무엇인지, 어떤 동기와 불만을 가지고 있는지, 변화를 통해 원하는 이익과 필요가 무엇인지를 파악할 수 있게 해준다. '무엇을'을 통해서는 갈등을 조장하거나 완화하는 요인이 무엇인지, 그런 요인들이 어떻게 서로 연결돼 있는지를 파악할 수 있다. 또한 어떤 평화구축 노력과 유인책이 갈등 완화에 도움이 될지를 가늠할 수 있다. '어떻게'를 통해서는 어떤 방식으로 갈등이 나타나는지를 알 수 있다. 또한 당사자 집단들이 대립을 위해 의존하는 수단과 가진 힘의 근원이 무엇인지를 알 수 있다. '언제'를 통해서는 각 집단의 시각에서 대립과 갈등의 연표를 알 수 있다. 특히 과거 폭력적 충돌의 표출이 가진 경향을 확인하고, 언제 그리고 어떤 상황이나 사건이 있을 때 집단 사이의 대립과 충돌이 생기는지 알 수 있다. 이런 질문을 통한 상황의 파악과 분석은 변화를 위해 필요한 방식과 내용을 고민할 수 있게 한다. 그리고 누구와 어떤 방식으로 일해야 하는지, 무엇을 해야 하는지, 어떻게 대립과 갈등을 완화하고 평화 역량을 키울 자원을 찾을 것인지, 평화구축 노력을 위한 최선의 시점은 언제인지 등 평화구축 계획 수립을 위한 구체적 질문을 도출할 수 있게 한다.[209] 몇 개의 핵심 열쇳말을 통해 도출된 서술 데이터는 변화하는 상황의 이해와 대응의 고민에도 도움이 된다. 평화구축이 필요한 사회의 불안정성은 자주 대립하는 집단 사이의 대결적 상호작용과 상황의 변화를 야기하기 때문에 평화구축은 폭력 감소와 평화 실현의 방향성을 유지하면서 그런 변화에 능동적으로 대응하는 유연성을 필요로 한다.

위와 같은 질문을 통해 개별 당사자 집단에 초점을 맞추고 대립과 갈등의 상황 그리고 그와 관련된 문제들을 파악했다면 추가로 전체 상황을 진단하고 근본적인 원인을 파악하는 노력이 필요하다. 사회에 존재하는 집단들 사이의 대립은 흔히 다중적이다. 무력 갈등 후 사회의 경우 민족·종교 집단 사이 또는 정부와 무장세력 사이의 대립과 충돌하는 두 주요 집단의 통제와 억압으로 목소리를 내지 못하는 중립적 국민, 청년, 여성, 빈곤층, 소수민족 등 다른 정체성 집단들 사이에 안전과 생존을 위한 경쟁과 대립이 동시에 존재하곤 한다. 무력 충돌이 없는 민주주의 사회에서도 기업과 노동자, 남성과 여성, 경제적 상위 계층과 하위 계층, 다수민족과 소수민족 등 다양한 집단들 사이의 대립이 존재한다. 군비 증강, 전쟁 반대, 외국인 차별, 성평등, 경제 정의, 성 소수자 차별 등 민감한 사회적 현안에 따라서도 대립이 형성되곤 한다. 그러므로 평화구축을 위해서는 빈번하게 대립을 표출하는 주요 집단들 외에도 다른 집단들 사이에 어떤 대립이 존재하는지, 또한 어떤 사회적 현안이 대립을 야기하는지 등을 파악해야 한다. 특히 집단들 사이에 대립과 갈등을 만드는 근본적인 원인을 파악하기 위해서는 표면적으로 확인되는 상대 집단에 대한 부정적이고 공격적인 인식, 태도, 행동 등에만 초점을 맞추는 접근에서 벗어나야 한다. 보통 집단 사이에 생기는 부정적 인식과 대립의 뿌리에는 그것을 야기하고 방치한 사회의 구조적 문제가 존재한다. 그러므로 대립과 갈등에 따라, 현안에 따라, 당사자 집단에 따라 근저에 있는 구조적 문제의 확인을 통해 근본 원인을 파악해야 한다.

근본 원인의 파악은 당연하지만 민감한 일이기도 하다. 데이터를 수집하고 분석하는 주체에 따라 그리고 데이터 수집의 대상에 따라 원인이 다르게 파악될 수 있다. 그러므로 데이터를 수집할 때 누구를 대상으로 삼을 것인지, 누구의 목소리와 견해에 귀를 기울이고 정당성을 부여할 것인지, 누가 분석을 할 것인지 등은 민감한 문제가 된다. 평화구축은 사회 모든 주체의 참여와 상향식 접근의 보장을 중요한 원칙으로 여긴다. 원인 파악을 위한 과정도 모두의 목소리와 견해가 동등하게 포함되도록 설계된다. 개입하는 제3자의 시각은 현장과 당사자에게서 수집한 데이터에 기반한 분석과 정리를 통해 전문적이고 객관적인 방식으로 드러나야 한다.

사회 집단들 사이의 대립과 불안정하고 폭력적인 상황의 지속은 다양한 원인에서 비롯된다. 원인의 진단은 개인과 집단에 따라 다를 수 있고 때로는 상반될 수 있다. 민족 집단 사이의 간헐적 무력 충돌이 지속되는 폭력적 상황에 대한 A집단의 원인 진단은 B집단의 권력 독점과 A집단에 대한 차별일 수 있다. 반면 B집단의 원인 진단은 A집단의 근거 없는 불신과 협력 거부일 수 있다. 정부와 시민단체 사이의 긴장 관계와 의견 충돌로 특정 사회갈등이 지속되는 상황에 대한 정부의 원인 진단은 시민단체의 무리한 요구와 부당한 정책 간섭일 수 있다. 반면 시민단체의 원인 진단은 정부의 일방적 정책 결정과 기득권 편향적인 태도와 정책일 수 있다. 평화구축을 위해서는 원인을 정리해 단순화하는 것이 아니라 다양한 목소리에 귀를 기울이고 다른 견해에서 비롯된 모든 원인을 파악해야 한다. 원인에 대한 이견은 대립과 충돌을 지속시킨다. 각 원인은 특정 두 집단 사이 또는 사회 내 여러 집단 사이의 대립과 사회적 불안 상황을 견고하게 지탱하는 기둥 역할을 한다. 어떤 기둥은 다른 기둥보다 견고하고 영향력이 있으며, 어떤 기둥은 다른 기둥보다 덜 중요하고 시급하지 않게 보일 수 있다. 그러나 모든 기둥이 불안하고 폭력적인 상황의 지속에 영향을 미치며 하나의 기둥이 약화되거나 사라지면 전체 상황이 조금이라도 나아지게 된다.[210] 평화구축은 이런 기둥을 하나씩 점진적으로 약화시키고 종국엔 제거하는 것을 목표로 한다.

사회적 자원의 확인

평화구축을 위해서는 근본적 원인과 함께 사회적 자원을 확인해야 한다. 사회의 변화와 평화의 실현은 다양한 사회적 자원의 발굴과 활용을 통해 가능하다. 사회에 존재하는 부정적 자원과 긍정적 자원을 확인하고 구분하는 것도 필요하다. 대립과 갈등이 만연한 사회에는 개인과 집단을 분리하는 사회적 요인인 분리요소^{divider}와 이들을 연결하는 사회적 자원인 연결요소^{connector}가 동시에 존재한다. 분리요소는 집단 사이의 긴장과 충돌, 심지어 전쟁을 야기하는 요인이 되고, 연결요소는 개인과 집단을 결속하고 협력을 가능하게

하는 평화 역량이 된다.[211]

　분리요소와 연결요소는 사회 집단들에 따라 그리고 그들 사이 대립과 갈등에 따라 내용이 다르지만 어느 곳에나 존재한다. 대결과 충돌의 역사, 정치적·사회적 차별과 배제, 민족적·종교적 이질성, 이념 대립, 자원 통제를 둘러싼 대결, 사회 정의에 대한 이견 등은 집단들 사이에 단절을 형성하고 무력 충돌과 전쟁까지 야기하는 분리요소가 된다. 지도자들이나 정책결정자들은 이런 분리요소를 악용하거나 독려해 개인 및 집단 사이에 긴장과 대립을 조장하거나 강화한다. 그러나 오랜 대립과 충돌의 역사가 존재하고 폭력이 만연한 사회에도 평화 역량이 되는 연결요소가 존재한다. 공동의 역사, 전쟁과 경제적 어려움의 경험, 공동체의 연장자 집단, 여성 또는 남성 모임, 공동 이용 시설, 공동의 사회적 가치 등은 이질적인 집단을 결속하고 무력 충돌 상황에서도 서로를 연결하고 협력을 가능하게 만드는 요인이 된다. 유고 내전 당시 사라예보에 살았던 이슬람계와 세르비아계 이웃은 집단적 대립에도 불구하고 폭격이 있을 때는 서로 이웃집 아이들의 안전을 확인하고 부모가 없으면 데려와 자기 아이들과 함께 피신시켰다. 민족적·종교적 배경을 따지면 적이지만 그들은 어린이를 보호해야 한다는 공동의 사회적 가치를 가지고 있었다. 보스니아 내전 당시 적진을 오가며 물자를 운송하던 트럭 기사들은 라디오 전파를 통해 적진의 기사들과 도로 상태와 위험 상황 등에 대한 정보를 공유했다. 집단적 배경으로는 적이었지만 위험한 일을 해야 했던 그들은 모두의 안전을 염려하는 공동의 정서로 연결돼 있었다.[212] 평화구축은 사회의 개인과 집단이 타자 또는 타 집단과 공유하는 경험과 가치, 공동의 이익과 목표 등의 잠재적 자원을 확인하고, 그것을 확장하고 강화하도록 상호 독려하고 공동으로 노력하는 과정이 된다.

사회 전체에 존재하는 인적 자원의 확인은 평화구축을 위해 가장 중요한 일이다. 평화구축은 사회적 합의와 구성원들의 지속적인 지지가 있어야 실행 가능성이 생기고 성과를 낼 수 있다. 사회적 합의와 지지는 다양한 층위와 영역에 존재하는 인적 자원을 확인하고 연결해 사회 전체를 포괄하는 연결망을 형성해야 도출될 수 있다. 나아가 다양한 층위와 영역 사이의 소통과 협의, 사회 변화 목표의 공동 확인, 평화적 방식의 합의 등이 있어야 한다. 평화구축 계획과 진행 과정에 대한 검토와 평가 또한 다양한 층위와 영역을 대변하는 인적 자원의 개입과 참여가 있어야 제대로 실행될 수 있다.

인적 자원의 확인을 위한 우선적 접근 방식은 사회 여러 층위의 인적 구성을 확인하는 것이다. 레더락은 '평화구축 실행자와 접근 방식'을 통해 세 개 층위로 이뤄진 피라미드 형태를 띤 사회의 인적 구성을 제시한다. 이것은 사회의 상위에 존재하고 소수로 구성된 층위 1의 지도력, 중간 단계에 있는 층위 2의 지도력, 그리고 다수의 구성원을 대변하고 다수로 구성된 층위 3의 지도력을 말한다. 층위 1의 지도력은 정치, 군사, 종교 분야 등의 지도자들로 구성되며 가시성이 높은 집단이다. 이들은 정책결정권을 가지고 적대관계에 있는 사회나 집단의 지도자와 대화와 협상을 하며, 전 사회의 주목을 받는 활동을 한다. 다른 한편 이들은 사회 구성원들을 위해 정책을 결정할 의무가 있고 구성원들의 지지 여부에 영향을 받는다. 층위 2의 지도력은 민족, 종교, 학계, 시민단체, 산업, 교육, 보건 등 사회의 다양한 영역에서 존경받는 지도자들로 구성된다. 이들의 가장 큰 특징은 층위 1의 지도력과는 물론 층위 3의 지도력과도 유대 관계를 맺고 있을 가능성이 높고, 각 층위의 상황에 대한 이해도가 높다는 점이다. 이것은 층위 2의 지도력이 층위 1과 층위 3을 연결할 중대한 잠재성을 가지고 있음을 의미한다. 층위 3은 풀뿌리 지도력으로 지역의 지도자, 공동체 활동가, 시민단체 지도자, 공동체 개발자, 교육 및 보건 분야 지도자 등으로 구성된다. 이들은 정책 결정에 영향을 받는 다수의 우려와 일상의 어려움에 대한 풍부한 지식과 정보를 가지고 있으며, 지역의 정치적 대립과 행정에 대한 전문 지식도 가지고 있다. 평화구축을 위한 인적 자원의 확인과 활용을 위해서는 세 개 층위 모두의 지도력과 각각의 특징에 대한 이해가 필요하다. 특히 염두에 두어야 할 건, 층위 1은 결정권을 가지지만 결정이 일상에 미치는 영향을 가장 적게 받고, 층위 3은 결정권은 없는데 결정에 가장 즉각적이고 중대한 영향을 받는다는 점이다.[213] 평화구축은 이 세 개 층위의 지지와 합의가 있어야 가능하고, 다른 한편 세 개 층위가 서로 소통하고 대화하고 협력해야 지속적이면서 가시적인 성과를 낼 수 있다.

인적 자원을 확인할 때 주의할 점은 어떤 층위가 됐건 표면적으로 드러나는 소수의 지도자 집단이 해당 층위를 독점하고 있는지를 판단하는 것이다. 그렇다면 그들은 전체가 아닌 주류 집단이나 특정 진영만을 대표할 수 있다. 또 다른 주의할 점은 각 층위와 영역의 지도자 집단이 자신이 속한 집단 구성원들의 목소리를 잘 대변하고 있는지 확인하는 것이다. 민주적 구조와 문화가 취약한 사회에서는 지도자 집단이 구성원의 목소리를 충실하게 전달하지 않을 가능성이 높다. 그렇다면 그들의 참여를 중심으로 한 평화구축 계획과 실행은 소수 기득권층의 필요와 견해만을 반영하고 모두를 위한 사회 변화에는 도움이 되지 않을 것이다. 이런 민감한 문제를 확인하고 극복할 구체적 방안을 찾는 것 또한 평화구축 과정에 포함되어야 한다.

인적 자원의 확인과 함께 평화구축의 계획과 실행에 절대적으로 필요한 건 인적 자원을 최대한으로 연결하는 것이다. 인적 자원은 두 가지 방식으로 연결되어야 평화구축과 사회 변화에 실질적으로 기여할 수 있다. 첫 번째 방식은 종적인 연결을 꾀하는 것이다. 앞서 설명한 사회 내에 존재하는 층위 1, 2, 3은 의도하지 않아도 자연스럽게 영향을 주고받는다. 평화구축을 위해서는 나아가 이 세 개 층위가 유기적으로 연결되고 상호 긍정적인 영향을 주고받을 수 있게 하는 방법이 모색되어야 한다. 층위 1의 결정은 특별히 층위 3의 목소리와 필요의 영향을 받아야 하고, 층위 3은 층위 1에게 다수의 목소리를 제대로 전달할 수 있어야 한다. 이를 위해 층위 1과 3 모두와 연결되어 있는 중간 층위, 즉 층위 2의 역할이 특별히 중요하다. 층위 2는 층위 3의 목소리를 층위 1에 전달하고 층위 1의 의견을 층위

3과 공유할 수 있는 잠재적 역량을 가지고 있다. 이들은 또한 다양한 영역에 대한 전문 지식과 정보를 사회 전체와 공유하고 평화 실현과 사회 변화를 위한 공동의 목표와 방향을 설정하는 데 기여할 수 있다. 두 번째 방식은 횡적인 연결을 만드는 것이다. 앞서 설명한 것처럼 분리요소가 유효한 사회에서는 정치, 종교, 민족, 문화 등에 따른 사회적 단절이 고착되어 있다. 이런 사회에서의 평화구축을 위해서는 단절의 벽을 해체하고 영역을 넘나드는 횡적 연결이 시급하게 필요하다. 이와 관련해 분리요소가 아닌 각 영역에서의 전문성에 의존하는 층위 2의 지도력이 효율적으로 영역을 넘나드는 역할을 선도할 잠재성을 가지고 있다. 횡적 연결은 각 층위에서도 필요하다.[214]

종적인 연결과 횡적인 연결이 결합하면 전체 사회를 아우르는 거미줄 같은 연결망이 만들어진다.[215] 각 층위와 영역은 저마다의 특징을 유지하면서 연결망 안에서 다른 층위 및 영역과 연결된다. 연결망이 촘촘할수록 탄력성과 복원력은 높아지며 그 결과 사회의 한 곳에서 중대한 문제가 발생해도 전체 연결망은 흔들리지 않고 사회의 대응과 복원이 빠르게 이뤄진다. 또한 연결망을 통해 사회적으로 문제를 공유하고 공동의 해결을 모색할 가능성이 높아지고 사회적 문제해결 역량이 커진다. 평화구축은 사회적 연결망이 잘 형성될수록 제대로 작동할 수 있고, 보다 촘촘한 사회적 연결망을 만드는 것은 평화구축의 중요한 목표 중 하나다.

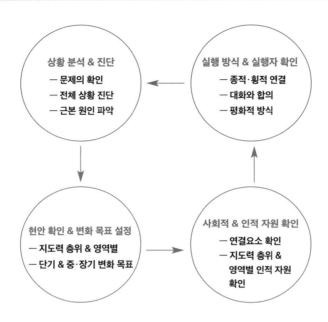

상황 분석 & 진단
— 문제의 확인
— 전체 상황 진단
— 근본 원인 파악

실행 방식 & 실행자 확인
— 종적·횡적 연결
— 대화와 합의
— 평화적 방식

현안 확인 & 변화 목표 설정
— 지도력 층위 & 영역별
— 단기 & 중·장기 변화 목표

사회적 & 인적 자원 확인
— 연결요소 확인
— 지도력 층위 &
영역별 인적 자원
확인

한국사회의 전략적 평화구축

평화구축은 무력 갈등 후 사회나 무력 갈등에 취약한 사회뿐만이 아니라 무력 갈등이 없고 민주주의가 정착된 사회에도 필요하다. 많은 사회에 폭력이 고착되어 있고 그로 인해 개인 및 집단 사이에 대립과 갈등이 존재하기 때문이다. 그런 사회에는 폭력과 갈등에 근본 원인을 제공하는 폭력적 구조의 문제 또한 견고하게 자리를 잡고 있다. 한국사회는 이런 일반적 상황에서 벗어나지 않고 있으므로 한국사회에도 평화구축이 필요하다. 6장에서 설명한 것처럼 한국사회에는 다양한 형태의 폭력이 존재한다. 여전히 심각한 국가 폭력이 존재하지만 사회적 인식과 제재가 부족하고, 다양한 형태의 사회적 폭력이 존재하며, 구조적 폭력에서 비롯된 사회갈등은 또 다른 국가 폭력을 낳고 개인 및 집단 사이 대결을 야기한다. 나아가 남북한 사이에 정치적, 군사적 대결이 상존하고 평화적 공존의 가능성은 여전히 미약한 가운데 그로 인한 무력 충돌의 가능성이 존재한다. 한국사회는 오히려 평화구축이 시급하고 절실하게 필요한 사회다.

한국사회에는 기본적으로 무력 갈등이 없고 민주주의가 정착된 사회에서의 평화구축 적용이 가능하다. 그런데 한국사회는 복합적인 성격이어서 무력 갈등을 겪은 후 불안정한 상황인 사회에 대한 평화구축 접근 또한 적용될 수 있다. 한국전쟁 이후 계속되고 있는 남북한의 대결 상황 때문이다. 한국전쟁은 정전협정으로 일단락됐고 그에 따라 남북한 사이에는 무력 충돌 가능성을 배제할 수 없는 상황이 지속되고 있다. 평화협정이 아닌 정전협정이었다 하더라도 전쟁 후 남북한 사이 적대적 관계의 전환과 관계 회복에 초점을 맞춘 평화구축이 실행되었다면 현재 상황은 달랐을 것이다. 그러나 남북한은 물론 국제사회도 소극적인 방식으로 남북한의 무력 충돌만 막는 평화유지에 초점을 맞췄고 그 결과 남북한의 적대적 관계는 완화되지 않았다. 평화구축의 맥락에서 실행될 수 있는 사회 내 개인 및 집단 사이의 대립 완화와 관계 회복, 평화 실현을 위한 폭력적 구조의 전환, 사회와 구성원들의 역량 형성 노력 등도 이뤄지지 않은 채 수십 년이 지났다. 한국사회는 여전히 한국전쟁 전후의 국가 폭력 규명, 개인 및 집단 사이의 이념 대결, 남북한 대결에서 비롯된 구조적 폭력, 사회 구성원들의 평화 역량 부족 등 전쟁 후 평화구축을 통해 다뤄졌어야 하는 문제들에 직면하고 있다. 이런 이유로 한국사회에서는 무력 갈등 후 정치적으로 불안한 사회와 정치적으로 안정된 민주주의 사회를 위한 두 가지 평화구축을 유기적으로 결합한 접근이 가능하다.

한국사회의 복합적 성격은 한국사회에서의 평화구축이 다른 사회의 경우보다 전략적이어야 함을 의미한다. 전략적 평화구축은 여러 현안과 변화의 목표, 유용한 자원과 유효한 방식, 단기와 중·장기의 실행을 포괄적으로 다루고 연결해야 가능하다. 이를 한국사회에 적용하기 위해서는 전쟁 후 사회, 남북한 대결, 그리고 사회 폭력과 갈등이라는 세 개의 개별적 범주를 인정하면서도 동시에 결합해 분석하는 접근이 필요하다. 전쟁 후 사회 그리고 남북한 대결과 관련된 현안은 문제 제기가 허용되지 않는 국가안보 및 이념의 테두리 안에서 이해되고 다른 사회 현안과 분리돼 취급되는 경향이 강하다. 그러나 평화구축을 위해서는 이런 문제 또한 사회가 직면한 문제임을 확인하고 사회 변화와 평화 실현을 위한 현안에 포함해야 한다.

남북한 대결은 이념 대결을 야기하고 다수의 사회 문제를 발생시키고 지속시키는 데에 영향을 미친다. 군비 강화, 남북 대화, 대북 인도적 지원, 징집제 등의 문제는 정치갈등, 남남갈등, 젠더갈등 등 여러 사회갈등과 개인 및 집단 사이 폭력적 대결을 야기한다. 무력 대결을 대비하는 무기 배치와 징집제 등은 국가 폭력의 형태로 드러나기도 한다. 전쟁 후 사회 복구를 위한 평화구축의 부재에서 비롯된 국가 폭력과 이념 대결의 지속, 그리고 개인 및 집단 사이의 관계 회복 노력과 구성원의 평화 역량 형성 부족은 현재까지 사회 내 다양한 대립과 충돌에 영향을 미치고 있다. 특히 전쟁 후 시급하게 다뤄졌어야 했지만 수십 년 동안 외면됐던 국가 폭력의 규명과 피해자를 위한 정의 실현은 여전히 사회적 인식과 정보 공유가 향상되지 않은 채 더디게 이뤄지고 있어 사회 회복을 저해하고 있다.

국가가 가해의 주체가 되는 국가 폭력은 국가가 보호해야 할 국민에게 폭력을 가한다는 점에서 민감하고 중대한 문제다. 국가 폭력은 어느 사회에나 존재할 수 있고 직접적, 구조적, 문화적 폭력 등 모든 형태로 가해질 수 있다. 그중 가장 심각한 건 국가의 물리력 동원을 통해 직접적 폭력의 형태로 가해지는 학살과 구금 등이다. 이것은 무력 갈등 후 평화구축 과정에서 가장 우선적으로 다뤄지는 문제다. 그러나 한국전쟁 전후에 여러 지역사회와 마을에서 있었던 군경의 민간인 학살 사건, 그리고 피해자와 가족들의 목소리는 철저하게 외면됐다. 이로 인해 가해자는 보호를 받고 피해자와 가족들의 목소리는 억압당한 채 사회적으로 인정받지 못하는 부정의한 상황이 지속됐다. 2005년에야 진실과화해위원회가 출범해 개인의 신청을 받아 일부 진실을 규명했고 2020년 출범한 2기 진실과화해위원회가 활동을 이어받았다. 여수·순천 10·19사건과 제주 4·3사건 진상 규명과 희생자 명예 회복을 위한 특별법이 제정되었지만 진상 규명은 시작 단계에 불과하고 명칭조차 정리하지 못한 상태다. 이 사례들은 전쟁 후 한국사회가 직면했던 국가 폭력의 문제가 여전히 규명되지 않은 채 남아 있음을 상징적으로 보여준다. 과거 국가 폭력의 규명은 사회적 회복과 평화 실현을 위해서는 물론 현재 다른 형태로 존재하는 국가 폭력을 확인하고 제거하기 위해서도 필요하다.

정의와 평화 실현을 외면한 전쟁 후 사회의 문제와 근본적 변화 없이 꾸준히 사회적 폭력과 갈등에 기여하는 남북한 대결 문제는 개별적으로, 그리고 동시에 다른 사회 문제와의 연결 속에서 적극적으로 다뤄져야 한다. 특히 전략적 평화구축을 위해서는 대부분의 사회 문제와 분리돼 특별하게 다뤄지는 전쟁 후 사회 문제와 남북한 대결 문제를 일반적 사회 문제로 포함하는 과정이 필요하며, 그 자체가 평화구축의 준비 또는 우선 과정이 될 수 있다. 그런 후엔 전쟁 후 사회, 남북한 대결, 사회 폭력과 갈등의 각 범주에 관련된 현안과 변화의 목표, 활용 가능한 자원과 방식, 현안에 따른 실행 시간 범위 등이 종합적으로 평화구축 계획에 포함되어야 한다.

다룰 주요 주제와 현안의 확인과 함께 필요한 건 상황의 분석과 진단이다. 특히 폭력을 야기하고 지속시키며 평화의 실현을 방해하는 사회적 원인과 영향의 중대성을 파악해야 한다. 앞에서 언급한, 사회 집단 사이에 대립과 충돌을 야기하고 지탱하는 기둥을 확인하는 것도 도움이 된다. 전쟁 후 사회 회복을 위해 필요했던 국가 폭력의 규명, 이념 대결의 완화, 폭력적 구조의 전환, 평화 역량의 강화 등을 방해했던 원인, 그리고 수십 년 동안 남북한 관계의 악화와 대결의 지속에 기여한 다양한 원인을 확인해야 한다. 동시에 약자 집단에 대한 사회 폭력과 집단 사이의 갈등을 야기하고 지속하는 원인 또한 확인해야 한다. 이를 통해 여러 정치적, 사회적, 문화적 원인과 개인 및 집단 사이의 관계의 문제를 파악할 수 있다. 상황의 파악과 진단은 앞서 언급한 것처럼 사회에 존재하는 다양한 층위 및 영역의 목소리와 견해에 근거해야 한다. 전쟁 후 사회, 남북한 대결, 사회 폭력과 갈등의 각 범주에서 확인된 원인이 서로 어떤 관련성을 가지고 있고 어떻게 상호 영향을 주고받는지도 파악해야 한다. 이런 과정을 통해 전략적 평화구축을 통해 다뤄야 할 전체 상황에 대한 진단이 이뤄질 수 있다.

무엇보다 전략적 평화구축을 위해서는 반드시 활용할 수 있는 사회적 자원을 파악해야 한다. 앞서 언급한 것처럼 사회에 존재하는 분리요소와 연결요소를 파악하면 평화구축을 저해하는 원인과 평화구축의 가능성을 높이는 자원을 동시에 파악할 수 있다. 다양한 사회 집단의 목소리를 통해 이념, 지역, 정치 성향, 경제 계층, 민족 배경 등이 한국사회의 분리요소로 확인될 수 있을 것이다. 공동체 의식, 역사적 경험, 한국 문화, 가족 중심 문화와 가치, 애국심, 시민

의식 등은 연결요소로 파악될 수 있을 것이다. 이를 바탕으로 상호 폭력과 갈등을 야기하고 평화 실현을 방해하는 분리요소의 영향을 점진적으로 줄이고, 폭력의 감소와 평화 실현에 기여하는 연결요소를 독려하고 강화하는 방법을 모색할 수 있다. 정치, 경제, 문화, 학문, 교육, 보건, 시민단체, 노동 등 다양한 사회 영역에 존재하는 인적 자원을 파악하고 그런 자원의 연결 방안을 모색하는 것 또한 사회적 자원 파악의 맥락에서 이뤄져야 한다. 특히 사회 지도력 구성을 설명한 '평화구축 실행자와 접근 방식' 피라미드를 적용해 층위 1, 2, 3에 존재하는 지도력과 각각의 특징, 그들 사이 연결의 수준을 파악하는 것이 도움이 된다. 한국사회에서 여전히 도전적인 문제인 좌·우 또는 진보·보수 사이 단절의 확인과 영역을 넘는 횡적 연결 방안의 모색 또한 인적 자원의 확인과 활용을 통해 이뤄질 수 있다.

사회 지도력 구성 피라미드를 통해 확인된 세 개의 층위, 그리고 각 층위에 속한 다양한 영역을 파악하면 각 층위와 영역이 관심을 가지고 필요로 하는 변화의 현안과 목표를 확인할 수 있다. 같은 층위에 속해 있어도 정치, 경제, 문화, 시민단체, 노동 등 영역에 따라 우선적 변화의 목표는 다르다. 보통 층위 1의 지도력은 거시적 차원의 현안과 목표에 관심을 가지고 미시적 현안에는 무관심하거나 그것을 중요도가 떨어지는 것으로 취급하곤 한다. 다른 한편 층위 3에 속한 지도력과 영역은 개인의 일상과 관련된 미시적 현안에 더 관심을 가지고 일상의 안전과 삶의 질을 높이는 사회 변화를 목표로 삼는다. 이런 차이를 다루는 방식은 두 가지다. 하나는 확인된 다양한 현안과 목표를 종합해서 사회 변화를 위한 다중 현안과 목표로 설정하는 것이다. 다른 하나는 현안과 목표를 개별적으로, 그리고 동시에 포괄적으로 달성할 수 있는 유효한 계획을 세우고 실행하는 것이다. 이 과정에서 자연스럽고 당연하게 우선적 현안과 목표의 설정, 유효한 방식, 자원의 분배 등과 관련해 이견이 생길 수 있다. 이견은 조율을 통해 다뤄져야 하고 이를 위해 다양한 층위와 영역, 다중적 현안과 목표를 포괄하는 전략적 접근이 이뤄질 수밖에 없다.

전략적 평화구축을 위해 가장 중요한 건 모든 층위와 영역, 그리고 개인과 집단이 가능한 평화적 방식을 모색하고 그에 합의하는 것이다. 한국사회에는 다양한 평화의 이해가 존재한다. 그것이 이론적이고 보편적인 정의에 합당한지에 상관없이 그렇게 다른 이해가 존재한다는 사실이 인정되어야 한다. 평화구축의 보편적인 목표는 폭력의 제거와 평화적 공존의 실현이고, 그 과정에서는 폭력의 감소와 중단, 참여의 보장, 상향식 접근의 확대, 대화와 합의에 의한 문제와 갈등의 해결 등의 목표가 설정된다. 평화적 방식은 이런 목표 및 과정과 모순되지 않아야 한다. 그러나 이해의 차이가 있다면 평화적 방식을 비효율적이고 순진한 접근으로 취급하는 일이 생길 수 있다. 평화적 방식에 대한 불신이 존재할 수도 있다. 이런 이해의 차이와 오해는 대화를 통해 다뤄지고 상호 이해의 진전을 통해 합의가 도출되어야 한다. 평화적 방식은 상호 파괴적인 대립과 충돌 없이 사회 변화를 이룰 수 있는 가장 현실적이고 효율적인 방식이다. 평화적 방식을 통하지 않고는 평화의 실현이 불가능하다.

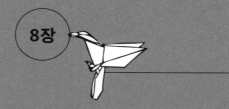

8장

평화구축 실행 2
: 사회갈등과 남북갈등의 전환

사회갈등의 방치, 폭력의 확산

평화의 부재를 증명하는 폭력은 갈등과 불가분의 관계에 있다. 폭력은 가해와 피해의 존재를 통해 드러나고, 갈등은 피해자 즉 피해에 노출된 상대적 약자의 문제 제기와 저항을 계기로 형성된다. 드물지만 순수하게 이권만 개입된 갈등을 제외하고 대부분의 갈등은 부당한 상황과 사건, 다시 말해 일방적이고 폭력적인 행위를 바로잡으려는 약자의 욕구로부터 비롯된다.[216) 힘의 불균형 수준이 낮으면 강자의 압박 수준 또한 낮을 수밖에 없으므로 약자가 문제를 제기하고 갈등이 형성되는 시간이 비교적 짧다. 반면 힘의 불균형 수준이 높으면 약자가 물리적, 심리적으로 강자의 압박을 극복하는 데 어려움을 겪으므로 문제를 제기하고 욕구를 표출하기까지 상당한 시간이 소요될 수밖에 없다. 극심한 힘의 불균형은 갈등의 형성을 방해하지만 그렇다고 갈등이 전혀 형성되지 않는 건 아니다. 폭력으로 인한 피해가 약자의 일상과 생존에 미치는 영향이 크고 정체성, 인정, 안전 확보 같은 기본적인 인간 필요의 충족을 방해한다면 약자는 갈등과 충돌을 감수하는 선택을 한다.[217) 또한 약자가 힘의 불균형을 상당 부분 극복할 새로운 힘의 원천을 발견하면 약자가 판단하는 힘의 불균형 수준이 변하므로 갈등이 아예 형성되지 않고 폭력이 영원히 지속될 가능성은 극히 낮다.

사회갈등은 사회경제적, 정치적, 문화적 변화에서 비롯된다. 사회경제적 변화로 인해 경제 계층 사이에서 그리고 노동 현장에서 갈등이 생기고, 정치적 변화로 인해 민주주의 사회에서조차 집단 사이에 정체성과 안전 욕구를 둘러싼 갈등이 발생하며, 문화적 변화로 인해 이질적 문화 집단 사이에 갈등이 생긴다.[218] 사회가 변하고 새로운 갈등이 생기는 건 자연스러운 일이다. 그러나 갈등이 폭력적 상황에 대한 사회의 무관심과 방관에서 비롯되고 그로 인해 파괴적인 모습으로 지속되는 건 바람직하지도 옳지도 않다. 폭력에 대한 사회의 민감성과 대응 수준이 낮음을 의미하기 때문이다.

한국사회가 직면하는 많은 갈등은 폭력적 상황에서 비롯되고 그로 인해 파괴적으로 전개되곤 한다. 폭력적 상황은 불균형한 힘의 관계를 악용하는 상대적 강자 집단과 그로 인해 피해를 입는 상대적 약자 집단이 존재함을 의미한다. 상대적 약자는 폭력적 상황의 변화를 목표로 삼아 문제를 제기하고 저항한다. 이런 갈등에 대해서는 사회적 차원의 관심과 대응이 필요하지만 폭력과 평화의 관점에서 민감하게 다뤄지지 않고 오히려 방치되는 일이 흔하다. 대응이 이뤄진다고 하더라도 근본적 원인인 폭력적 상황의 전환이 아니라 저항과 그로 인한 대결 상황의 완화와 관리에 초점이 맞춰지곤 한다.

폭력적 상황에서 비롯된 사회갈등은 몇 가지 범주로 분류할 수 있다. 첫 번째로 개인이나 집단 사이의 갈등인 것처럼 보이지만 근본적인 원인이 그들 사이의 불균형한 힘의 관계에서 기인하고 그것을 방치하는 사회 구조와 문화에서 비롯되는 갈등이 있다. 일반 분양아파트와 임대아파트 주민들 사이의 갈등, 기업과 하청 기업 또는 프랜차이즈 대리점 사이의 갈등, 기업과 노동조합 사이의 갈등, 기성세대와 청년세대 사이의 갈등 등이 이 범주에 포함된다. 이 모든 갈등은 불균형한 힘의 관계를 이용한 상대적 강자의 억압과 이익 추구가 지속되는 폭력적 상황에서 비롯된다. 근본적 원인은 힘을 악용한 억압과 이익 추구를 묵인하는 사회적 정서, 그리고 피해를 막기 위한 제도적, 법적 대책과 지원을 적극적으로 모색하지 않는 사회 구조다. 문화와 구조의 변화가 부재한 상황에서는 당사자들만 바뀔 뿐 유사한 갈등이 반복될 수밖에 없다.

두 번째로 사회적 약자 집단에 대한 차별, 배제, 혐오 등을 둘러싸고 발생하는 갈등이다. 이주노동자, 난민, 성 소수자, 장애인 등 소수집단의 존재와 권리를 인정하지 않고 그들을 공격의 대상으로 삼는 사회적 정서와 부족한 제도적, 법적 보호는 그들을 지지하는 사람들과 공격하는 사람들 사이에 갈등을 일으킨다. 사회적 약자 보호 문제를 둘러싸고 생기는 갈등은 극심한 힘의 불균형으로 인해 공격과 차별의 대상이 직접 전면에 나서지 못하는 상황에서도 발생한다. 공격과 차별의 폭력적 상황이 안전하고 평화적 공존이 가능한 사회로의 변화를 방해한다고 생각하는 사회 구성원들이 문제를 제기하고 저항하기 때문이다.

세 번째로 공기업을 포함한 공공기관에 대한 시민의 문제 제기와 저항에서 생기는 공공갈등이라 불리는 사회갈등이다. 공공갈등이 발생하고 증가하는 이유는 공공기관과 시민 사이에 존재하는 힘의 차이가 좁혀졌기 때문이다. 민주주의의 진전과 시민의식의 성장으로 시민이 자기 삶에 영향을 미치는 공공 정책과 사업에 문제를 제기할 역량이 형성된 것이다.[219] 이것은 사회의 자연스럽고 긍정적인 변화다. 그런데 여전히 공공갈등이 빈번하게 발생하고 특정 공공 정책이나 사업에 대한 시민 저항이 장기적으로 지속되는 이유는 공공기관과 시민 사이에 존재하는 힘의 불균형이 갈등의 전개와 해결에 영향을 미칠 정도로 해소되지 않았기 때문이다. 대부분의 공공 정책과 사업이 공공기관의 일방적 결정으로 시작되고 그에 대해 시민이 저항하는 일이 반복되는 상황은 힘의 차이를 이용하는 공공기관의 태도와 행동에서 기인한 폭력적 상황이 여전히 지속되고 있음을 보여준다. 소각장, 분뇨처리장, 화력발전소, 원자력발전소 등의 기피시설 건설, 그리고 사드 포대나 군 훈련장 등 군사시설 건설에 대한 공공기관의 일방적 결정과 주민 저항을 무시하는 사업 진행은 공공기관이 법과 제도에 의해 부여된 힘을 적극적으로 활용하고 있음을 보여준다. 이것은 전형적인 구조적 폭력이다. 밀양 송전탑 건설과 제주 해군기지 건설을 통해 해당 지역 주민들이 경험한 구조적 폭력은 다른 사업들을 통해 반복적으로 나타난다. 나아가 '국익'을 절대적인 선으로 취급하고 '다수의 이익'을 위해 '소수의 희생'이 불가피하다는 사회 정서는 당사자들에게 또 다른 폭력이 된다.

폭력적 상황에서 비롯된 사회갈등을 적극적으로 다루지 않고, 나아가 방치할 때 생기는 중대한 문제는 폭력의 확산이다. 불균형한 힘의 관계에도 불구하고 문제를 제기해 갈등을 만든 상대적 약자는 갈등이 진행되는 동안 갈등의 방치와 강자의 변함없는 태도와 행동에서 비롯된 폭력을 반복적으로 경험한다. 동시에 강자에 대해 사회적 지지가 표명되고 때로는 법적 정당성에 의해 자신의 목소리가 억압되거나 왜곡되는 상황에 직면한다. 대화와 협상을 위해 강자와 마주 앉는 기회를 얻고자 약자는 계속 저항하고 이로 인해 대립과 갈등은 갈수록 악화한다. 다른 한편 갈등의 방치는 폭력에 대한 사회적 묵인 내지 승인을 의미하며 유사한 폭력에 대한 묵인과 승인으로 이어진다. 이로 인해 동일한 또는 유사한 문제를 둘러싼 새로운 사회갈등이 형성된다. 기업과 노동조합의 갈등은 노동자 사이에 갈등을, 장애인 권리를 둘러싼 갈등은 시민 사이에 갈등을, 송전탑이나 화력발전소 건설을 둘러싼 갈등은 주민 사이에 갈등을 야기한다. 대화와 협상 여부가 힘의 관계에 좌우되는 사회적 경험으로 인해 문제를 제기하는 상대적 약자 집단은 목소리를 내고 필요를 충족하기 위해 파괴적 대결을 감수한다. 특히 사회적 관심을 획득하고 상대적 강자에게 대화에 응하도록 압력을 가하기 위해 조기에 저항과 공격의 수위를 높이는 선택을 한다. 이런 약자의 전략은 힘을 키우고 표출하지 않으면 약자가 반복적으로 피해를 입는 상황을 목격한 오랜 사회적 경험에서 비롯된 것이다. 갈등의 진행 과정에

〈그림 5〉 폭력적 상황과 사회갈등의 악순환

폭력적 상황 & 사회갈등의 발생

갈등의 방치   폭력의 확산

서 폭력의 감소가 아니라 오히려 확산이 이뤄지면 애초 갈등을 야기한 폭력적 상황은 더 악화하고 그로 인해 다른 갈등이 발생하는 악순환이 형성된다.

한국사회에서 발생하는 다수의 사회갈등이 폭력적 상황에서 비롯된다는 사실은 한국사회에 폭력이 만연해 있음을 보여준다. 다른 한편 다수의 사회 구성원들이 폭력적 상황을 바꾸기 위해 문제를 제기하고 부담을 감수하며 갈등을 만드는 선택을 하지만 그것이 폭력의 감소와 제거로 이어지지 않음도 보여준다. 폭력적 상황이 변하지 않고 유사한 갈등이 반복되는 이유는 경직되고 변화를 거부하는 사회 구조가 근본적 원인이기 때문이다. 사회갈등의 중요한 특징 중 하나는 어떤 사회갈등이든 법과 제도, 그리고 그것을 적용하는 공공기관의 영향을 받는다는 점이다. 사회적 정서와 문화 또한 법과 제도가 제시하는 원칙과 방향, 그리고 공공기관의 태도와 행동의 영향을 받는다. 그러므로 법과 제도, 공공기관이 폭력적 상황에 얼마나 민감하고 신속하게 대응하고, 문제를 바로잡기 위해 얼마나 기능을 개선하느냐에 따라 폭력적 상황의 변화 여부와 속도가 달라진다. 폭력적 상황이 지속된다는 건 구조적 대응과 변화 노력이 충분하지 않거나 부재하거나, 폭력을 감소 내지 제거시키기 위한 입법적, 행정적 대응과 과정이 절대적으로 부족함을 의미한다. 따라서 폭력적 상황에 대한 구조적 대응의 부족, 그리고 그로 인한 사회갈등의 방치는 구조적 폭력의 존재를 뜻한다.

사회갈등의 전환

평화연구에서 사회갈등을 다루는 기본적인 시각은 갈등을 변화를 위한 기회로 보는 것이다. 동시에 다양한 개인과 집단의 평화적 공존과 지속가능한 평화를 위해 상호 이해를 향상시키고 공동 대안을 마련하는 계기로 삼는 것이다. 이를 위해 특정 집단 사이의 대립과 충돌을 개인과 집단의 책임으로 돌리지 않고 근본적 원인인 폭력적 상황에 주목하는 사회적 대응과 성찰을 강조한다. 또한 평화적 방식으로 갈등을 다루고 포괄적 분석과 이해를 통해 변화를 모색하는 사회적 접근을 제안한다. 특히 평화구축의 적용은 이런 사회적 성찰과 접근을 가능하게 한다. 평화구축의 목표는 폭력의 중단과 감소, 근본적 원인의 규명, 갈등의 전환, 사회와 개인의 역량 강화 등을 통한 사회의 변화와 평화적 공존의 실현이다. 사회갈등을 다루는 평화구축 또한 같은 목표를 가지고 실행될 수 있으며 이를 위해 갈등의 전환이 필요하다. 사회갈등의 전환을 통해서 사회 변화와 평화적 공존이 이뤄질 수 있다.

사회갈등의 전환을 위해서는 네 가지 접근이 필요하다. 첫 번째는 원인의 파악으로, 겉으로 드러나거나 당사자들이 언급한 것 외의 원인까지 포괄적으로 파악되어야 한다. 두 번째는 전환을 위해 취할 방식과 변화의 목표를 설정하는 것이다. 변화의 목표는 개인과 집단에 따라 다를 수 있지만 중요한 건 갈등에 관련된 모든 개인과 집단은 물론 사회 전체를 위한 변화의 목표가 설정되어야 한다는 점이다. 세 번째는 사회갈등의 전환과 사회의 변화를 위한 시간적 목표가 설정되어야 한다. 갈등의 전환과 사회의 변화에는 긴 시간이 필요하며 개인과 집단, 전체 사회를 대상으로 하는 단기와 중·장기의 구체적인 접근이 요구된다. 네 번째로 구체적인 실행 방식이 고안되고 실행할 주체와 구체적인 역할이 확인되어야 한다. 특정 사회갈등에 직접적, 간접적으로 관여된 개인과 집단은 물론 거의 모든 사회갈등에 관련되고 개입하는 공공기관의 역할 또한 구체적으로 고민되어야 한다. 이런 네 가지 측면에서의 접근은 첫 번째에서 네 번째까지 단계적으로 또는 거의 동시적으로 실행될 수 있다. 가장 중요한 건 사회갈등의 전환을 위해서는 포괄적 접근이 필요하다는 점이다. 즉각적으로 해결할 문제에만 초점을 맞추고 근본적 원인을 외면하면 유사한 갈등이 재발하며, 구조적 문제만 강조하고 개인과 집단의 역량 형성을 외면하면 불필요하고 파괴적인 갈등이 반복될 수밖에 없다.

먼저 첫 번째 접근인 원인의 파악은 특정 사회갈등을 이해하고 갈등의 큰 그림을 파악하기 위한 것이다. 우선 각 당사자 집단이 주장하는 원인에 귀를 기울여야 하지만 동시에 표면적인 원인에 영향을 준 근본적 원인을 파악해야 한다. 일반 분양아파트와 임대아파트 주민 사이의 갈등에서 당사자 집단들이 주장하는 표면적인 원인은 차별과 무시, 편안한 주거환경 등이지만 근본적 원인은 소수의 의견만 반영하고 다수를 배제하는 일반 분양아파트 단지의 의사결정 방식 그리고 소통과 대화를 거부하는 주민들의 역량 부족일 수 있다. 경제 계층 사이 사회적 단절의 고착화 그리고 지역 행정기관의 개입 거부와 소극적인 태도 또한 근본적 원인이다. 그런데 가장 근본적인 원인은 유사한 갈등을 방치하고 적극적으로 개선책을 세우지 않는 중앙정부와 지자체의 주택 정책이다. 사회적 약자 집단의 권리를 둘러싼 갈등의 표면적인 원인은 특정 집단의 권리와 사회적 인정에 대한 이견과 세계관의 차이일 수 있다. 그런데 이면에는 약자에 대한 혐오와 차별의 확산, 거짓 정보와 왜곡된 이해, 관계의 부재와 이해의 부족 등 다른 원인이 존재할 수 있다. 주목해야 할 근본적 원인은 약자의 권리를 법과 제도로 보장하지 않는 구조의 문제다. 공공갈등의 경우 공공기관의 일방적 결정과 투명성의 부족, 공공기관과 주민 사이의 소통과 대화의 부족 등이 원인일 수 있다.

그러나 가장 근본적인 이유는 유사한 공공갈등이 빈번하게 발생하는데도 일방적 결정을 반복하는 공공기관, 주민 의견 수렴과 참여를 전제로 하지 않는 정책 수립과 사업 실행, 주민 저항을 일시적 도전으로 취급하는 공공기관의 태도 등이다. 표면적인 원인과 뿌리 깊이 박혀 있는 근본적 원인을 포괄적으로 파악해야 사회갈등의 큰 그림을 볼 수 있다.

두 번째 접근인 전환을 위한 방식의 모색과 변화 목표의 설정을 위해서는 표면적 원인과 근본적 원인을 동등하게 중요한 문제로 취급해야 한다. 근본적 원인인 구조적 문제에만 집중하고 개인과 집단 사이의 관계와 소통의 개선을 외면하면 갈등은 반복적으로 생기고 사회는 변하지 않는다. 파악된 원인을 개인, 관계, 구조, 문화의 차원으로 분류하고 각 차원에서 전환을 위한 방식과 변화의 목표를 설정해야 한다.[220] 우선 개인 차원에서 갈등의 원인이 되는 건 문제 대응 및 해결 역량의 부족이다. 이로 인해 갈등의 파괴적 전개를 막는 소통과 대화가 시도되지 않고 갈등을 통한 자기 역량의 향상도 이뤄지지 않는다. 변화를 위해서는 갈등의 이해, 소통과 대화 방법의 습득, 사례의 탐구 등을 통한 개인 역량 향상이 필요하고 사회적으로 교육과 훈련 프로그램의 지원 등이 이뤄져야 한다. 관계 차원에서는 특정 집단에 대한 편견, 반감, 혐오 등의 제거와 상호 이해의 향상이 필요하고 그러기 위해 접촉과 대화, 정보의 공유, 연결망 형성 등이 이뤄져야 한다. 개인과 집단의 노력만이 아니라 지역 행정 기관과 공공기관 등을 통해 체계적으로 시도되어야 한다. 구조 차원에서는 사회갈등에 관련된 개인과 집단의 필요를 충족하지 못하는 법과 제도, 적용 문제를 확인하고, 그에 따른 변화의 내용과 방향의 설정이 필요하다. 동시에 공공기관과 지역 행정기관의 적극적 개입과 지원을 저해하는 원인을 확인하고 변화를 위한 구체적인 방식을 모색해야 한다. 변화의 방향과 구체적 목표는 사회갈등에 관련된 개인 및 집단과 공공기관과의 대화, 시민 필요의 확인과 의견의 수렴, 연구의 진행 등을 통해 세워질 수 있다. 문화 차원에서는 두 가지가 다뤄져야 한다. 하나는 갈등에 직면한 개인과 집단이 선택하는 대결적인 소통과 대응 방식을 개선하는 것이고, 다른 하나는 공동체 의식, 돌봄 문화, 상생의 가치 등 사회에 존재하는 갈등 대응 및 해결을 위한 문화적 자원과 방식을 확인하고 공유하는 것이다. 대결적이고 공격적인 소통은 갈등을 악화시키는 원인이 되고 문화적 자원의 간과는 갈등에 대한 공동 이해와 바람직한 해결을 모색하는 기회를 상실하게 한다. 그러므로 소통 방식을 개선하고 문화적 자원을 찾고 공유하는 것이 변화의 목표가 된다. 이것은 개인과 집단 차원뿐만 아니라 사회적 차원에서 이뤄져야 하고 교육과 상호 이해 프로그램의 설치와 지원 등 구조적 차원의 접근이 필요하다.

세 번째로 시간 목표의 설정과 관련해서는 개인, 관계, 구조, 문화 차원에서 단기적 목표와 중·장기적 목표를 구분하는 체계적 접근이 필요하다. 개인 차원에서 문제 대응 및 해결 역량을 향상시키는 것은 오랜 교육과 훈련을 통해 가능하므로 중·장기적 목표가 될 수밖에 없다. 그러나 갈등 분석과 소통 및 대화 능력의 형성을 위해 자문과 코칭 서비스 등을 활용하는 건 단기적으로 가능한 일이다. 관계 차원에서 정확하고 투명한 정보와 데이터를 이용해 특정 집단에 대한 오해와 반감을 바로잡는 것 또한 단기적 목표가 될 수 있다. 그러나 가치관의 차이와 인권 의식 부족에서 비롯된 편견과 혐오는 시민교육, 공존의 가치와 필요의 확인, 법과 제도의 개선 등 중·장기적인 노력을 통해 가능하다. 구조 차원에서 공공기관과 시민 사이의 소통과 대화를 통해 상호 이해를 향상하고 시민의 필요를 확인하는 일은 단기적 목표가 된다. 그러나 근본적인 원인의 제거와 개선을 위해서는 법과 제도, 공공기관의 변화 등 중·장기적인 목표의 설정과 지속성이 필요하다. 또한 사회갈등 당사자를 위한 공공 지원 체계의 수립, 공공기관의 결정 방식 변화, 시민 참여와 의견 수렴 제도의 수립 등은 장기적인 목표가 될 수밖에 없다. 문화 차원에서는 소통과 대응 방식 개선을 위해 개인과 집단에 대한 즉각적 자문과 장기적 교육, 그리고 문화적 자원의 확인과 공유를 위한 당사자 집단의 접촉과 사회적 연결망 형성 등이 단기적 그리고 중·장기적 목표로 설정될 수 있다. 단기적 목표는 현재 직면한 갈등과 폭력의 완화에, 중·장기적 목표는 근본적인 원인의 제거를 통한 사회 변화에 맞춰진다.

마지막으로 사회갈등 전환을 위한 실행자를 찾는 건 중요하고도 불가피한 일이다. 이것은 인적 자원을 포함한 기존의 사회적 자원을 파악하고 동시에 새로운 사회적 자원을 개발하는 것을 의미한다. 이를 위해 전 사회를 아우르는 연결망의 형성과 모든 사회 구성원의 참여를 모색하는 전략적 평화구축 접근이 적용될 수 있다. 사회의 여러 층위에서 동시에 그리고 개별적으로 변화의 목표를 설정하고 실행을 모색하는 접근이 필요하다.

　실행자 범주는 크게 세 가지로 나눌 수 있다. 첫째는 사회의 다수를 차지하는 개인과 다양한 집단이다. 일상에서 수시로 갈등에 직면하는 개인과 집단은 갈등과 갈등 대응에 대한 지식, 소통과 대화의 기술, 평화적 공존의 가치 등에 기반해 스스로 역량을 높이고 건설적으로 갈등을 전개하며 대화를 통해 해결할 수 있어야 한다. 동시에 갈등에 근본 원인을 제공한 법과 제도의 문제를 지적하고 공공기관은 물론 입법과 행정 체계의 변화를 요구할 수 있어야 한다. 둘째는 평화구축, 갈등전환, 갈등해결, 평화교육 등의 영역에서 활동하는 기관, 단체, 전문가 집단 등이다. 이들은 개인과 집단, 그리고 공공기관과 입법 분야 등과 연결망을 만들어 전문 지식을 제공하고 영역 사이의 소통과 대화를 독려하거나 주선할 수 있다. 또한 지역사회가 필요로 하는 자문, 코칭, 교육, 조정, 퍼실리테이션facili-tation 등의 서비스를 제공할 수 있다. 셋째는 법적, 제도적 정당성과 사회적 영향력을 가진 공공기관이다. 공공기관은 기존의 일방적 결정과 그로 인한 공공갈등의 발생, 사회갈등의 방치와 외면, 공공 정책 및 사업 진행을 위한 소극적인 관리 태도와 행동에서 벗어나야 한다. 사회적 현안을 둘러싼 집단 사이의 대립에 적극적으로 대응하고 신속하게 법적, 제도적 개선을 모색해야 한다. 또한 개인과 집단, 그리고 기관, 단체, 전문가 집단 등의 자원을 이용해 사회적 갈등 대응 역량을 향상하는 교육과 훈련, 그리고 다양한 갈등 대응 서비스 제공 체계를 개발하고 확대해야 한다. 공공갈등의 당사자 역할에 충실하고 다른 당사자 집단과 동등한 위치에서 성실하게 대화에 임해야 한다. 공공기관은 사회갈등 전환을 위한 다양한 시민 지원 서비스를 개발 및 제공할 수 있으며 무엇보다 지역사회가 중심이 되는 의사결정 방식을 적극적으로 독려하고 지원할 수 있다.

사회갈등의 전환을 위해서는 당사자 집단들이 소통과 대화, 공동 성찰과 논의를 통해 자신들의 문제는 물론 근본적인 원인까지 확인하고 합의를 통해 문제를 해결할 수 있어야 한다. 또한 단기적인 해결 방안의 모색과 함께 근본적인 변화를 위한 공동의 목표를 세울 수 있어야 한다. 무엇보다 갈등에 대한 주도권을 가지고 문제해결과 변화에 대한 결정권을 행사할 수 있어야 한다. 이를 위해 갈등에 직면한 지역사회 구성원들이 공동으로 문제를 분석하고 해결 방안을 찾는 협력 과정collaborative process이 적용될 수 있다. 이것은 수자원, 산림 이용과 보호, 공동체 보존과 개발 등 주로 환경과 관련해 지역사회가 직면한 문제를 해결하기 위해 고안된 방식으로, 지역사회가 중심에 서고 전문적인 지원을 받아 진행된다. 협력 과정에는 개인은 물론 다양한 집단의 상이한 견해와 이익을 대변하는 대표들이 참여한다. 참여자들은 공동으로 문제를 성찰하고, 전문가의 의견을 참고하며, 지역사회와 개인의 이익을 동등하게 고려하는 논의를 진행한다. 모두의 이익을 위한 합의를 만들고 공동 행동을 결정하며 관련 기관에 제안하거나 정책 건의를 한다. 최종 결정은 모두의 찬성이나 70~80%에 달하는 높은 수준의 찬성으로 이뤄진다.[221] 협력 과정은 직면한 문제를 해결하는 동시에 지역사회 구성원들의 역량을 높이고 공존의 필요성을 확인할 수 있게 한다. 또한 지역사회의 합의된 목소리를 통해 정책 결정에 실질적인 영향을 미쳐 당면한 문제와 지역사회의 근본적 변화 가능성을 높인다.

문제의 해결은 물론 동일 문제의 재발을 막고 사회를 변화시키기 위해서는 사회갈등의 전환이 필요하다. 폭력적 상황에서 발생하는 사회갈등의 특성상 표면적 문제만 다루는 접근으로는 근본적인 변화를 기대할 수 없다. 상대적 약자의 이익과 필요를 충족하는 것이 우선이지만 그것이 장기적 해결책이 되지도 않는다. 힘의 차이를 강조하는 관계가 공존을 강조하는 관계로 전환되어야 유사한 대립과 갈등이 발생하지 않고, 그런 변화가 지속되려면 법과 제도, 그것의 실행 방식과 기관 등 구조적 변화가 동반되어야 한다. 그러므로 사회갈등의 전환은 포괄적인 접근을 필요로 한다.

남북대결에서 남북갈등으로의 변화

남북한이 대결하는 상황은 한국사회에서 평화적 삶을 저해하는 가장 중대한 문제다. 남북대결은 정치적, 군사적 문제이자 안보 문제로 언급되지만 실제로는 모든 사회 영역과 모든 구성원의 일상에 영향을 미치는 사회 문제다. 남북대결에서 비롯된 전쟁 위험의 지속, 징병제 유지, 국방예산의 증가, 이념갈등의 지속은 사회적 불안과 개인 및 집단 사이의 대결과 충돌의 지속, 안전한 일상과 평화적 삶의 위협, 표현과 행동에 대한 사회적 제약 등 폭력적 상황을 만든다. 북한을 공존의 상대가 아니라 언제든 한국사회를 공격할 수 있는 적으로 상정해 경계하고 적 이미지를 반복적으로 강조하는 담론, 주장, 행동에 직면해야 하는 상황 또한 심리적 안전을 저해하는 폭력적 상황이다. 유일하게 육로로 연결된 이웃 국가인 북한과 교류하지도 공존하지도 못하고 무력 대결을 염두에 두는 상황은 한국사회의 평화 부재를 단적으로 말해준다.

남북한 사이의 대립은 갈등으로 정의할 수 있다. 갈등은 포괄적인 용어이며 무력 갈등에서 무력이 동원되지 않는 집단 및 개인 사이의 갈등까지 포함한다. 갈등은 둘 이상의 당사자들이 상황에 대한 이해와 추구하는 이익의 차이로 인해 대립하는 상황을 말한다. 남북한 사이의 대립도 이 기준에서 벗어나지 않는다. 무력 갈등이었던 한국전쟁 이후 남북한은 직접적인 무력 충돌이 없는 대립을 지속하며 갈등 관계를 유지하고 있다.

남북갈등은 여러 가지 특징을 가지고 있다. 가장 큰 특징은 이념의 차이에서 비롯된 갈등이란 점이다. 이념의 차이와 관련된 갈등은 그렇지 않은 갈등보다 다루기가 힘들다. 당사자들의 이념이 양극단에 있다면 당사자들이 실질적으로 추구하는 이익을 다루는 것조차 쉽지 않다. 이런 갈등을 다루는 접근 중 하나는 이념이나 관련된 가치를 추구하는 이익과 분리하는 것이고, 다른 하나는 이념과 가치의 차이를 당사자들이 만나 서로 확인하는 것이다.[222] 이런 시도는 갈등 당사자들이 해결을 위해 관계를 재설정하고 협상을 시작할 때 가능한 일이다. 그러나 남북한은 아직 그 단계에 이르지 못했다. 여전히 이념이라는 장애물을 극복하지 못해 각자가 추구하는 이익이 선명하게 드러나지도 주장되지도 않는다. 내부적으로 정책 현안을 둘러싼 논란이 여전하고 대응 프로그램이 제도화되지 않은 상황에서는 이념이 더 중요하게 작용한다. 정책이 이미 수립된 상황에서는 이익이 더 강조될 수 있다.[223] 이 점과 관련해서도 남북한은 상대에 대응하는 정책을 확정하거나 제도화하지 못한 상황이고 그 결과 남북한 사이의 이념 대결과 갈등은 계속되고 있다.

두 번째 특징은 남북갈등의 지속에 영향을 미치는 중요한 요인 중 하나가 한국전쟁에 대한 한국사회의 집단적 기억과 그에 근거한 정치적, 사회적 정서와 태도라는 점이다. 집단적 기억으로 인해 북한에 대한 적대감과 증오는 반복적으로 강조되고 불신은 해소되지 않는다. 국가안보와 무기 경쟁에 대한 정당성이 강조되고 그것이 다시 적대적 관계의 악화에 기여한다. 갈등은 과거의 기억에서 비롯되고 상호 불신과 적대감이 큰 관계에서는 부정적인 기억이 강조된다. 4장에서 언급한 것처럼 레더락은 갈등에 직면한 사회가 마주하는 과거를 '최근의 사건들', '생생한 역사', '기억된 역사', '내러티브'의 네 개 층위로 설명한다.[224] 남북갈등을 겪는 한국사회에도 네 개 층위가 존재하고 모든 층위에서 부정적 기억이 강조된다. 구성원 각자가 가진 최근의 기억은 2000년, 2007년, 2018년의 남북정상회담과 관계 개선보다는 북한의 계속되는 핵무기 개발과 미사일 실험, 남북공동연락사무소 폭파 같은 부정적인 사건들에 집중되어 있다. 과거 중 가장 영향력이 큰 건 집단적 경험인 '기억된 역사'로, '선택된 트라우마'가 된다. 기억된 역사는 피해에 초점이 맞춰지고, 대결하는 상대와 새로운 문제가 생길 때마다 반복해 소환되며, 세대를 거쳐 전달된다. 이런 집단적 기억은 상대에 대한 공격과 복수를 정당화한다.[225] 한국전쟁은 가장 강렬한 기억된 역사로, 남북한 갈등의 지속에 근거를 제공한다. 동시에 북한에 대한 적대감과 증오를 정당화하는 역할을 하고 대화 국면에서조차 경계와 불신 유지의 근거가 된다.

세 번째 특징은 오래된 갈등이라는 점이다. 1948년 시작된 남북갈등은 한국전쟁으로 폭발했고 그 후 대립 및 위기, 완화를 오가면서 긴장 상태를 유지하고 있다. 이런 상황이 오랜 세월 지속되는 이유는 남북갈등이 이념 차이에서 비롯된 갈등이기 때문이다. 이념 차이로 인한 갈등은 노력해도 대응과 관리가 잘되지 않는 '다루기 힘든' 갈등으로 여겨진다.[226] 남북갈등이 정체성 갈등이기 때문이기도 하다. 이념은 정체성을 형성하는 요소 중의 하나이고 남북한은 서로 다른 이념을 각자 정체성의 가장 중요한 요소로 인식하고 있다. 정체성과 관련된 갈등 또한 뿌리 깊고 근본적인 이유 때문에 다루기 힘든 갈등으로 여겨진다.[227] 다루기 힘든 갈등은 오래 지속될 수밖에 없고 남북갈등도 마찬가지다. 오래된 갈등으로 인해 위기 상황이 반복되지만 한국사회 구성원들은 남북갈등에 익숙해져 갈등 상황을 오히려 당연하고 자연스럽게 인식하고 받아들인다.

남북한의 대결을 갈등으로 이해하면 남북 관계에서 생기는 많은 문제를 새로운 시각으로 해석하는 것이 가능하다. 남북한 사이에 존재하는 상호 증오와 적대감에 의존하지 않고 서로 다른 입장의 주장과 이익의 추구, 그리고 각자의 생존과 안전을 위한 절대적인 필요의 맥락에서 문제를 파악할 수 있다. 갈등은 서로 다른 입장과 이익의 존재로 인해 발생한다. 당사자들이 강하게 각자의 입장을 주장하는 건 모든 갈등에서 확인되는 일반적인 현상이다. 강하게 입장을 주장해 특정 이익을 얻고자 하는 것, 그리고 최대한의 이익 확보를 통해 안정되고 안전한 삶의 필요를 충족하는 것 또한 모든 갈등 당사자가 보이는 일반적인 모습이다. 갈등에 대한 당사자들의 이런 인식과 대응은 국가, 집단, 개인 사이의 갈등에서 일반적으로 발견된다. 남북갈등도 갈등의 기본 특징에서 벗어나지 않는다. 갈등 당사자들이 보이는 일반적인 모습을 이해하면 남한이 주장하는 입장과 추구하는 이익이 있는 것처럼 북한도 남한이 주장하는 것과 다른 입장을 가지고 다른 이익을 추구한다는 객관적 사실을 인정할 수 있다. 이런 접근을 통해 남한의 주장은 선이자 진리이고 북한의 주장은 악이자 거짓이라는 비논리적인 접근을 지양할 수 있다. 무엇보다 남북 대립 상황을 중립화하고 새로운 시각과 접근을 통해 대립을 완화하며 갈등을 전환할 포괄적인 접근을 모색할 수 있다.

갈등에 대응하는 기본적인 태도이자 원칙은 두 가지다. 하나는 상호의존성의 인정이고, 다른 하나는 대화를 통한 문제의 해결이다.

갈등 당사자 사이에 존재하는 상호의존성은 갈등의 가장 중요한 특징 중 하나이기도 하다. 개인, 집단, 국가 사이의 모든 갈등에 존재하는 상호의존성은 대립하는 당사자들이 동일한 문제를 공유하며 상호작용을 하는 데서 비롯된다. 상호의존성은 갈등이 전개될수록 높아지고 위기 국면에서는 한층 강화된다. 상대방의 견해와 판단에 따라 갈등의 표출 양상이 달라져 치열한 다툼이 전개되거나 반대로 해결책 모색으로 선회할 수 있다. 자신의 견해와 판단도 갈등과 상대방에게 같은 영향을 미친다. 상대방의 태도와 행동에 자신이 어떻게 대응하느냐에 따라 그리고 상대방이 자신의 태도와 행동에 어떻게 답하느냐에 따라 갈등의 전개 모습과 해결 여부가 결정된다.[228] 이런 상호의존성은 갈등 관계인 남북한 사이에도 존재한다. 북한의 판단, 태도, 행동에 따라 남한의 대응이 달라지고 그 결과 대립은 약화되거나 강화된다. 남한의 판단, 태도, 행동도 같은 결과를 낳는다. 남북한 갈등은 오랜 시간 지속됐고 상호의존성 또한 꾸준히 강화됐다. 남북갈등은 양쪽 모두에게 외면할 수 없는 현안이고 남한도 북한도 갈등에 직접적 영향을 미칠 상대의 태도와 행동에 민감하게 반응할 수밖에 없다.

대화를 통한 문제의 해결은 갈등을 다루는 기본적인 원칙이자 불가피한 접근이다. 갈등은 힘의 불균형이 극심한 사이에서는 잘 형성되지 않는다. 힘의 차이가 절대 극복할 수 없는 수준이어서 강한 쪽이 약한 쪽을 손쉽게, 완전히 제압할 수 있는 상황이라면 갈등이 형성될 가능성이 더욱 희박하다. 갈등이 생기고 오랜 시간 진행된다는 건 당사자들 사이에 대립을 유지할 만큼의 균형 잡힌 힘의 관계가 형성되어 있음을 의미한다.[229] 70년 이상 지속되고 있는 남북한 갈등도 같은 맥락에서 이해될 수 있다. 비교적 균형 잡힌 힘의 관계, 다시 말해 상호 경계가 필요한 수준의 힘의 관계가 형성되어 있기 때문이다. 그러므로 남북갈등은 한쪽의 일방적인 판단이나 결정으로 중단되거나 해결될 수 없으며 문제에 대한 공동의 확인과 합의에 의존할 수밖에 없다. 이를 위한 모든 시도와 과정은 대화에 기반해야 한다. 대화는 정치적, 군사적 대결과 충돌이 가져올 상호 피해를 예방하는 가장 현실적이고 효율적인 방식이다. 군비 강화를 통해 끊임없이 군사적 힘의 균형을 유지하려는 시도는 대화의 가능성을 낮추고 갈등을 악화 및 지속시킨다.

남북대결이 오래된 갈등이라는 전제가 형성되면 이해와 실행의 측면에서 변화가 가능해진다. 이해의 측면에서는 남북한 갈등이 세계에서 유일무이하게 특이한 상황이 아니라 다른 국가 사이의 갈등과 유사성을 가지고 있고 그에 따라 보편적인 갈등 이론을 적용한 분석과 이해가 가능해진다는 점이다. 실행의 측면에서는 갈등에 대한 보편적 대응과 실행 방식을 참고하고 구체적인 적용을 모색해볼 수 있다는 점이다. 수십 년 동안 큰 변화 없이 대결과 위기를 반복하고 있는 남북 대립을 이해하고 다루기 위해서는 새로운 시각과 접근이 필요하다.

남북갈등의 전환

　남북갈등이 오래되고 다루기 힘든 갈등이라는 점은 그럼에도 불구하고 불가피하게 다뤄야 하는 한국사회의 상황에서 세밀한 동시에 포괄적인 접근이 필요함을 말해준다. 정치적, 군사적 대결을 넘어 한국사회 구성원들의 북한에 대한 반감이 남북갈등의 지속에 영향을 미치고 있다는 점 또한 이러한 접근의 필요성을 말해준다. 개인에 따라 수준은 다르지만 한국사회 구성원들은 오랜 단절과 갈등으로 인해 북한에 대한 증오, 반감, 공포, 불신 등의 부정적 인식과 감정을 가지고 있다. 남북대결에 대응하는 방식에 대해서는 이념적, 정치적 성향에 따라 대화와 관계 개선 또는 경계와 대결 유지라는 입장의 차이를 보인다. 이런 입장의 차이 때문에 남북갈등과 관련한 한국사회 내 갈등이 고착됐다. 그러므로 한국사회에서 남북갈등을 다루는 접근은 두 가지 방향이 될 수밖에 없다. 하나는 남북 대결을 다루는 것이고, 다른 하나는 그와 관련한 한국사회 구성원들 사이의 갈등을 다루는 것이다. 이 또한 세밀하고 포괄적인 접근의 필요성을 정당화한다.

　갈등에 대한 전환적 접근으로 세밀하고 포괄적인 접근을 할 수 있다. 갈등전환 이론에 근거한 전환적 접근은 갈등의 근본적 원인인 구조의 문제를 강조함은 물론, 갈등의 발생과 전개에 영향을 미치고 다른 한편 갈등에 영향을 받는 개인의 역량 형성, 관계의 문제, 문화적 변화와 자원의 발굴에도 주목한다. 갈등 발생에 직접적 영향을 미친 문제의 해결을 모색하는 것에 더해 파괴적인 갈등을 만든 상황을 끝내고 바람직한 상황을 만들 조건의 형성에 초점을 맞춘다. 즉, 파괴적인 갈등의 전개에 영향을 미치는 환경을 변화시키는 과정에 초점을 맞추고 무엇보다 변화의 자원이 되는 개인 및 집단 사이 관계의 변화에 집중한다.[230]

남북갈등의 전환을 위해서는 남북대결을 상호의존성이라는 특징을 가진 갈등으로 이해하고 그에 따라 대화를 통해 다뤄야 하는 문제로 인식하는 사회적, 개인적 변화가 필요하다. 대결과 위기의 반복을 중단하기 위해서는 남북갈등과 동시에 남남갈등을 다룰 필요성에 대한 사회적, 개인적 인식과 공감대 형성도 필요하다. 남북갈등이 정치적, 군사적 문제가 아니라 남북한의 공존과 평화적 통일이라는 최종 목표를 향하는 과정에서 불가피하게 다뤄야 하는 도전이라는 인식과 공감대 또한 필요하다. 이런 변화를 위해서는 개인, 집단, 사회 차원에서 교육과 훈련, 남북 및 남남 관계의 분석과 공감대 형성, 조사와 연구, 사회적 대화의 시도 등 다양하고 세밀한 접근이 필요하다. 전환적 접근은 다양한 층위에서 다양한 접근의 시도를 고취하는 이론, 방향성, 적용 방식과 실행을 제안한다.

전환적 접근을 구체적으로 논하고 실행하기에 앞서 남북갈등에 대응하기 위해 취해야 할 우선적 접근은 점진적 갈등 완화로의 방향 설정이다. 완화^{de-escalation}는 갈등 당사자들 사이에서 위압적 행동, 긴장, 공포, 적대감 등을 줄이는 과정을 말한다. 대결하는 당사자들은 완화 과정에서 상호 막대한 갈등 비용을 부과하는 행위와 상호 위해의 수준을 낮추고 상대에 이익을 주는 행동을 취한다. 완화는 새로운 소통 채널의 개설과 명확한 소통, 공동 이해의 향상 등을 통해 개시될 수 있다. 당사자들이 완화를 시도하고 상대의 완화 움직임에 반응하는 이유는 대결 비용의 감소, 직접적 협상의 개시, 불신과 적대감에서 비롯된 긴장의 약화, 그리고 마침내 갈등의 해결을 희망하기 때문이다.[231] 남북한 사이에서도 이런 완화 시도가 여러 번 있었다. 그러나 정상회담과 남북공동성명의 형식을 취한 완화 시도는 실질적인 조치가 뒤따르지 않거나 정권의 교체나 상황의 변화 속에서 안정성과 지속성을 가지지 못하고 중단된 후 자연스럽게 폐기되곤 했다.

완화 과정이 효과를 내려면 상대를 움직일 정도의 행동이 있어야 한다. 상대의 요구에 단순히 응하는 조치이거나 최소 비용을 추구하거나 상대의 상응 조치를 주장한다면 완화 효과를 기대할 수 없다. 이런 행동은 대립의 중단이나 수정이 아닌 혁신적인 움직임을 기대하는 상대를 움직이지 못할 가능성이 높다. 대립의 악화escalation 상태로 절대 돌아갈 수 없는 완화 조치가 있어야 상대가 그것을 진정성 있는 완화의 시작으로 인식할 수 있다. 휴전이 아니라 군대 철수나 무장 해제가 진정성 있는 완화 조치가 될 수밖에 없는 이유다. 또한 상대의 대응이나 대가에 상관없이 얼마나 무조건적이고 불가역적인 조치를 취하느냐에 따라 완화는 효과를 낼 수도, 내지 못할 수도 있다.[232] 2018년 남북정상회담 이후 취해진 조치는 정치적, 군사적 상호성에 초점이 맞춰져 있었다. 효과는 한시적이었고 실질적인 완화가 이뤄지지 않았다. 대화 채널의 단절과 군사적 긴장 관계로 복귀하는 데 1년 남짓의 시간밖에 걸리지 않았다. 이것은 완화 조치가 오래된 대결의 완화에 필요한 수준만큼 획기적이지 않았고 서로 상대방을 설득하지 못했다는 점을 말해준다. 완화의 동기와 필요가 큰 쪽이 선제적 완화 시도를 하고 획기적인 조치를 취할 수 있다. 그러나 남북한의 경우 강한 상호 불신으로 인해 동시적인 조치에 머물렀고 어느 쪽도 획기적인 조치로 나아가지 못했다.

완화 조치가 획기적이지 않고 지속성을 가지지 못하는 이유는 내부적 저항에 직면하기 때문이다. 대결을 강조하는 정책이 결정 구조에 침투해 있고 사회적으로 고착된 상황에서는 적대적이고 위압적인 정책의 단순한 폐기도 쉽지 않다. 내부적으로 강한 저항에 직면해 오히려 적대적 정책에 대한 지지를 높일 수도 있다. 상대에 대한 공포와 증오, 상대의 악마화, 상대의 과거 잘못에 대한 복수심 등의 심리를 뛰어넘기가 힘들다.[233] 지도자가 타협적인 전략을 시작하고 유지하려 하더라도 내부의 장애물에 둘러싸일 수 있다. 결정 구조 참여자들 사이의 이견, 내부 엘리트들의 경쟁 관계, 오랜 세월 동의되고 고착된 대결적 전략에 대한 타성 등이 장애물로 작용하고 내부적 압박이 돼 완화의 시작과 과정을 어렵게 만든다. 그러므로 상대와의 상호작용만큼 내부 상황과 과정에 관심을 쏟고 분석할 필요가 있다.[234] 남북갈등의 완화에도 한국사회 내부의 이견과 대립이 큰 역할을 한다. 정책을 결정하는 정치권 내의 이견, 이념적 대립과 정치적 대립의 결합, 북한에 대한 공포와 증오, 고착된 불신, 분할된 여론 등이 대화 채널의 유지, 공동 이해의 향상을 위한 교류, 선제적이고 획기적인 대북 제안 등의 완화 시도를 방해하는 걸림돌이 된다.

남북갈등 완화의 시도는 정책적 결정이어야 하고 그것은 지도자나 정책 결정 참여자들의 판단에 의존할 수밖에 없다. 그러나 앞서 언급한 것처럼 사회적 지지가 형성되지 않으면 완화 과정의 시작도 유지도 쉽지 않다. 완화의 안정성과 지속성이 담보되지 않으면 남북한 사이 신뢰와 상호 이해가 축적되지 않고 협상과 갈등의 해결이라는 다음 단계로의 이동에 도움이 되지 않으므로 실질적인 효과를 기대할 수 없다. 전환적 접근은 완화의 시도를 가능하게 만들 사회적 이해의 변화 그리고 구성원들의 공감대와 지지 형성 등을 위해서도 필요하다.

전환적 접근은 남북갈등에 대한 새로운 이해로부터 출발해야 한다. 다른 갈등에서 볼 수 있는 것처럼 남한과 북한이 각각 주장하는 입장과 추구하는 이익이 충돌하고 있음을 한국사회가 인정해야 한다. 남북갈등이 다른 국가 또는 집단 사이의 갈등과 본질적으로 다르지 않음을 인정해야 상호의존성과 대화를 중심에 둔 접근 방식을 수용할 수 있다. 남북갈등의 근본적인 원인으로 이해되는 이념은 남한과 북한 각자의 정체성이자 세계관의 차이로 인정되어야 한다. 세계관의 차이가 인정되어야 남북한 사이에 존재하는 여러 현안에 대한 논의와 협상이 가능해진다. 이념 차이에 초점을 맞춰 북한을 판단하고 남북갈등에 접근하면 현안의 이해와 분석이 왜곡되고 그 결과 대화와 협상의 가능성에 대한 진단 또한 왜곡될 수밖에 없다. 뚜렷한 세계관 차이를 가진 당사자들이 이질적인 세계관에 대한 협상에 주력하면 현안 협상으로 진전할 수 없다. 그러나 세계관 차이를 인정하면 현안 협상으로 진전할 수 있다.[235)

남북갈등을 새롭게 이해하기 위해서는 한국사회가 남북갈등에 미치는 영향을 이해해야 한다. 남북갈등은 곧 남북한 사회 사이의 갈등이기도 한데 통제사회인 북한의 경우 사회와 구성원들이 남북 갈등에 미치는 영향은 제한적이거나 미미할 수밖에 없다. 그러나 시민의 정치적, 사회적 권리가 보장되는 한국사회와 구성원들이 남북 갈등에 미치는 영향은 주목할 만한 수준이다. 남북한 사이의 문제에 대한 다양한 개인과 집단의 주관적 이해와 판단이 사회적으로 통합되고 그것이 남북갈등의 방향과 대응 정책 결정에 영향을 미친다. 개인과 집단이 직면한 문제에 따라 남북갈등에 대한 이해가 달라지고 그것이 사회 여론 형성과 국가의 남북갈등 대응에 영향을 미친다. 그러므로 개인, 사회, 국가 사이의 소통과 협력을 통해 공동의 이해를 형성하는 노력이 필요하다. 특히 남북갈등의 악화가 아닌 완화와 해결에 기여할 수 있는 공감대의 형성이 필요하다.

새로운 이해에 기반해 전환을 위한 구체적이고 분석적인 접근이 취해질 수 있다. 특히 개인, 관계, 구조, 문화의 면에서 남북갈등으로부터 받는 영향과 갈등의 전환을 위한 변화의 내용과 방향을 고민해야 한다.[236)

개인과 관련해서는 남북갈등의 지속과 거기에서 파생된 정부 정

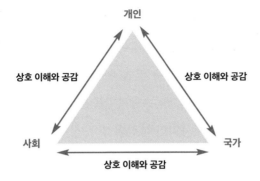

〈그림 6〉 삼각축 공감대 형성

개인

상호 이해와 공감

상호 이해와 공감

사회

국가

상호 이해와 공감

책과 예산 사용 등이 개인의 안전, 사회 활동, 경제 문제, 복지, 표현의 자유 등에 미치는 영향을 파악해야 한다. 그 변화를 위해서는 남북갈등이 개인의 삶에 미치는 부정적 영향을 줄이기 위해 남북갈등에 대한 국가와 사회의 대응 변화를 추동할 개인의 역량 형성을 모색해야 한다. 관계와 관련해서는 남북갈등이 남북한 사이에서만이 아니라 한국사회의 다양한 개인과 집단 사이에서 단절과 소통의 부재를 야기하고 있는 상황에 대한 이해가 필요하다. 그 변화를 위해서는 남북한 사이, 그리고 한국사회 구성원으로서 개인 또는 집단 사이의 상호의존적 관계를 확인하고 소통과 상호 이해를 개선할 방안을 고민해야 한다. 구조와 관련해서는 오랜 세월 남북갈등을 악화하고 방치한 정책적 문제와 남북갈등을 악용해 개인과 집단을 억압한 구조적 폭력의 문제까지 규명해야 한다. 그 변화를 위해서는 남북갈등이 한국사회의 안전을 좌우하고 개인의 삶을 통제하고 억압하지 않도록 구조적, 정책적 변화를 이루고, 시민의 필요에 답하고 시민의 정책 참여를 대폭 확대하는 체계의 수립에 초점을 맞춰야 한다. 문화와 관련해서는 남북한 대결에 대한 정치권과 사회의 상투적인 대응 방식을 성찰하고 남북갈등의 악화에 기여하는 남북한 사이, 그리고 한국사회의 개인 및 집단 사이 소통 방식을 점검해야 한다. 그 변화를 위해서는 남북갈등의 완화에 기여할 수 있도록 남북한 사이, 그리고 한국사회 개인 및 집단 사이에서 유효한 소통 방식을 모색하고 남북갈등 및 남남갈등의 전환을 위한 다양한 사회적 자원을 탐색하고 활용하는 방안이 모색되어야 한다.

개인, 관계, 구조, 문화의 변화를 위해서는 결정권을 가진 사회의 상층, 각 영역에서 사회 여론을 주도하는 전문가 집단인 중층, 다수 시민이 받는 영향과 변화의 필요를 반영하는 하층이 유기적으로 연결되고 소통하는 관계가 형성되어야 한다. 좌·우와 중도 등 모든 이념 성향을 포괄하는 사회 연결망의 형성을 통해 이념 대결이 남북갈등에 미치는 영향을 최소화하고 이념 차이의 인정에 토대를 둔 사회적 합의를 만들어야 한다. 이것은 기존의 일방적인 하향식 소통을 지양하고 시민의 견해를 적극적으로 수렴하고 참여를 보장하는 상향식 소통의 강화를 통해 가능하다. 구체적으로는 다양한 배경을 가진 시민이 참여해 견해의 차이를 확인하고 간격을 좁혀가는 다양한 규모와 형식의 사회적 대화, 정책결정자와 시민이 상호 질의와 응답을 하고 견해를 나누는 정책 대화, 다양한 영역의 전문가 집단이 자기 영역과 남북갈등과의 연관성을 토론하고 정보와 견해를 나누는 토론의 장 등이 필요하고, 이것이 널리 확산되어야 한다. 세대와 성별에 따른 이견을 공유하고 견해의 차이를 좁혀가는 노력도 필요하다. 이런 노력은 개인의 역량 형성에 기여하고, 다양한 개인 및 집단 사이의 관계는 물론 남북한 관계의 변화에도 영향을 미친다. 동시에 일방적이고 억압적인 구조와 정책의 변화 그리고 남북갈등과 남남갈등에 대한 공격적이고 대결적인 대응 방식의 변화와 사회적 자원의 확대 등에도 기여할 수 있다.

사회적 합의와 남북갈등 전환 접근을 통해 남북한 관계 변화의 목표를 설정하는 것도 필요하다. 평화적 공존과 지속가능한 평화의 정착이 한국사회와 남북한 관계의 목표인지 또는 평화통일이 목표인지에 대한 사회적 논의가 필요하다. 전자는 사회적 변화를 의미하고 후자는 정치적 변화를 의미하는데, 통일 및 평화통일 논의와 평화적 공존 및 지속가능한 평화의 정착이 함께 논의된 지는 오래되지 않았다. 전자가 목표일 경우 후자는 상황에 따른 선택이 될 수 있고 그런 경우 평화적 방식이 전제가 될 수밖에 없다. 후자가 목표일 경우 전자는 정치적 선택이 되거나 전제 조건이 될 수도, 안 될 수도 있다. 국가안보와 군비 강화의 맥락에서 평화가 강조된다면 왜곡된 평화가 수단으로 이용되거나 정치적 선택에 따라 평화는 폐기될 수도 있다. 그러므로 평화통일 또는 통일이 정치적으로 왜곡되지 않고 안보 담론으로 오염되지 않도록 평화를 위한 평화통일 또는 통일에 대한 사회적 담론 형성 작업이 필요하다. 이 논의는 국민 인식과 사회 환경의 변화를 반영하고 국민 참여의 방식을 통해 사회적 차원에서 진행되어야 한다. 논의는 사회적으로 광범하게 이뤄져야 하고 북한과도 공유되어야 하며 남북갈등을 다루는 토대 및 지렛대 역할을 할 수 있어야 한다. 국민적 참여와 합의에 기반해 남북갈등에 대응하는 기본 원칙을 세워야 정부와 정권에 따라 달라지는 정책과 구조의 문제를 극복할 수 있다.

남북갈등에 대한 전환적 접근은 남북갈등을 단순한 이념 대결이 아닌 남북한 사회 사이의 갈등, 그리고 한국사회 내 개인 및 집단 사이의 갈등과 관련해 이해할 수 있게 한다. 이런 이해는 남북갈등을 다루기 위해 먼저 한국사회 내의 단절과 대결을 완화할 방안을 모색해야 하고 남북갈등에 새롭게 접근하기 위해 국민 역량 형성, 국민 참여, 사회적 논의와 합의 등이 필요함을 강조한다. 갈등전환은 남북갈등을 창의적이고 건설적으로 다루기 위한 한국사회의 변화 목표와 방향의 설정을 가능하게 한다.

평화학, 무엇을 연구하고 실행하는가

맺는말

이 책의 머리말에 쓴 것처럼 평화학은 평화의 정의와 의미를 연구하고 주장하는 학문이 아니다. 평화학은 평화를, 다시 말해 평화로운 사회와 관계를 인간 사회가 반드시 추구하고 성취해야 할 가치이자 목표로 삼고 그 가치와 목표를 실현할 방법을 연구하는 학문이다. 평화의 실현을 위해 변해야 할 집단, 사회, 세계의 환경을 규정하고 그런 환경의 변화와 유지를 위해 필요한 조건을 연구하는 학문이다. 동시에 평화학은 변화를 위해 이론적으로 연구한 조건을 현장에 적용하는 학문이기도 하다. 이를 위해 평화학은 현장에 필요한 개인, 집단, 사회의 역량 형성 및 향상을 위해 구체적 방식을 연구하고 현장에 적용한다. 또한 사회 변화와 평화의 실현을 위해 현장에서 실행될 수 있는 접근 방식을 고안하고 현장의 활동을 지원하는 한편 거기에 참여한다. 그러므로 평화학은 평화를 실현할 방법을 연구하고 그 방법을 다양한 현장에서 다양한 사람들과 실천하는 학문이라 요약할 수 있다.

평화학의 연구는 크게 세 가지에 초점이 맞춰져 있다. 바로 폭력의 감소 및 제거, 사회의 변화, 평화적 공존의 실현이다. 폭력의 감소 및 제거는 평화학의 관심사여서가 아니라 인류의 안전과 평화적 삶을 위한 기본 조건이므로 불가피하게 다뤄야 할 문제다. 이를 위해 전쟁, 무력 충돌, 폭력적 환경 등을 야기하고 지속하는 사회적 구조, 문화적 담론, 집단과 개인의 인식 및 역량 등을 분석하고 변화를 모색하는 데 연구의 초점이 맞춰진다. 연구의 목표는 폭력 피해의 점진적 감소와 최소화, 그리고 궁극적으로는 폭력 피해의 부재다. 이를 위해 구체적 피해의 확인, 개입과 지원, 피해자 역량 형성, 원인 규명과 정의 실현을 위한 조사와 협력작업 등 현장에 적용할 다양한 접근 방식과 원칙도 고안된다.

사회의 변화를 위한 연구는 사회, 집단, 개인의 평화적 삶을 저해하는 폭력의 존재를 확인하는 데서 시작된다. 사회의 안전과 구성원들의 일상 및 생존을 위협하는 정부와 공공기관의 직무 방기, 집단 사이의 폭력적 대결, 기득권 세력의 전횡, 외부의 위협과 공격 등을 확인하고 분석한다. 또한 개인 및 집단 사이의 가해와 피해를 야기하고 심화하는 원인을 규명하기 위해 사회적 환경과 담론, 그리고 구조적 요인의 폭력성 여부를 확인하고 문제를 제기한다. 연구는 사회에 속한 모든 개인과 집단의 평화적 삶과 관계를 위한 사회 변화를 목표로 설정하고 그를 위한 단계적인 실행 방식, 무엇보다 상향식 접근을 위한 사회 구성원의 역할과 구체적인 참여 방식을 탐구한다.

평화적 공존의 실현은 연구의 궁극적 목표임과 동시에 과정에서 단계적으로 달성되어야 할 목표로 설정된다. 폭력의 감소 및 제거 그리고 사회의 변화를 모색하는 연구는 모든 개인과 집단의 평화적 공존을 통한 평화의 실현에 맞춰진다. 연구는 변화를 위한 과정 각 단계에서의 평화적 공존 실현의 불가피성에도 초점을 맞추고 이를 위한 유효한 방안을 모색한다. 최종 목표에만 초점을 맞추고 과정에서 평화적 공존을 간과하는 건 평화적 수단을 통한 평화의 실현을 거부하는 것으로, 연구의 정당성을 확보할 수 없다.

평화학의 실행 또한 몇 가지에 초점이 맞춰진다. 바로 역량 형성, 과정, 참여 그리고 대화와 합의 등이다. 역량 형성은 사회의 변화와 평화의 실현이 학문적 연구나 정책적 결정만이 아니라 사회 구성원들의 상황 분석, 문제 제기, 변화 의지 등에 의존할 수밖에 없고 구성원들의 논의에 따라 계획과 방향이 결정될 수밖에 없는 데서 기인한다. 평화학은 연구를 통해 고안된 개인과 집단의 역량 형성을 위한 실행 방법을 현장에 적용하고 실효성을 평가한다. 다른 한편 현장에서 획득한 정보와 분석을 통해 실효성 있는 실행 방법을 연구하고 제안한다. 이런 연구와 실행은 현장의 협력, 그리고 현장과의 공동 작업을 통해 가능하다.

과정과 관련해서는 평화의 실현을 위한 평화적 수단과 유효한 방식의 모색과 적용에 초점을 맞춘다. 평화적 수단이 개입과 지원을 하는 외부자의 강요에 의한 것이 되지 않고 피해의 방치와 피해자의 정의 실현을 저해하는 모순적 상황이 발생하지 않도록 현장과 협력하고 현장의 선택을 존중하는 실행의 원칙을 강조한다. 평화 실현을 위한 과정은 평화적 방식을 통해 평가되며 그런 과정의 정당성은 평화의 지속가능성을 좌우한다.

참여는 사회의 변화와 평화의 실현이 전 사회 구성원의 참여로 가능하다는 전제에 기초한다. 소수 또는 핵심 집단이 이끄는 변화와 실행은 다수를 배제하므로 평화적 수단이 될 수 없고 평화적 과정으로 평가받을 수도 없다. 그러므로 참여의 원칙과 방식은 실행과 관련해 가장 중요하고 민감하게 다뤄진다. 형식적인 참여가 아닌 의미 있는 참여가 이뤄지도록 세밀한 절차, 지원과 독려 방법 등을 고안하고 감시하는 것도 실행에서 중요한 부분으로 여겨진다. 이런 맥락에서 참여의 질과 결과의 만족도를 높이기 위한 사회 구성원의 지속적인 역량 형성이 중요한 실행 과제가 된다.

대화와 합의는 참여를 통한 사회 변화를 가능하게 하는 의사 결정 방식으로서 실행된다. 동시에 폭력의 중단, 피해의 규명, 정의의 실현 등을 위한 원칙적 접근으로 여겨진다. 반목과 상호 공격이 아닌 대화와 합의에 의존하는 과정과 논의는 평화적 수단에 의한 평화 실현 과정으로서의 정당성 확보뿐만 아니라 효율적으로 상호 폭력을 예방하고 감소시키는 결과를 낳는다. 그러나 폭력적 상황의 중단과 피해의 확인 과정에서 대화와 합의가 가해를 축소하고 피해를 왜곡하는 타협의 수단이 되지 않도록 세밀한 적용과 감시가 이뤄진다. 또한 사회 변화를 위한 논의 과정에서 대화와 합의가 폭력적 구조와 사회 담론을 정당화하는 수단이 되지 않도록 감시하고 문제를 제기하는 것 또한 실행에서 중요한 부분으로 여겨진다.

평화학의 연구는 평화적 수단을 통한 평화의 실현을 목표로 하며 이런 이론 연구는 다른 연구 분야에서도 일반적으로 행해지는 것이다. 그런데 앞서 언급한 것처럼 평화학은 한 걸음 더 나아가 실행을 통해 이론의 유효성을 증명하는 데도 똑같이 초점을 맞춘다. 무엇보다 실행을 통해 연구가 사회 변화와 평화 실현의 과정에 기여하는 점을 확인하는 연구자의 사회적 책무를 강조한다. 이 점은 평화학이 가진 차별성이자 수시로 직면하는 도전이다. 평화학은 이론이 현장에 적용되는 과정과 방식에 동등하게 관심을 기울이면서 자신의 정체성을 확인한다. 특히 연구의 궁극적 목표가 평화의 실현이므로 과정과 방식에서 평화의 요소를 간과하는 모순이 일어나지 않게 경계한다. 평화학은 평화적 과정과 방식을 부가적인 고려나 바람직한 접근이 아닌, 절대 간과되지 않아야 할 원칙으로 취급한다.

평화학의 연구 결과를 현장에서 실행하는 건 매우 도전적인 일이다. 그것이 바람직한 사회 변화 접근을 의미하고 모두의 안전과 행복을 보장하는 평화의 실현을 목표로 삼는다 할지라도 모든 사회 구성원의 지지를 받을 수는 없다. 때로는 폭력에 상시로 노출되고 가장 큰 피해를 입는 당사자 집단과 개인의 외면을 받기도 한다. 불가능한 목표와 방식을 설정하고 실효성 없는 과정을 주장한다는 비판에 직면하기도 한다. 적극적 평화 이론은 실현 가능성이 없다는 이유로 배척되고, 평화구축 이론과 실행 방식은 당면한 사회적 도전의 극복과 사회 발전을 저해할 수 있다는 이유로 수용되지 않는다. 갈등의 전환은 문제의 해결을 복잡하게 하고 갈등을 연장할 수 있다는 이유로 외면된다. 모든 비판은 타당하고 그것이 현장과 당사자들의 선택이라면 존중되어야 한다는 게 평화학의 입장이다. 그러나 동시에 평화학은 그런 선택이 더디고 복잡하다는 이유로 소수의 결정권자에 의해 외면당하고 결과적으로 사회 변화와 다수의 평화적 삶의 실현을 막지는 않는지 감시하고 문제를 제기할 수밖에 없다. 이론은 현장의 당사자들에 의해 평가되고 수용 여부가 결정되어야 한다. 또한 그런 과정을 거쳐 현장에서 수용되고 실행될 때 의미가 있다. 평화학은 그런 현장의 수용과 실행을 지원하는 역할을 하고 동시에 그런 과정에 참여해 비판적 성찰을 공유한다.

이론과 실천을 동등하게 강조하는 평화학은 불가피하게 거시적 담론과 미시적 담론, 그리고 거시적 접근과 미시적 접근을 함께 취할 수밖에 없다. 구조적, 문화적 폭력의 제거를 통한 적극적 평화의 실현을 위해서는 사회 구조와 문화에 대해 문제를 제기함과 동시에 그런 폭력을 방관하고 때로는 지지하는 사회 구성원의 인식 변화, 비판적 분석, 적극적 행동 등의 문제도 다뤄야 한다. 국가 및 사회 재건, 화해를 통한 사회와 관계의 회복, 사회 구성원의 역량 형성 등에 초점을 맞추는 평화구축을 위해서는 우선 사회 구성원을 대상화하는 사회적 인식과 접근이 중단되어야 한다. 사회 구성원의 참여, 대화, 합의가 인정되어야 하고 그 과정과 방식은 민감하게 고안되고 실행되어야 한다. 사회갈등의 전환과 사회 변화를 목표로 하는 갈등전환을 위해서는 개인, 관계, 구조, 문화의 문제를 아우르는 다층적 접근은 물론 사회 구성원의 성찰 그리고 변화된 인식과 행동이 똑같이 주요 관심사가 되어야 한다. 이런 통합적 접근은 평화학 연구와 실행에 도전이 되지만 동시에 현장을 이해하고 현장에서 배울 귀중한 기회를 제공한다. 무엇보다 평화학이 목표로 하는 사회 변화와 평화의 실현을 위해 절대적으로 필요한 사회 관계망의 형성, 유지, 강화에 긍정적인 역할을 한다.

평화학 연구와 실행에서 노골적으로 언급되지 않고 잘 드러나지도 않지만 주목할 수밖에 없는 건 현장의 사람들과 그들 사이의 관계다. 모든 연구와 실행은 폭력의 현장에 있는 사람들의 삶과 다양한 사람들 사이 관계의 성격을 정의하고, 폭력에 취약한 삶에서 평화적 삶으로의 변화와 폭력적인 관계에서 평화적인 관계로의 변화를 다룬다. 이것은 평화학의 연구가 사람에 대한 이해에 기반할 수밖에 없음을, 그리고 실행이 현장 사람들과의 연대를 통해 이뤄질 수밖에 없음을 말해준다. 동시에 그들에 대한 이해와 존중 없이는 평화학을 연구하는 것도, 실행하는 것도 불가능하다는 점을 말해준다. 현장 사람들과 그들 사이의 관계는 폭력의 감소와 평화적 공존을 정당화하는 근거가 된다.

미주

1장 | 전쟁과 평화, 평화학의 시작

1) 존 키건 (2009), pp. 35-38.

2) 1차 세계대전과 2차 세계대전의 군인과 민간인 사망자 통계와 관련해서는 여러 가지 주장이 있다. 당시 국가도 국제사회도 제대로 집계하지 않았기 때문에 어떤 통계도 정확하지 않고 대략의 추정치만 가능하다. 여기서는 브리태니커 백과사전의 추정 통계를 참고했다.

3) 제러드 L. 와인버그 (2016), pp. 277-303.

4) 이 성명서는 필자가 공동으로 집필한 『평화운동 : 이론·역사·영역』(서보혁, 정주진 지음. 진인진, 2018) p. 21에도 소개돼 있다.

5) Nagler and Ryono (2010), p. 42.

6) Boulding, K. E. (1978), p. 345.

7) Ramsbotham, Woodhouse and Miall (2005), pp. 34-35.

8) Richmond (2010), pp. 14-15.

9) Ramsbotham, Woodhouse and Miall (2005), pp. 34-38.

10) Boulding, K. E. (1978), p. 342

11) Ramsbotham, Woodhouse and Miall (2005), p. 36.

12) Kelman (2010), pp. 453-454.

13) *Ibid.*, p. 454.

14) *Ibid.*, pp. 454-455.

15) Ramsbotham, Woodhouse and Miall (2005), pp. 40-41.

16) *Ibid.*, p. 42.

17) *Ibid.*, p. 42.

18) PRIO와 요한 갈퉁에 대한 정보는 PRIO의 홈페이지 https://www.prio.org에서도 얻을 수 있다.

19) Wright (1951), pp. 203-204.

20) Ramsbotham, Woodhouse and Miall (2005), p. 56.

21) Boulding, K. E. (1978), p. 344.

22) Ramsbotham, Woodhouse and Miall (2005), pp. 43-50.; Burton (1993), p. 59.

23) 조정은 갈등 당사자들이 갈등을 해결할 수 있도록 제3자가 도움을 주는 갈등해결 방식 중 하나다. 국제 갈등에서 개인 갈등까지 모든 갈등에 적용된다.

24) Ramsbotham, Woodhouse and Miall (2005), pp. 51-52.

25) Sampson (1994), pp. 88-97.

26) 트랙 투 조정은 트랙 원(Track 1)과 비교해 사용하는 용어로, 흔히 정부 관료들이 나서는 트랙 원과 달리 민간 전문가나 단체가 나서서 국가 사이 갈등의 해결에 도움을 주는 방식을 말한다.

27) 서보혁, 정주진 (2018), pp. 85-89.

28) O'Connell and Whitby, pp. 6-12.

29) 케네스 볼딩은 1978년 〈갈등해결 저널〉에 게재한 「갈등과 평화 연구의 향후 방향(Future Directions in Conflict and Peace Studies)」에서 초기 평화연구를 설명하면서 평화연구 운동이란 용어를 썼다.

30) Galtung (1969a), p. 183.

31) Galtung (1990), pp. 294-295.

32) Galtung (1969a), p. 168.

33) Ramsbotham, Woodhouse, and Miall (2005), p. 41.

34) Boulding, K. E. (1978), pp. 345-346.

35) Ramsbotham, Woodhouse and Miall (2005), p. 42.

2장 | 전쟁 없는 평화

36) Jeong (2000), pp. 54-55.

37) '정의로운 전쟁'이라고 부르는 경우도 있지만 정당화될 수 있는 전쟁이 어떤 전쟁인지에 초점이 맞춰진 이론이므로 이 책에서는 '정당한 전쟁'으로 부르기로 한다.

38) Holmes (1989), pp. 114-145.

39) Jeong (2000), pp. 62-63.

40) Walzer (1992), p. 21.

41) *Ibid.*, pp. 51-55.

42) *Ibid.*, pp. 61-62.

43) Jeong (2000), p. 63.

44) Walzer (1992), p. 131.

45) *Ibid.*, p. 128.

46) *Ibid.*, p. 129.

47) Holmes (1989), p. 150.

48) Walzer (1992), pp. 151-156.

49) 진실·화해를위한과거사정리위원회 (2010, 3권), pp. 180-184.

50) UN Human Rights Council (2015), pp. 6-7.

51) Walzer (1992), pp. 155-156.

52) Holmes (1989), p. 200.

53) Jeong (2000), pp. 343-344.

54) 서보혁, 정주진 (2018), p. 91.

55) 김계동 (2014), pp. 125-140.

56) *Ibid.*, pp. 348-380.

57) Da Silva, Tian and Marksteiner (2021), pp. 1-2, pp. 7-8.

58) Galtung (1969a), p. 168.

59) Galtung (1990), p. 292.

60) *Ibid.*, pp. 291-292.

61) Schirch (2013), p. 11.

3장 | 폭력의 탐구

62) Galtung (1969a), pp. 168-169.

63) *Ibid.*, p. 173.

64) Galtung (1990), p. 293.

65) Schirch (2013), pp.78-79.

66) Galtung (1990), p. 291.

67) Jeong (2000), p. 23.

68) Galtung (1990), pp. 291-292.

69) *Ibid.*, pp.296-299.

70) *Ibid.*, p. 291.

71) Rubenstein (1999), p. 176.

72) Schirch (2013), pp. 67-74.

73) Lederach (1999), p. 29.

74) 정주진 (2013), p. 230.

75) Jeong (2005), pp. 158-159.

76) 정주진 (2013), p. 230.

77) 정주진 (2016), p. 83.

78) Azar (1990), p. 146.

79) Galtung (1969a), p. 171.

80) Galtung (1964), p. 104.

81) Dukes (1996), p. 109.

82) Jeong (2003), p. 160.

83) 정주진, 김선혜, 김학린, 정지범 (2015), p. 98.

84) 정주진 (2019), pp. 92-95.

4장 | 회복과 공존을 위한 평화구축

85) peacebuilding은 '평화세우기'로 번역되기도 하는데 이 책에서는 학계의 통용에 따라 '평화구축'으로 쓰기로 한다.

86) Boutros-Ghali (1992), pp. 32-34.

87) Call and Cousens (2008), p. 3.

88) UN Peacebuilding Commission (2014), p. 2.

89) UN Peacebuilding Commission (2018), p. 2.

90) Jeong (2005), p. 2.

91) Alliance for Peacebuilding (2012), pp. 27-30.

92) Geneva Peacebuilding Platform (2015), pp. 3-4.

93) Schirch (2008), pp. 2-5.

94) Schirch (2004), p. 26.

95) Reychler (2001), p. 12.

96) Boulding, E. (2001), p. x.

97) Schirch (2013), p. 15.

98) *Ibid.*, pp. 16-19.

99) Anderson (1999), pp. 69-75.

100) Arnold (2001), pp. 278-283.

101) Hauss (2020), pp. 221-222.

102) Paris (2004), p. 5.

103) Richmond (2006), p. 292.

104) Richmond (2010), pp. 21-25.

105) Pugh (2005), p. 25.

106) Paris (2004), p. 7, pp. 18-19.

107) Special Inspector General for Afghanistan Reconstruction (2021), pp. 9-16.

108) Paris (2004), pp. 15-20.

109) Goodhand (2006), p. 110.

110) Anderson (1999), pp. 37-49.

111) Jeong (2005), p. 155.

112) 정주진 (2015), p. 201.

113) Jeong (2005), pp. 156-157.

114) Mac Ginty and Williams (2009), p. 109.

115) United States Institute of Peace (1995), p. 2.

116) Philpott (2012), p. 15.

117) Jeong (2005), p. 170.

118) Department of Public Information (2012).

119) Philpott (2012), p. 23, pp. 55-56.

120) Jeong (2005), p. 170.; Mac Ginty and Williams (2009), pp. 114-116.

121) Lederach (2005), pp. 140-143.

122) Jeong (2005), pp. 158-159.

123) Bloch (2005), pp. 654-660.

124) Schirch (2004), pp. 13-17.

125) Dugan (1996), pp. 14-18.

126) Lederach (1997), pp. 74-79.

127) *Ibid.*, p. 75.

5장 | 갈등의 해결과 전환

128) 정주진 (2010), p. 121.

129) Ramsbotham, Woodhouse and Miall (2005), pp. 43-45.

130) Burton (1993), pp. 57-58.

131) Galtung (1969b), pp. 487-488.

132) Ramsbotham, Woodhouse, and Miall (2005), p. 10.

133) Avruch (1998), pp. 76-77.

134) Susskind, Babbitt, and Segal (1993), p. 61.

135) Dukes (1996), p. 29.

136) Fisher, Ury and Patton (1991), pp. 40-55.

137) Susskind and McKearnan (1999), p. 98.

138) 한국사회에서는 '공공갈등'이라는 용어를 사용하며, conflict와 dispute를 거의 구분하지 않고 모두 '갈등'이라 부른다.

139) Burton (1993), p. 55.

140) Botes (2003), p. 269.

141) 정주진 (2016), p. 199.

142) 애덤 컬의 책 『평화 조성하기(Making Peace)』(1971)에 실린 것으로 이 책에서는 레더락의 책 『평화 구축하기(Building Peace)』(1997)에 실린 것을 번역했다.

143) 정주진 (2016), p. 34.

144) Rubenstein (1999), pp. 176-177.

145) Dukes (1999), pp. 168-169.

146) Burton (1993), p. 55.

147) *Ibid.*, p. 59.

148) Mitchell (1993), pp. 79-83.

149) 정주진 (2010), pp. 107-108.

150) Fisher, Ury and Patton (1991), pp. 4-6.

151) Ury, Brett and Goldberg (1988), p. 14.

152) Susskind and Cruikshank (1987), pp. 33-34.

153) Fisher, Ury and Patton (1991), pp. 32-36.

154) 정주진 (2010), p. 113.

155) Docherty (2001), pp. 53-58.

156) Botes (2003), p. 276.

157) Mitchell (2002), p. 4.

158) Lederach (2003), p. 33.

159) Ramsbotham, Woodhouse and Miall (2005), p. 54.

160) Fisher et al. (2000), pp. 8-9.

161) Mitchell (2002), pp. 6-12.

162) Lederach (1997), pp. 82-83.; Lederach (2003), pp. 23-27.

163) Lederach (1997), pp. 87-97.

164) Bingham (1986), pp. 14-17.; Cormick (1976), pp. 215-224.

165) Susskind and Cruikshank (1987), pp. 35-39.

166) 정주진 (2010), pp. 147-151.

167) Susskind and Cruikshank (1987), pp. 8-10.

168) Dukes (1996), pp. 4-9.

169) Chung (2008), p. 293.

6장 | 사회 변화를 위한 평화 담론

170) O'Connell and Whitby, pp. 6-9.

171) Galtung (1990), pp. 292-293.

172) *Ibid.*, pp. 293-294.

173) 강준만 (2020), p. 5.

174) Galtung (1990), pp. 297-299.

175) Jeong (2000), p. 24.

176) 국방부 (2020), pp. 59-61.

177) Jeong (2000), p. 19.

178) Galtung (1969a), pp. 168-169.

179) 국방부 (2020), p. 289.

180) 연합뉴스 보도 참고. https://www.yna.co.kr/view/AKR20200601057700504?section=search

181) 기자간담회 방송·신문 보도 참고.

182) 통일부 통일교육원 (2018), p. 12.

183) 진실·화해를위한과거사정리위원회 (2010, 1권), p. 6.

184) *Ibid.*, pp. 69-76.

185) Philpott (2012), pp. 3-8.

186) 박찬승 (2010), pp. 6-8.

187) 정주진 (2015), pp. 204-205.

188) Philpott (2012), pp. 56-57.

189) 정주진, 김선혜, 김학린, 정지범 (2015), pp. 77-81.

190) *Ibid.*, pp. 78-79.

191) Schirch (2013), p. 79.

192) 정주진, 김선혜, 김학린, 정지범 (2015), pp. 87-97.

193) 강정마을 주민 101명 설문조사를 기반으로 한 〈한겨레21〉의 2017년 6월 26일 자 기사 「마을이 깨졌다 국가가 나서라」 참고. http://h21.hani.co.kr/arti/cover/cover_general/43762.html

194) Ramsbotham, Woodhouse and Miall (2005), p. 21.

195) Galtung (1969b), pp. 490-503.

196) Lederach (2003), p. 18.; 정주진 (2016), pp. 41-42.

197) Galtung (1969b), pp. 487-488.

198) Ramsbotham, Woodhouse and Miall (2005), pp. 10-11.

199) 정주진 (2010), pp. 20-23.

200) 한국사회갈등해소센터-한국리서치 (2020), p. 8.

201) Dukes (1996), pp. 107-109.

202) 정주진 (2016), p. 101.

203) 신고리 5·6호기 공론화위원회는 공론화 결과 보고서 13쪽에서 공론화를 "새로운 갈등해결의 모델로 중요한 의미"가 있다고 설명했으나 공론화 과정에서 당사자들 사이 갈등을 다루는 절차는 없었다.

7장 | 평화구축 실행 1 : 전략적 평화구축

204) Schirch (2008), p. 8.

205) Schirch (2004), p. 11.

206) Schirch (2008), p. 9.

207) Jeong (2005), pp. 19-21.

208) 리사 셔크(Lisa Schirch)가 갈등 분석을 위해 제시한 이 접근은 서술적 방식을 통해 데이터를 정리하는 것으로, 평화구축 계획을 위한 기초 데이터를 확보하는 데 유용하다.

209) Schirch (2013), pp. 68-71.

210) Fisher et al. (2000), pp. 31-32.

211) Anderson (1999), pp. 67-75.

212) *Ibid.*, p. 29.

213) Lederach (1997), pp. 38-43.

214) 이것은 레더락의 책 『도덕적 상상력(The moral imagination)』, pp. 78-79의 내용을 참고하고 필자의 견해를 추가한 것이다.

215) 거미줄처럼 연결된 사회적 연결망의 형성과 특징은 앞의 책 pp. 80-84 참고.

8장 | 평화구축 실행 2 : 사회갈등과 남북갈등의 전환

216) 정주진 (2016), pp. 78-79.

217) Burton (1993), p. 55.

218) Rubenstein (2003), pp. 60-63.

219) 정주진 (2010), pp. 31-32.

220) 이와 관련된 이론적 배경은 레더락의 책 『갈등전환에 관한 소책자(The Little book of conflict transformation)』의 pp. 23-27 내용 참고.

221) Dukes and Firehock (2001), pp. 3-5.

222) Druckman (1993), p. 28.

223) *Ibid.*, p. 29.

224) Lederach (2005), pp. 140-143.

225) *Ibid.*, p. 142.

226) Druckman (1993), p. 28.

227) Black (2003), p. 122.

228) 정주진 (2016), p. 38.

229) *Ibid.*, p. 104.

230) Lederach (2003), p. 33.

231) Mitchell (1999), pp. 55-56.

232) *Ibid.*, p. 53.

233) *Ibid.*, p. 48.

234) *Ibid.*, pp. 56-57.

235) Docherty (2001), pp. 54-58.

236) 레더락의 갈등전환 이론에 근거한 것이다. 상세 내용은 『갈등전환에 관한 소책자』의 pp. 24-27 참고.

Alliance for Peacebuilding (2012). 'Peacebuilding 2.0: mapping the boundaries of an expanding field.' Alliance for Peacebuilding.

Anderson, M. B. (1999). *Do no harm: how aid can support peace-or war.* Lynne Rienner.

Arnold, K. (2001). "The challenge of building training capacity: the Center for Conflict Resolution approach in Brundi." In: Reychler, L. and Paffenholz, T. (eds.). *Peacebuilding: a field guide.* Lynne Rienner, pp. 277-290.

Avruch, K. (1998). *Culture & conflict resolution.* United States Institute of Peace Press.

Azar, E. E. (1990). "Protracted international conflicts: ten propositions." In: Burton, J. and Dukes, F. (eds.). *Conflict: readings in management & resolution.* St. Martin's Press, pp. 145-155.

Bingham, G. (1986). *Resolving environmental disputes: a decade of experience.* The Conservation Foundation.

Black, P. W. (2003). "Identities." In: Cheldelin, S., Druckman, D. and Fast, L. (eds.). *Conflict: from analysis to intervention.* Continuum, pp. 120-139.

Bloch, C. (2005). "Listening to understand: the listening project in Croatia." In: van Tongeren, P., Brenk, M., Hellema, M. and Verhoeven, J. (eds.). *People building peace II: successful stories of civil society.* Lynne Rienner, pp. 654-660.

Botes, J. M. (2003). "Structural transformation." In: Cheldelin, S., Druckman, D. and Fast, L. (eds.). *Conflict: from analysis to intervention.* Continuum, pp. 269-301.

Boulding, E. (2001). "Forward." In: Reychler, L. and Paffenholz, T. (eds.).

Peacebuilding: a field guide. Lynne Rienner, pp. ix-x.

Boulding, K. E. (1978). "Future directions in conflict and peace studies." *The Journal of Conflict Resolution*, vol. 22, no. 2, pp. 342-354.

Boutros-Ghali, B. (1992). 'An agenda for peace: preventive diplomacy, peace-making and peacekeeping.' United Nations.

Burton, J. W. (1993). "Conflict resolution as a political philosophy." In: Sandole, D. J. D. and van der Merwe, H. (eds.). *Conflict resolution theory and practice: integration and application.* Manchester University Press, pp. 55-64.

Call, C. T. and Cousens, E. M. (2008). "Ending wars and building peace: international responses to war-torn societies." *International Studies Perspectives*, vol. 9, no. 1, pp. 1-21.

Chung, J. (2008). 'A transformative approach to public dispute resolution: a study of the US model and the South Korean case' (Ph.D. Thesis). University of Bradford.

Cormick, G. W. (1976). "Mediating environmental controversies: perspectives and first experience." *Earth Law Journal*, vol. 2, pp. 215-224.

Da Silva, D. L., Tian, N. and Marksteiner, A. (2021). 'SIPRI fact sheet: trends in world military expenditure, 2020.' SIPRI.

Department of Public Information (2014). 'Outreach programme on the 1994 genocide against the Tutsi in Rwanda and the United Nations: background information on the justice and reconciliation process in Rwanda.' UN Department of Public Information.

Docherty, J. S. (2001). *Learning lessons from Waco: when the parties bring their Gods to the negotiation table.* Syracuse University Press.

Druckman, D. (1993). "An analytical research agenda for conflict and conflict resolution." In: Sandole, D. J. D. and van der Merwe, H. (eds.). *Conflict resolution theory and practice: integration and application.* Manchester University Press.

Dugan, M. A. (1996). "A Nested Theory of Conflict." *A Leadership Journal:*

Women in Leadership-Sharing the Vision, vol. 1, pp. 9-20.

Dukes, E. F. (1996). *Resolving public conflict: transforming community and governance*. Manchester University Press.

_____ (1999). "Structural forces in conflict and conflict resolution in democratic society." In: Jeong, H.-W. (ed.). *Conflict resolution: dynamics, process and structure*. Ashgate, pp. 155-172.

Dukes, E. F. and Firehock, K. (2001). *Collaboration: a guide for environmental advocates*. University of Virginia.

Fisher, R., Ury, W. and Patton, B. (1991). *Getting to yes: negotiating agreement without giving in* (second edition). Penguin Books.

Fisher, S., Abdi, D. I., Ludin, J., Smith, R., Williams, S. and Williams, S. (2000). *Working with conflict: skills & strategies for action*. Zed Books.

Galtung, J. (1964). "A structural theory of aggression." *Journal of Peace Research*, vol. 1, no. 2, pp. 95-119.

_____ (1969a). "Violence, peace, and peace research." *Journal of Peace Research*, vol. 6, no. 3, pp. 167-191.

_____ (1969b). "Conflict as a way of life." In: Freeman, H. (ed.). *Progress in Mental Health*. PRIO Publication, pp. 484-562.

_____ (1990). "Cultural violence." *Journal of Peace Research*, vol. 27, no. 3, pp. 291-305.

Geneva Peacebuilding Platform (2015). 'White paper on peacebuilding.' Geneva Peacebuildng Platform.

Goodhand, J. (2006). *Aiding peace?: the role of NGOs in armed conflict*. Lynne Rienner.

Hauss, C. (2020). *From conflict resolution to peacebuilding*. Rowman & Littlefield.

Holmes, R. L. (1989). *On war and morality*. Princeton University Press.

Jeong, H.-W. (2000). *Peace and conflict studies: an introduction*. Ashgate.

_____ (2003). "Structure." In: Cheldelin, S., Druckman, D. and Fast, L. (eds.). *Conflict: from analysis to intervention*. Continuum, pp. 154-167.

_____ (2005). *Peacebuilding in postconflict societies: strategy & process*. Lynne Rienner.

Kelman, H. C. (2010). "Peace research: beginnings." In: Young, N. (ed.). *The Oxford international encyclopedia of peace*, vol. 3. Oxford University Press, pp. 453-458.

Lederach, J. P. (1997). *Building peace: sustainable reconciliation in divided societies*. United States Institute of Peace Press.

_____ (1999). "Justpeace: the challenge of the 21st century." In: State of the World Forum (ed.). *People building peace: 35 inspiring stories from around the world*. International Books, pp. 27-36.

_____ (2003). *The little book of conflict transformation*. Good Books.

_____ (2005). *The moral imagination: the art and soul of building peace*. Oxford University Press.

Mac Ginty, R. and Williams, A. (2009). *Conflict and development*. Routledge.

Mitchell, C. R. (1993). "Problem-solving exercises and theories of conflict resolution." In: Sandole, D. J. D. and van der Merwe, H. (eds.). *Conflict resolution theory and practice: integration and application*. Manchester University Press, pp. 78-94.

_____ (1999). "The anatomy of de-escalation." In: Jeong, H.-W. (ed). *Conflict resolution: dynamics, process and structure*. Ashgate, pp. 37-58.

_____ (2002). "Beyond resolution: what does conflict transformation actually transform?" *Peace and Conflict Studies*, vol. 9, no. 1, Article 1.

Nagler, M. N. and Ryono, A. (2010). "The evolution of peace." In: Pilisuk, M. and Nagler, M. N. (eds.). *Peace movements worldwide*, vol. 1. Praeger, pp. 41-51.

O'Connell, J. and Whitby, S.. 'Constructing and operating a Department of Peace Studies at the University of Bradford: a reflection on experience between 1973 and 1995.' Unpublished background paper, Unversity of Bradford.

Paris, R. (2004). *At war's end: building peace after civil conflict*. Cambridge University Press.

Philpott, D. (2012). *Just and unjust peace: an ethic of political reconciliation*. Oxford University Press.

Pugh, M. (2005). "The political economy of peacebuilding: a critical theory perspective." *International Journal of Peace Studies*, vol. 10, no. 2, pp. 23-42.

Ramsbotham, O., Woodhouse, T. and Miall, H. (2005). *Contemporary conflict resolution (second edition)*. Polity.

Reychler, L. (2001). "From conflict to sustainable peacebuilding: concepts and analytical tools." In: Reychler, L. and Paffenholz, T. (eds.). *Peacebuilding: a field guide*. Lynne Rienner, pp. 3-15.

Richmond, O. P. (2006). "The problem of peace: understanding the 'liberal peace'." *Conflict, Security & Development*, vol. 6, no. 3, pp. 291-314.

_____ (2010). "A genealogy of peace and conflict theory." In: Richmond, O. P. (ed.). *Palgrave advances in peacebuilding: critical developments and approaches*. Palgrave Macmillan, pp. 14-38.

Rubenstein, R. E. (1999). "Conflict resolution and the structural sources of conflict." In: Jeong, H.-W. (ed.). *Conflict resolution: dynamics, process and structure*. Ashgate, pp. 173-195.

_____ (2003). "Sources." In: Cheldelin, S., Druckman, D. and Fast, L. (eds.). *Conflict: from analysis to intervention*. Continuum, pp. 55-67.

Sampson, C. (1994). "To make real the bond between us all: Quaker conciliation during the Nigerian civil war." In: Johnston, D. and Sampson, C. (eds.) *Religion, the missing dimension of statecraft*. Oxford University Press, pp. 88-118.

Schirch, L. (2004). *The little book of strategic peacebuilding*. Good Books.

_____ (2008). "Strategic peacebuilding: state of the field." *South Asian Journal of Peacebuilding*, vol. 1, no 1, pp. 1-17.

_____ (2013). *Conflict assessment and peacebuilding planning: toward a partici-*

patory approach to human security. Kumarian Press.

Special Inspector General for Afghanistan Reconstruction (2021). 'What we need to learn: lessons from twenty years of Afghanistan reconstruction.' Special Inspector General for Afghanistan Reconstruction.

Susskind, L. and Cruikshank, J. (1987). *Breaking the impasse: consensual approaches to resolving public disputes*. Basic Books.

Susskind, L. E., Babbitt, E. F. and Segal, P. N. (1993). "When ADR becomes the law: a review of federal practice." *Negotiation Journal*, vol. 9, no. 1, pp. 59-73.

Susskind, L. E. and McKearnan, S. (1999). "The evolution of public dispute resolution." *Journal of Architectural and Planning Research*, vol. 16, no. 2, pp. 96-115.

UN Human Rights Council (2015). 'Report of the independent commission of inquiry established pursuant to Human Rights Council resolution S-21/1.' UN Human Rights Council.

UN Peacebuilding Commission (2014). 'Peacebuilding in the aftermath of conflict.' UN Peacebuildng Commission.

_____ (2018). 'Peacebuilding and sustaining peace.' UN Peacebuilding Commission.

United States Institute of Peace (1995). 'Truth Commission: South Africa.' United States Institute of Peace. https://www.usip.org/publications/1995/12/truth-commission-south-africa 에서 찾을 수 있음.

Ury, W. L., Brett, J. M. and Goldberg, S. B. (1988). *Getting disputes resolved: designing systems to cut the costs of conflict*. Jossey-Bass.

Walzer, M. (1992). *Just and unjust wars* (second edition). Basic Books.

Wright, Q. (1951). "The nature of conflict." *The Western Political Quarterly*, vol. 4, no. 2, pp. 193-209.

강준만 지음.『부동산 약탈 국가』. 인물과사상사, 2020.

국방부 지음.「2020 국방백서」. 국방부, 2020.

김계동 지음.『한국전쟁 : 불가피한 선택이었나』. 명인문화사, 2014.

로저 피셔, 윌리엄 유리, 브루스 패튼 지음 · 박영환 옮김.『Yes를 이끌어내는 협상법』. 장락, 2003.

리사 셔크 지음 · 김가연 옮김.『전략적 평화세우기』. KAP, 2014.

_____.『갈등 영향 평가와 평화세우기』. 피스모모, 2020.

박찬승 지음.『마을로 간 한국전쟁 : 한국전쟁기 마을에서 벌어진 작은 전쟁들』. 돌베개, 2010.

서보혁, 정주진 지음.『평화운동 : 이론 · 역사 · 영역』. 진인진, 2018.

신고리 5 · 6호기 공론화위원회.「신고리 5 · 6호기 공론화 시민참여형조사 보고서」. 신고리 5 · 6호기 공론화위원회, 2017.

제러드 L. 와인버그 지음 · 홍희범 옮김.『2차세계대전사 1 : 뒤집어진 세상』. 길찾기, 2016.

존 폴 레더라크 지음 · 김동진 옮김.『평화는 어떻게 만들어지는가』. 후마니타스, 2012.

존 폴 레더락 지음 · 박지호 옮김.『갈등전환』. KAP, 2014.

존 폴 레더락 지음 · 김가연 옮김.『도덕적 상상력』. 글항아리, 2016.

존 키건 지음 · 조행복 옮김.『1차세계대전사』. 청어람미디어, 2009.

정주진 지음.『갈등해결과 한국사회 : 대화와 협력을 통한 갈등해결은 가능한가?』. 아르케, 2010.

_____.「일상의 폭력과 녹색평화」. 서울대학교 평화인문학연구단 엮음,『녹색평화란 무엇인가』. 아카넷, 2013, pp. 221-256.

_____.『평화를 보는 눈』. 개마고원, 2015.

_____.『갈등은 기회다』. 개마고원, 2016.

_____.『정주진의 평화 특강 : 가짜뉴스, 난민, 국가 폭력, 민족주의, 환경으로 살펴본 평화 이야기』. 철수와영희, 2019.

정주진, 김선혜, 김학린, 정지범 지음.「갈등 후 지역공동체 회복방안 연구」. 국민대통합위원회, 2015. (비공개 자료)

진실·화해를위한과거사정리위원회. 「진실화해위원회 종합보고서 I 위원회의 연혁과 활동 종합권고」. 진실·화해를위한과거사정리위원회, 2010.

_____. 「진실화해위원회 종합보고서 III 민간인 집단희생 사건」. 진실·화해를위한과거사정리위원회, 2010.

통일부 통일교육원. 「평화·통일교육 : 방향과 관점」. 통일부 통일교육원, 2018.

〈한겨레21〉. 「마을이 깨졌다 국가가 나서라」. 〈한겨레21〉, 2017. 6. 26.

한국사회갈등해소센터 - 한국리서치. 「2021 한국인의 공공갈등 의식조사」. 한국사회갈등해소센터 - 한국리서치, 2022.